社会工作作为专业力量参与脱贫攻坚，
将专业队伍、专业方法、专业力量运用到脱贫攻坚的工作中，
发挥了不可替代的专业优势和人才优势，
提升了反贫困工作的专业性。

国家出版基金项目
NATIONAL PUBLICATION FOUNDATION

大国攻坚·反贫困社会工作丛书
丛书主编 向德平

资产建设视角的反贫困社会工作：发展、对话与启示

邓 锁 主 编

黄 进 方 舒 周晓春 副主编

華東理工大學出版社
EAST CHINA UNIVERSITY OF SCIENCE AND TECHNOLOGY PRESS
·上海·

图书在版编目(CIP)数据

资产建设视角的反贫困社会工作：发展、对话与启示 / 邓锁主编；黄进，方舒，周晓春副主编. —上海：华东理工大学出版社，2023.11(2024.12 重印)
(大国攻坚·反贫困社会工作丛书 / 向德平主编)
ISBN 978-7-5628-7108-8

Ⅰ.①资… Ⅱ.①邓… ②黄… ③方… ④周… Ⅲ.①扶贫—社会工作—研究—中国 Ⅳ.①F126

中国国家版本馆 CIP 数据核字(2023)第 212644 号

内容提要

资产建设是反贫困社会工作领域的代表性理论视角，对于转型期中国特色反贫困的理论与实践发展有积极启示。本书主要呈现资产建设研究领域的理论进展、经验研究以及资产建设导向的反贫困政策模式，并结合中国社会转型与变迁背景，探讨金融能力与资产建设理念的结合对于反贫困社会工作的意义及其未来启示。本书的特点是将研究与实践、国际与本土有机融合，既对国内外资产建设相关的代表性理论观点进行梳理、对话与反思，也结合中国反贫困事业发展，介绍不同领域同资产建设相关的本土研究与思考。

策划编辑 / 刘 军
责任编辑 / 章斯纯
责任校对 / 王雪飞
装帧设计 / 王 翔
出版发行 / 华东理工大学出版社有限公司
地址：上海市梅陇路 130 号，200237
电话：021-64250306
网址：www.ecustpress.cn
邮箱：zongbianban@ecustpress.cn
印 刷 / 上海中华商务联合印刷有限公司
开 本 / 710 mm×1000 mm 1/16
印 张 / 24.5
字 数 / 275 千字
版 次 / 2023 年 11 月第 1 版
印 次 / 2024 年 12 月第 2 次
定 价 / 98.00 元

编委会名单

丛书总序

我国以脱贫攻坚为标志的国家级重大反贫困行动，于2020年年底取得了预期成果，绝对贫困总体上被消除。脱贫攻坚可以说是中国乃至世界反贫困史上的一件大事，值得书写一笔。社会工作作为一种专业力量参与其中，并发挥了重要作用，其实践和经验值得总结。由向德平教授主编的"大国攻坚·反贫困社会工作丛书"在这方面做了开创性的工作，值得我们称赞。

一、社会工作参与反贫困是一项重大的专业实践

（一）反贫困是社会工作的一项核心任务

社会工作自产生之日起，就与反贫困结下了不解之缘。不是社会工作"贪恋"反贫困，而是贫困给贫困群体带来了巨大的痛苦。社会工作作为一种以帮助困难群体缓解困难、追求社会公正与社会进步为己任的专业，理应把反贫困的责任放在自己的肩上。在世界社会工作反贫困历史上，发达国家的社会工作参与反贫困基本上是通过实施社会救助和社会慈善的方式进行的，并形成了社会工作的著名模式。第二次世界大战以后，发展中国家的反贫困主要面向农村展开，经济开发、社区发展成为其主要模式，20世纪50年代联合国倡导的社区发展原则正是社会工作参与反贫困所应遵循的。20世纪80年代以后出现的发展型社会工作，一方面与发展中国家的政府、社会工作者、发展工作者的实践有关，另一方面也受产生于发达国家的社会投资

等理论的影响。这些实践取得了一定的成绩，也为后来发展中国家的反贫困提供了借鉴和参照。

我国作为经济社会政策和发展项目的反贫困工作是从20世纪80年代中期开始的，最初是经济开发，接着是扶贫攻坚，主要是发展经济，由政府部门、国有大中型企业和贫困农户承担主要责任。2015年，我国开始实施脱贫攻坚工程，中央明确要求形成由专项扶贫、行业扶贫和社会扶贫互为补充的大扶贫格局，做到扶贫开发与经济社会发展相互促进，不但注重产业脱贫，而且加强教育等多层面脱贫；要求坚持群众主体，激发内生动力，注重扶贫扶智，增强贫困人口自我发展的能力，同时实施扶贫志愿者行动计划和社会工作专业人才服务贫困地区计划。这样，社会工作力量作为脱贫攻坚的有机组成部分，有了“特殊”的实践机会，也能够更有针对性地参与反贫困行动。2017年，《民政部 财政部 国务院扶贫办关于支持社会工作专业力量参与脱贫攻坚的指导意见》（以下简称《意见》）要求中国社会工作教育协会发挥推动作用，进行教育扶贫。同时，我国开始实施社会工作服务机构“牵手计划”，从发达地区选择专业性强的社会工作服务机构，与贫困地区社会工作服务机构等进行结对。社会工作教育界积极响应政府部门的号召，组织、动员和支持各社会工作院系参与这一具有历史意义的反贫困行动。各类群体参与脱贫攻坚成为中国社会工作重建以来，规模最大、时间较长、有组织、有目标要求的集体性行动。

（二）社会工作参与脱贫攻坚取得了积极成果

按照民政部等部门的《意见》，中国社会工作教育协会参与脱贫攻坚是教育扶贫，其主要任务如下：高校社会工作专业院系要与贫困地区合作建立社会工作专业培训、教师实践和学生实习实训基地，帮助贫困地区培养社会工作专业人才；高校社会工作专业教师到贫困地区开展专业督导，引导社会工作专业在校生到贫困地区进行社会实践；支持鼓励社会工作专业毕业生到贫困地区就业。在中国社会工作教育协会的组织动员下，各社会工作院系秉持专业精神、发挥主观能动性，组织师生、链接资源、深入贫困地区，开展了多项服务，较好地完成了《意见》提出的任务，并尽己所能地为贫困地区的居民做贡献，在脱贫攻坚中取得了不少开创性成果。社会工作教育界支持了贫困地区的脱贫工作，促进了贫困地区社会工作人才和专业力量的发展，也获得了参与反贫困的直接经验，使我们感受到了当地干部群众和派驻的扶贫干部在反贫困中表现出来的坚韧不拔的精神。同时，参与脱贫攻坚也成为各社会工作院系坚持理论联系实际、开展实践教学、在实践中培养学生、在比较中进行研究的重要场域，因而参与者的收获是丰硕的。

对于参与脱贫攻坚，中国社会工作教育协会领导班子给予了高度重视，设计行动计划、动员组织力量，推动了整个工作向前发展。中国社会工作教育协会还建立了反贫困社会工作专业委员会，在贯彻落实协会的总体部署、推动整个活动发展方面发挥了积极作用。作为反贫困社会工作专业委员会的负责人，向德平教授和他主持的反贫困研究机构积极配合、主动工作，有力地推动了中国社会工作教育协会工作的开展。

二、社会工作界参与反贫困是理论与实践比较、互动和提升的过程

（一）社会工作教育界参与反贫困是理论与服务实践的互动过程

社会工作教育界参与反贫困的特点是，一批批具有深厚社会工作理论

与知识积累的高校教师和研究生、高年级本科生开展实践活动，这同时也是他们走出课堂和校门开展社会工作服务的过程。在一定意义上，它是理论指导实践的过程，也是实践检验书本知识和理论的过程。反贫困工作是在自然环境复杂、文化传统多样的贫困地区展开的，社会文化因素深深地影响着反贫困行动的开展。在上述经济、政治、社会、文化背景下开展的反贫困，必然比书本上介绍的复杂得多。社会工作界参与反贫困，必然会遇到上述复杂因素的影响，会遇到许多亟待解决的“中国式”问题。这是一个不断比较、选择、实践和反思的过程。对社会工作教育界来说，这是一系列挑战，也是在克服困难中不断成长的过程。

（二）书写经验是反贫困理论和实践成果的延伸

社会工作者的基本品格是奉献和共享发展成果，同时社会工作教育界又有改进教育、传播知识、贡献社会的责任。从这个角度来说，将参与反贫困的经验和思考写出来，是十分有意义的事情。向德平教授主编的这套书正是此种努力的体现。该丛书组织了国内社会工作界 20 多位专家学者，基于社会工作实践，总结反贫困的相关模式和经验，生产社会工作知识，价值显而易见。

该丛书以实践为基础，兼顾了反贫困知识和实践的完整性。它是多视角、全方位和具有整体性的。其主要视角包括社区为本视角、抗逆力视角、内生动力视角、资产建设视角、金融服务视角、可行能力建设视角、赋权视角、贫困治理视角、心理弹性和生涯辅导视角等。它关注的服务对象主要包括儿童、老年、妇女、残疾人及西部农村中的弱势群体。该丛书既介绍既有的社会工作理论，也介绍中国特色的社会工作实践。基于本土实践，它介绍了社会工作参与反贫困模式的多样化和经验的多元化，反映了中国反贫困的经验及社会工作参与反贫困的机制，阐明了专业社会工作是如何发挥专业优势、实现服务效能的。

该丛书也是系列教材，体现了从理论到实践、从实践到知识的转化过程。这里包含了对反贫困知识和理论的选择，包括在实践中对社会工作知识的运用和反思，也包括基于实践的知识建构，还包括不同类型和不同层次的建议。该丛书内容丰富，有借鉴、有创新，可指导实践，也为反贫困研究提供了参考框架，是反贫困领域的学术力作，是社会工作本土化的重要成果。

三、在乡村振兴中更好地运用和发展社会工作参与反贫困的经验

到2020年年底，我国在总体上消灭了绝对贫困，但是相对贫困还会长期存在。中国共产党第十九届中央委员会第五次全体会议提出“实现巩固拓展脱贫攻坚成果同乡村振兴有效衔接”，我国巩固脱贫成果和反贫困的任务依然是十分繁重的。在走向乡村振兴、实现共同富裕的进程中，已经取得的反贫困经验在一定程度上依然有效，这与相对贫困现象在地域、群体、经济状况、社会生态和文化上的连续性密切相关。当然，相对贫困也有自身的特点，贫困群体有了以往反贫困的经验，有了相对好的经济基础和社会生活条件，他们摆脱贫困的内在动力和能力也有所增强。但是我们也要看到，在新的国际国内形势下，面对不断加剧的市场化竞争，相对贫困群体的生存压力不会减少，反贫困的发展性要求会更加突出。我国已经进入社会主义现代化建设的新阶段，要贯彻新的发展理念，构建以国内大循环为主体、国内国

际双循环相互促进的新发展格局，其中乡村全面振兴、遏制返贫现象发生、实现共同富裕任务艰巨。在这种背景下，社会工作者在参与脱贫攻坚中获得的经验仍然有重要的参考价值。我们也期待社会工作者群体在参与乡村振兴和解决相对贫困问题方面取得新的成果。

把论文写在祖国大地上，中国社会工作教育界以自己的实际行动在认真践行。

王思斌
北京大学社会学系

主 编 序

打赢脱贫攻坚战，是实现中华民族伟大复兴的底线要求，是贫困地区与全国一起全面建成小康社会的关键之举，是实现国家长治久安的重要保障。

我国扶贫开发进入精准扶贫、精准脱贫的新阶段。精准扶贫战略贵在精准，精准与专业具有同构性，只有调动专业的力量参与精准扶贫，才能进一步提升精准识别、精准帮扶、精准管理的精准度，才能更专业地解决贫困人口在脱贫过程中的个性问题与发展问题。社会工作参与脱贫攻坚具有重要的意义，在反贫困工作中扮演着重要的角色。

社会工作作为专业力量参与脱贫攻坚，将专业队伍、专业方法、专业力量运用到脱贫攻坚的工作中，发挥了不可替代的专业优势和人才优势，提升了反贫困工作的专业性。事实上，社会工作起源于贫民救济或慈善事业，其发展的历史就是人们与贫困做斗争的历史。社会工作的专业方法、理念正是人们在与贫困及相关社会问题做斗争的实践中逐步形成和发展起来的，因此，社会工作参与脱贫攻坚具有深厚的历史基础和重大的现实意义。社会工作参与脱贫攻坚是社会扶贫的重要组成部分。作为精准扶贫的专业力量，社会工作通过需求评估，精准识别贫困人口及其致贫原因；通过资源整合，动员与协调各方扶贫力量和扶贫资源；通过提升扶贫对象的能力，激发和提升扶贫对象的内生动力和可行能力。社会工作参与脱贫攻坚，有助于提高反贫困工作的精准性和可持续性，实现由“输血型”扶贫向“造血型”扶贫、救助型扶贫向发展型扶贫的转变。

党中央、国务院十分重视社会工作专业人才服务贫困地区的工作，《中共中央 国务院关于打赢脱贫攻坚战的决定》（中发〔2015〕34号）、《中华人民共和国国民经济和社会发展第十三个五年规划纲要》和《国务院关于印发"十三五"脱贫攻坚规划的通知》（国发〔2016〕64号）对实施社会工作专业人才服务贫困地区计划、支持专业社会工作和志愿服务力量参与脱贫攻坚提出了明确的要求。为贯彻落实党中央、国务院的决策部署，支持社会工作专业力量参与脱贫攻坚工作，《民政部 财政部 国务院扶贫办关于支持社会工作专业力量参与脱贫攻坚的指导意见》发布，民政部办公厅、国务院扶贫办综合司出台了《社会工作教育对口扶贫计划实施方案》。

为落实《民政部 财政部 国务院扶贫办关于支持社会工作专业力量参与脱贫攻坚的指导意见》的精神，贯彻实施民政部、国务院扶贫办联合制定的《社会工作教育对口扶贫计划实施方案》，深入推进教育扶贫工作，全国社会工作专业学位研究生教育指导委员会和中国社会工作教育协会积极实施"社会工作教育对口扶贫计划"，组织全国200多所高校参与社会工作教育对口扶贫工作。在反贫困社会工作实践中，社会工作教育和实践工作者积极探索，积累了较丰富的实务经验，总结了一批典型案例，产出了一系列理论成果。本丛书是中国社会工作参与反贫困成果的系统呈现。

2019年3月16日，中国社会工作教育协会反贫困社会工作专业委员会与华东理工大学出版社在武汉举行"大国攻坚·反贫困社会工作丛书"启动仪式。来自十几所高校的20余名作者代表参加了会议。会议研讨、确定了本套丛书的写作框架和主要内容。

本丛书是在全国社会工作专业学位研究生教育指导委员会、中国社会工作教育协会的指导下，由中国社会工作教育协会反贫困社会工作专业委员会具体组织完成的。王思斌教授、阮曾媛琪教授、谢立中教授、蔡禾教授、关信平教授、马凤芝教授、彭华民教授全力支持反贫困社会工作专业委员会的工作，指导本丛书的编写。

中国社会工作教育协会前任会长徐永祥教授高度重视本丛书的编写工作，为丛书的编写和出版提供了巨大的支持。本丛书寄托了全体社会工作同仁对徐永祥教授的深沉怀念！

感谢所有关心、支持本丛书的专家和同仁！

向德平
华中科技大学社会学系

前　言

消除贫困、建设一个人人安居乐业的美好社会，是中华民族千百年来不懈追求的梦想。中国的脱贫攻坚行动补齐了全面建成小康社会的短板，为全面推进乡村振兴工作和实现共同富裕，迈向社会主义现代化国家建设新征程打下了坚实基础。从救济式扶贫到开发式扶贫，从区域式整体扶贫到精准扶贫、精准脱贫，中国的减贫行动逐步探索出一条具有中国特色、符合中国国情的贫困治理路径，为世界反贫困事业做出了巨大贡献，也为其他国家尤其是发展中国家提供了有益借鉴。在消除绝对贫困问题之后，中国还将面对更加动态和复杂的相对贫困治理挑战。中共中央在《中华人民共和国国民经济和社会发展第十四个五年规划和2035年远景目标纲要》中对巩固拓展脱贫攻坚成果同全面乡村振兴有效衔接做出重要部署，提出建立完善农村低收入人口和欠发达地区帮扶机制，构建防止返贫和新致贫的长效机制。在新发展阶段，脱贫地区和脱贫群众还存在较大的脆弱性，不平衡不充分发展的问题仍然突出，这需要在理论和实践结合的基础上不断探索创新，预防动态的、持续性存在的贫困风险，促进高质量发展。

贫困是人类社会所面对的共同挑战，但也具有各个国家经济社会发展的历史特殊性。20世纪后期，西方学者面对后工业化社会转型中持续存在的贫困现象，提出资产为本或资产建设导向的社会政策视角，不仅推动了社会政策研究的范式转向，也对反贫困社会工作实践产生深刻影响。伴随人口老龄化、信息化和智能化的发展，劳动力市场更加灵活多元，西方国家社会财富分化问题日趋严重，个人和家庭的资产贫困与阶层、种族、性别等因素相互交织，成为社会矛盾和危机的主要体现，而传统凯恩斯主义的社会福利政策并不能有效回应和解决更加复杂的贫困问题。资产建设、社会投资以及发展型社会政策等理念几乎在福利国家转型的同一时期兴起，试图突破社会福利和经济发展的二元对立，重构国家与个人的社会契约，为应对贫困和社会不平等提供可能的政策选项。以迈克尔·谢若登为代表的研究者聚焦于资产拥有所带来的积极福利效应，提出了具有创新性的反贫困政策工具，如个人发展账户、儿童发展账户、累进税收政策等，要求为穷人累积资产提供更加公平的制度机会。资产建设理念还与普惠金融、金融能力等的倡导相结合，推动了不同国家和地区金融社会工作的发展。

过去二十年来，西方资产建设视角理论在中国社会工作界获得积极回应，在社会救助、儿童福利、残障服务、社区发展等领域得到广泛讨论，也产生了具有创新性的本土实践。从“收入—支持”到“资产—发展”的社会政策范式转向为反贫困社会工作提供了宝贵的理论资源和实践启示。首先，资产比收入拥有更丰富的信息基础，也更能够体现结构性反贫困的意涵。在贫困帮扶中，收入的增加并不意味着真正的减贫，脆弱家庭往往面临着多维度的经济与社会剥夺，这使得他们难以将收入转化到促进长期发展的资产积累上。反贫困介入因而需要特别关注培育从收入到资产的转换机制，为脆弱家庭创造资产积累的制度激励以及提升财务决策的能力，这对于建立可持续的脱贫机制至关重要。其次，资产建设视角尤为强调人生早期发展阶段社会投资的重要意义，聚焦儿童的反贫困强调预防和减少生命历程中的贫困风险，通过对个体与家庭的积极社会保护来实现经济社会可持续发展。儿童发展账户是一种具有代际关联性的干预机制，为消除贫困代际传递的政策与实践提供了很好的借鉴。最后，资产建设视角重视金融资产和金融教育在减贫发展中的角色，关注社会金融化背景下不同类型脆弱人群可能受到的金融排斥及金融素养不足等问题，助推面向困难群体的金融社会工作服务体系建设。

必须指出，中国情境中对资产建设的讨论有着与西方国家迥异的历史时代背景。尽管资产建设视角的兴起来自对西方尤其是英美国家传统社会保障制度不足的批判，但不可否认，资产建设导向的政策项目如个人发展账户、儿童发展账户等仍然强烈依赖于西方福利国家的制度安排，受到既有社会保障体系、税收与转移支付系统、金融监管体制以及社会服务递送体系等的影响与制约。同时，西方资产建设的政策实践还在很大程度上体现了个体主义的福利意识形态，更加关注个体认知、行为和福利目标所受到的激励与改变，而较少讨论影响贫困发展的多层次因素如家庭、社区和社会治理机制等的作用。这也使得一些资产建设类的政策方案在应用于其他社会文化情境中时存在一定阻碍，对政策扩散中的社会文化敏感性关注不够。总的来说，面对全球风险社会转型的背景，资产建设方案如何回应结构性的经济社会不平等问题仍需要得到持续检验，而在这一进程中，非西方国家特别是中国的反贫困社会工作实践在对话、拓展乃至突破西方已有的资产建设视角上具有重要意义。

与西方国家相对照，中国的反贫困实践是更加整体性的经济与社会发展路径。摆脱贫困、过上好日子既是个人和家庭对美好生活的追求，也体现了在以人民为中心的发展思想指导下实现全面建成小康社会的国家承诺。资产在中国社会文化情境下也具有更加丰富的内涵，无论是管仲的“仓廪实而知礼节”，还是孟子所强调的“无恒产者无恒心”，都显示资产或财富从来不仅仅是一个经济概念，而内在地关联良善社会的治理之道。在抗击新冠疫情的过程中，我们也更加深刻地体认到社会团结和社会韧性在抵御外部风险和危机中的意义，脆弱人群的经济安全不再是“遥远的异邦”，它与每个人乃至整个社会的进步发展息息相关。中国反贫困脉络下的资产建设也因此区别于西方的个体化模式，具有鲜明的共同发展特征。它强调通过包括贫困对象在内的多元主体合作与共同努力，采取多样化的帮扶介入方式，促进个体与家庭的资产积累与脱贫致富。其中既包括微观家庭和社区层面的危房改造、扶贫创业、资产收益分红、社区基金等措施，也包括宏观经济与社会政策层面的积极就业政策、税收返还、普惠金融、教育帮扶、企业对口扶贫等举措。共同发展取向的资产建设体现了中国式贫困治理的独特性，也与实现乡村振兴与共同富裕的政策目标高度契合。

资产建设视角下的反贫困社会工作研究方兴未艾。过去二十年来，中国学者从对资产社会政策视角与概念的讨论对话开始，到孜孜推进资产建设的本土实践，特别是通过社会工作教育参与脱贫攻坚行动、倡导和推动金融社会工作的发展，产生了广泛而积极的影响。在此背景下，我们选择了与金融能力和资产建设相关的研究论文，将其汇编成册，期望进一步推动资产建设视角下反贫困社会工作的国内外对话与反思。本书分为上编和下编，上编呈现国内外有关金融能力、资产建设等的代表性理论研究观点，下编则主要聚焦于与反贫困有关的资产建设政策与经验研究。特别要指出的是，在本书从编撰到出版的过程中，国内资产建设和金融社会工作领域的发展势头迅猛，让人欣喜。本书仅反映了特定时间节点的相关研究进展，还远远不能涵盖该领域更多有价值和有代表性的研究成果。

本书从策划到定稿的整个过程都得到各位作者和译者毫无保留的信任、支持与贡献，令人感动。全书由我进行总体构思、策划和通校定稿，其间与黄进、方舒、周晓春就内容编排和统稿进行了多次深入讨论，尤其是黄进在对接联系国外作者的论文版权方面做了大量的工作。本书具体章节的作者和译者如下：第一章，桑德拉·贝弗利(Sondra Beverly)、迈克尔·谢若登(Michael Sherraden)、里德·克莱默(Reid Cramer)、特丽娜·尚克斯(Trina R. Williams Shanks)、南运军(Yunju Nam)、詹敏，孟羽译；第二章，玛格丽特·谢若登(Margaret Sherraden)，方舒译；第三章，保罗·斯图瓦特(Paul Stuart)，周晓春译；第四章，邓锁；第五章，张莹莹、黄进；第六章，王思斌；第七章，邓锁、吴玉玲；第八章，黄进、邹莉；第九章，亓迪；第十章，方舒、王艺霏；第十一章，周晓春、邹宇春、黄进；第十二章，金敏超、袁易卿；第十三章，迈克尔·谢若登、玛格丽特·谢若登，邓锁译。

本书得以出版，要特别感谢中国社会工作教育协会与华东理工大学出版社怀着高度使命感而推动的丛书策划，感谢总主编向德平教授和出版社刘军主任的指导与督促，感谢极富责任心的编辑藕园和章斯纯老师，在全书体例与格式修改方面付出了辛勤劳动，还要感谢我的研究生朱若晗、张渝璐、李亚璇和谢越汝等同学的校对协助工作。

邓 锁

于北京大学镜春园83号

目　　录

CONTENTS

上　　编

上编

本书上编呈现了资产建设与反贫困的中西方代表性研究观点。桑德拉·贝弗利等研究者基于对储蓄和资产相关理论视角的批判性考察，构建了资产建设的制度主义理论框架。玛格丽特·谢若登深入分析了美国语境中金融能力这一核心概念的内涵，为后续有关研究奠定了重要基础。保罗·斯图瓦特回顾了美国社会工作早期发展中金融能力服务的特点和演变过程。邓锁从生命历程的贫困风险视域出发，阐述了资产建设理论的本土化内涵及其实践启示。张莹莹和黄进提出了金融社会工作的贫困观，并结合中国脱贫攻坚的历史背景，分析了金融社会工作在促进反贫困中的角色和路径。王思斌则在回应谢若登等人观点的基础上，提出了中国社会工作提升贫困群体金融能力的可能领域，讨论了社会工作者自身的能力建设问题。本编提供了与资产建设和反贫困相关的理论研究基础。

第一章 资产建设及其决定因素[①]

当前有关储蓄和资产积累决定因素的研究文献已经比较丰富，但相对于公共政策的目标要求来说仍然不够。大多数与储蓄相关的理论诉诸个人特征来解释财富水平的差异，比如研究婚姻状态[②]、家庭规模[③]以及宗教信仰[④]等对资产积累的影响，或者将教育成就差异作为首要的解释因素。然而，已有研究难以为清晰的政策建议提供充分证据，尤其是在如何提升穷人的财富方面存在不足。本章因此致力于解释这一基础性问题：什么因素决定了储蓄和资产积累？

① 本章曾出版于 S. M. McKernan and M. Sherraden (eds.), *Asset Building and Low Income Families* (Washington, DC: Urban Institute Press, 2008).

② Alexis Yamokoski and Lisa Keister, "The Wealth of Single Women: Marital Status and Parenthood in the Asset Accumulation of Young Baby Boomers in the United States," *Feminist Economics* 12, no. 1－2(2006): 167－194.

③ Lisa A. Keister, "Race, Family Structure, and Wealth: The Effect of Childhood Family on Adult Asset Ownership," *Sociological Perspectives* 47, no. 2(2004): 161－187.

④ Lisa A. Keister, "Religion and Wealth: The Role of Religious Affiliation and Participation in Early Adult Asset Accumulation," *Social Forces* 82, no. 1(2003): 175－207.

我们的目标是希望构建出一个解释储蓄和资产积累的理论框架，并能够为政策制定提供参照。由此，本研究同时具有狭义和广义的意涵。狭义方面是指本研究仅关注有关资产的决策与成效，而非探讨相关联的消费、收入、家计审查项目参与以及负债等。当然，对于低收入家庭经济生活更宽泛的概念化理解也是有意义的，但这超出了本章所讨论的范畴。本研究也具有更广泛的意涵，那就是我们试图构建一个可以解释所有人群收入与资产积累的框架，并同时考虑到低收入人群较低的储蓄和财富水平特点。当然，该理论框架并非仅攸关穷人，否则也就不能促进更大范围的知识拓展，也不会与众多储蓄与资产增长的相关研究产生关联。

重视资产并不意味着以收入和消费为导向的策略没有价值。经济限制是非常实际的，一些收入水平极低的家庭，其最优决策或许不是储蓄，毕竟储蓄需要降低消费。因而，那些能够增加收入和提供重要支援的计划和政策——尤其是医疗保险——对家庭而言是非常关键的经济保障。然而，无论是增加收入还是资产建设，在每个人的经济生活中都是必要的，富人、穷人皆是如此。我们聚焦于资产乃是因为政策制定者（及其他人）通常低估资产在保障低收入家庭经济安全中所扮演的角色①，也因为在通过公共政策支持低收入家庭进行资产建设方面还可以做更多努力。

本研究框架特别关注储蓄和资产积累中制度的意义。本章中的制度概念是指有目的地创立的政策、计划、产品和服务，它们形塑了机会、约束和后果。制度在社会科学中运用得非常广泛，但在此我们只聚焦于有目的地设

① Michael Sherraden, *Assets and the Poor: A New American Welfare Policy* (Armonk, NY: M. E. Sharpe, Inc, 1991).

定的条件，比如一项公共政策。制度对世界观产生影响并因此影响行动——乃是由于它们影响到约束条件和后果，并使人们获得有关机会和选择的信息。①

从制度视角来看，储蓄和资产积累在很大程度上是具有“明确联系、规则、激励和补贴”②的结构性机制带来的结果。对于非贫困人口而言，这些机制包括购房贷款利息和房产税抵扣、就业资助的养老金缴款和收益免除，个人退休账户（IRA）和基奥计划（Keogh Plans）的延期纳税，以及雇员年金计划中的雇主缴款缴税延期等。然而，低储蓄水平的中低收入家庭并不具有类似促进和补贴资产积累的制度可及性和制度激励③。举例来说，穷人不太可能买房，即使能买房，他们也只能获得很少的补贴或根本没有补贴，因为他们需要缴纳的边际税率很低或为零，且税收优惠通常不能得到返还。

本章的组织编排如下：首先，我们梳理已有的关于储蓄和资产积累的理论，评述其在解释低收入家庭资产建设方面的优势和不足。其次，我们提出相应的概念框架，并对支持或挑战这一框架的相关经验证据展开综述。本章也讨论到已有研究假设在解释低收入、少数族裔和单身母亲家庭群体上

① Mark Schreiner and Michael Sherraden, *Can the Poor Save? Saving and Asset Building in Individual Development Accounts* (New Brunswick, NJ: Transaction Publishers, 2007).

② Michael Sherraden, *Assets and the Poor: A New American Welfare Policy* (Armonk, NY: M. E. Sharpe, Inc, 1991), p. 116.

③ Christopher Howard, *The Hidden Welfare State: Tax Expenditures and Social Policy in the United States* (Princeton, NJ: Princeton University Press, 1997); Laurence S. Seidman, "Assets and the Tax Code," in T. M. Shapiro and E. N. Wolff (eds.), *Assets for the Poor: The Benefits of Spreading Asset Ownership* (New York: Russell Sage Foundation, 2001); Michael Sherraden, *Assets and the Poor: A New American Welfare Policy* (Armonk, NY: M. E. Sharpe, Inc, 1991).

的差异。最后，本章总结现有经验证据的优缺点，指出未来研究的可能方向。

第一节　资产建设决定因素的理论

本节中，我们将整理并评估现有储蓄和资产积累决定因素的概念和理论模型。这些不同发展阶段的“理论”体现为三个类别范畴：(1) 新古典经济学；(2) 心理学与社会学；(3) 行为经济学。知识拓展 1.1、1.2 和 1.3 是对这三类理论视角的概述。第四种理论范畴着重强调储蓄和资产积累的制度性决定因素。本研究采用并希望发展这一取向，并将对这一视角进行特别阐述。

一、新古典经济学理论

新古典经济学理论假设个体是理性人，会以可预测的方式对激励的变化做出反应。该取向强调决定个体行为的两个一般因素：机会(或约束条件)及个体偏好①。偏好通常被视为稳定的和外生的(不受机会和约束条件的影响)。许多经济模型也假定个体具有完美市场的可及性及完美知识。个人效用(幸福或满足)通常被视为消费的函数，而经济模型常常将储蓄视为剩余——做出消费决策以后的剩余资源。

新古典经济学关于储蓄和资产积累的研究起点是生命周期假设(Life-

① Robert A. Pollak, *Notes on How Economists Think* (Chicago: Joint Center for Poverty Research, 1998).

Cycle Hypothesis,LCH)①和持久收入假设(Permanent Income Hypothesis, PIH)②。这两个理论都假定个人和家庭关注长期消费机会,会以未来收入期望解释储蓄和消费。这些模型还假定储蓄可被看作一种平滑收入波动的方式。既然消费由终身资源期望值(而非当前的资源量)决定,短期(如一年)储蓄被认为能够反映当前收入与终身资源平均值的差异。换言之,根据这两个理论,如果当前收入低于终身收入期望的平均值,个人和家庭可能会借钱消费;如果当前收入超过终身收入期望的平均值,个人和家庭则会进行储蓄(或还贷)。

正如其名称所暗示的那样,生命周期假设认为消费和储蓄反映了个体所处生命周期的阶段,通常用年龄来指代。因为对大多数人来说退休意味着最根本性和持久性的收入变动,这个模型由此强调为退休而储蓄是延迟消费的主要动力。年轻家庭的储蓄常常为负,这是因为他们通常收入较低且身负教育、购房和其他消费债务。在生命周期的中间时段,由于个人已还完贷款并开始为退休储蓄,可以预见存款会增加。退休后,家庭则会动用储蓄金(花费以前的储蓄存款)。因此,家庭之间的消费和储蓄差异被认为是年龄差异、储蓄及动用储蓄金形成跨年龄或时间的倒 U 形曲线等差异作用

① Albert Ando and Franco Modigliani, "The 'Life Cycle' Hypothesis of Saving: Aggregate Implications and Tests," *American Economic Review* 53(1963): 55 - 84; Franco Modigliani and A. K. Ando, "Tests of the Life Cycle Hypothesis of Savings," *Bulletin of the Oxford Institute of Statistics* 19(1957): 99 - 124; Franco Modigliani and Richard Brumberg, "Utility Analysis and the Consumption Function: An Interpretation of Cross-Section Data," in K. K. Kurihara (ed.), *Post-Keynesian Economics* (New Brunswick, NJ: Rutgers University Press, 1954).

② Milton Friedman, *A Theory of the Consumption Function* (Princeton, NJ: Princeton University Press, 1957).

的结果①。

近些年，经济学家开始拓展生命周期假设和持久收入假设。缓冲库存(Bufferstock)模型②强调了储蓄的预防动机，尤其是对于年轻的家庭和收入更不确定的家庭。这些家庭应该积累少量资产(缓冲库存)以在短期收入变动和流动性受到约束时保持消费平稳。这种由缓冲库存模型所预测的资产增长模式非常不同于生命周期假设所预测的倒U形模式；当家庭开始为退休存钱，直到50岁左右财富会按预期在相当程度上保持恒量(假设家庭一直积累并能够保持他们的最优缓冲库存)③。有时被称为增强型生命周期模型的其他模型，试图包含收入维持政策对预防性储蓄动机的效果④。

---

① Albert Ando and Franco Modigliani, "The 'Life Cycle' Hypothesis of Saving: Aggregate Implications and Tests," *American Economic Review* 53(1963): 55 - 84; Franco Modigliani and A. K. Ando, "Tests of the Life Cycle Hypothesis of Savings," *Bulletin of the Oxford Institute of Statistics* 19(1957): 99 - 124; Franco Modigliani and Richard Brumberg, "Utility Analysis and the Consumption Function: An Interpretation of Cross-Section Data," in K. K. Kurihara (ed.), *Post-Keynesian Economics* (New Brunswick, NJ: Rutgers University Press, 1954).

② Christopher D. Carroll, "Buffer-Stock Saving and the Life Cycle/Permanent Income Hypothesis," *Quarterly Journal of Economics* 12, no. 1(1997): 1 - 55; Christopher D. Carroll and Andrew A. Samwick, "The Nature of Precautionary Wealth," *Journal of Monetary Economics* 40, no. 1(1997): 41 - 71; Angus Deaton, "Saving and Liquidity Constraints," *Econometrica* 59, no. 5(1991): 1221 - 1248; Andrew Alan Samwick, "Saving for Retirement: Understanding the Importance of Heterogeneity," *Business Economics* 41, no. 1(2006): 21 - 27.

③ Christopher D. Carroll and Andrew A. Samwick, "The Nature of Precautionary Wealth," *Journal of Monetary Economics* 40, no. 1(1997): 41 - 71.

④ Hubbard R. Glenn, Skinner Jonathan and Stephen P. Zeldes, "Expanding the Life-Cycle Model: Precautionary Saving and Public Policy," *American Economic Review* 84, no. 2 (1994): 174 - 179; Hubbard R. Glenn, Skinner Jonathan and Stephen P. Zeldes, "Precautionary Saving and Social Insurance," *Journal of Political Economy* 103, no. 2 (1995): 360 - 399.

知识拓展 1.1　有关储蓄与资产增长的新古典经济理论概述

共同假设：

- 对储蓄和消费的偏好是稳定的。
- 个体是前瞻性的，他们在做出消费决策时会考虑终身经济资源和需求。
- 个体对终身资源和需求有理性期望。
- 个体希望避免大的消费波动，储蓄、动用储蓄金及借款允许个体“拉平”消费。
- 个体有完全的信贷、储蓄和保险市场的进入渠道。

关键构成因素：

- 收入。
- 消费。
- 年龄/生命周期阶段。
- 激励/抑制。
- 期望。
- 储蓄动机。
- 偏好。

对低储蓄和低资产增长的解释：

- 低收入家庭在满足基本生活要求之后所剩资源有限。
- 年轻家庭储蓄为负，因为目前收入低于终身收入期望。
- 家计审查类项目的资产限制增加了资产积累的成本从而抑制储蓄。
- 公共转支计划、保险和信贷渠道可能减少对资产的需求从而抑制储蓄和资产积累。

- 储蓄激励可能不会增加储蓄净值，原因为个体可能从现有资产中提款来作为存款，储蓄激励减少了为将来某一特定水平的消费提供资金的储蓄额。
- 对于不指望长寿和不想留下遗产的人而言，有限的存款和资产积累是理性的。
- 相对于目前的消费，某些人会强烈压缩未来消费。

二、心理学与社会学的理论

有关储蓄的心理学和社会学理论考虑了储蓄和资产积累的其他决定因素，包括个人的特征、动机、抱负、期望、同辈与家庭影响，以及财富作为持续分层来源的历史影响①。其中一些命题强调了相对稳定的个人特征对资产建设的作用。另外一些心理学和社会学命题则认为，与储蓄相关的偏好和抱负并非固定不变，它们实际上力图解释动机、抱负和期望是如何被塑造的。

强调相对稳定的个人特征的命题通常来自心理学。例如，心理学家考察了节俭、责任感、情绪稳定性、自主性、外向性、易相处、灵活性和坚韧性对

① Conley Dalton, *Being Black, Living in the Red: Race, Wealth, and Social Policy in America*. (Berkeley: University of California Press, 1999); Melvin Oliver L. and Thomas M. Shapiro, *Black Wealth / White Wealth: A New Perspective on Racial Inequality* (New York: Routledge, 1995); Thomas M. Shapiro, *The Hidden Cost of Being African American: How Wealth Perpetuates Inequality* (New York: Oxford University Press, 2004); Thomas M. Shapiro, "Race, Homeownership and Wealth," *Washington University Journal of Law and Policy* 20(2006): 53 - 74; Spilerman Seymour, "Wealth and Stratification Processes," *Annual Review of Sociology* 26, no. 1 (2000): 497 - 524.

储蓄的作用①。那些着力解释动机、抱负、期望和偏好如何被塑造的命题主要来自社会学和心理学。一些学者强调社会规范，提出“炫耀性消费”(conspicuous consumption)规则引导人们过度消费(也因此储蓄不足)。一些学者考虑了家庭和同辈的影响。斯塔克②提出，社交网络里的成员对钱或其他物质资助的需要会破坏为储蓄做出的努力。而且，有关金融社会化(financial socialization)的文献③认为，社交网络里的成员会强烈影响个人的消费模式、有关储蓄的信念以及储蓄的抱负和期望。例如，如果一个孩子知道他的家庭在消费方面很谨慎并进行常规性储蓄，偶然能听到或参与到与股票行情相关的谈话，并被鼓励开设自己的储蓄账户，则可以预见他在成年后会比成长在缺乏储蓄和利用多种金融产品家庭的人更具金融敏锐性，也更倾向于储蓄。

其他研究者强调个体经验的作用。例如，杜森伯里④就谈到个人规范的意义，他指出，即使收入减少，个人也可以努力保持过去的消费水平。经济心理学家⑤提出，过去的储蓄经验(好的和坏的)会影响个人对未来储蓄能力

---

① Ellen K. Nyhus and Paul Webley, “The Role of Personality in Household Saving and Borrowing Behavior,” *European Journal of Personality* 15(2001): S85 - S103.

② Carol B. Stack, *All Our Kin: Strategies for Survival in a Black Community* (New York: Harper and Row, 1974).

③ Ngina S. Chiteji and Frank P. Stafford, “Portfolio Choices of Parents and Their Children as Young Adults: Asset Accumulation by African-American Families,” *American Economic Review* 89, no. 2(1999): 377 - 380; Stewart Cohen, “Consumer Socialization: Children's Saving and Spending,” *Childhood Education* 70, no. 4 (1994): 244 - 246.

④ James S. Duesenberry, *Income, Saving and the Theory of Consumer Behavior* (Cambridge, MA: Harvard University Press, 1949).

⑤ Adrian Furnham, “Why do people save? Attitudes to, and Habits of, Saving Money in Britain,” *Journal of Applied Social Psychology* 15, no. 4(1985): 354 - 373; George Katona, *Psychological Economics* (New York: Elsevier, 1975).

的信心。尽管跟储蓄不是直接相关的，一些研究者却发现了“目标传染”的证据，即有些人在感知到他们周围的人想达到的目标时也会去追求同样的目标①。

制度性歧视和历史的不公平已经成为财富种族差异的前置因素②。更为一般性的是，相比于其他阶层形成原因，家庭财富差异或许是预测孩子生活机会的一个更好的指标，包括成年后的财富③。具有启发性的是，这些发现不仅与社会化和个人经验相关，而且是财富不平等的自我延续，无论是通过持续的歧视还是通过不同的参考群体和身份塑造。

知识拓展 1.2　有关储蓄与资产增长的心理学和社会学理论概述

关键假设：

- 经济行为（如个人对储蓄机会的回应）是由个人特征、动机、抱负和期望等心理变量塑造的。
- 经济决策可能会受到社会网络成员的影响。
- 长时间积累的历史性歧视和障碍可能会沉淀和固化经济不平等。

① Henk Aarts, Peter M. Gollwitzer and Ran R. Hassin, “Goal Contagion: Perceiving is Pursuing,” *Journal of Personality and Social Psychology* 87, no. 1(2004): 23 - 37.

② Melvin L. Oliver, Thomas M. Shapiro, *Black Wealth / White Wealth: A New Perspective on Racial Inequality* (New York: Routledge, 1995); Thomas M. Shapiro, *The Hidden Cost of Being African American: How Wealth Perpetuates Inequality* (New York: Oxford University Press, 2004); Thomas M. Shapiro, “Race, Homeownership and Wealth,” *Washington University Journal of Law and Policy* 20(2006): 53 - 74.

③ Dalton Conley, *Being Black, Living in the Red: Race, Wealth, and Social Policy in America* (Berkeley: University of California Press, 1999); Seymour Spilerman, “Wealth and Stratification Processes,” *Annual Review of Sociology* 26, no. 1 (2000): 497 - 524.

关键构成因素：

- 个人特征。
- 有关储蓄与消费的社会和文化习俗。
- 有关储蓄与消费的个人习惯。
- 储蓄动机与目标。
- 对成功的期望。
- 社会网络的支持与需求。
- 歧视与阶层划分。

对低储蓄和低资产增长的解释：

- 个体经济可能造成个人选择即刻满足而不是远期满足。
- 社会习俗(如炫耀性消费)可能会刺激消费。
- 个体或许在收入减少时也力图保持过去的消费水平。
- 个体或许没有明确的储蓄动机。
- 个体或许因为预期自己会失败而不努力储蓄或累积资产。
- 社会网络可能会通过要求财物资源而抑制储蓄和资产积累。
- 长时间缺乏或没有财富的家庭和社区可能很难启动储蓄策略。

三、行为经济学理论

新近发展的储蓄行为理论试图解释人们在金融相关事项上是如何实际行动的。与新古典经济学理论不同，该模型并非假定人们是理性的且全知全能的。正如泰勒[①]的文章题目所暗示的，行为理论试图解释

① Richard H. Thaler, "From Homo Economicus to Homo Sapiens," *Journal of Economic Perspectives* 14, no. 1(2000): 133 - 141.

（并做出与此一致的假设）"智人"（homo sapiens）而非"经济人"（homo economicus）的行为。行为理论学家还假设金融计划具有巨大的非金融性成本。

行为理论学家已经识别出许多影响金融行为的人类共同特征，包括缺乏自控力（人们倾向于重视当下消费而不是未来消费）、有限认知能力（人们并非总会从他们的错误中吸取教训且会被太多选择弄得筋疲力尽）、惯性（人们倾向于继续他们当下在做的事情）、情境障碍（人们并非对客观经验做出反应，而是对自己对此经验的解释做出反应）、损失厌恶（人们对损失的敏感程度远大于对获取的敏感程度）、倾向于将默认选项理解为建议选项①，以及倾向于使用心理账户（mental accounting）②。根据行为理论，通常这些倾向都会引导个人做出与他们自己的优先选项或最大化长期消费不相符的行为。同时，有限认知能力和惯性思维还会引导人们推迟金融决策③。

① 例如，一个自动注册进入401(k)投资选项的工人或许认为这个默认选项对他来说是最好的选择；否则，这个选项就不会被设计成默认选项。

② 使用心理账户意味着从某种程度上来说，人们对不同来源的资金会有不同想法。例如，常规性的工资和薪金收入或许会被定义为供消费使用的资金，而诸如临时性的工作或退税等非常规性的收入会被定义为储蓄或"请客"的钱。

③ Marianne Bertr, Sendhil Mullainathan and Eldar Shafir, "A Behavioral-Economics View of Poverty," American Economic Review 94, no. 2(2004): 419－423; Marianne Bertr, Sendhil Mullainathan and Eldar Shafir, "Behavioral Economics and Marketing in Aid of Decision-Making among the Poor," *Journal of Public Policy and Marketing* 25, no. 1(2006): 8－24; Richard H. Thaler, "From Homo Economicus to Homo Sapiens," *Journal of Economic Perspectives* 14, no. 1(2000): 133－141; Richard H. Thaler, Amos Tversky and Daniel Kahneman, et al., "The Effect of Myopia and Loss Aversion on Risk Taking: An Experimental Test," *Quarterly Journal of Economics* 112, no. 2(1997): 647－661; Amos Tversky and Daniel Kahneman, "Loss Aversion in Riskless Choice-A Reference-Dependent Model," *Quarterly Journal of Economics* 106, no. 4(1991): 1039－1061.

如果人们觉察到这些倾向,他们可能会尽力调整。例如,人们可能通过“预先承诺约束”(precommitment constraints)来控制他们的花销,在储蓄账户和投资工具里面设置直接存款就是一种预先约束。即使人们对自己的局限是无知的,储蓄和投资计划也可以通过刻意调整人们的这些共同特征来促进储蓄。实际上,行为理论家已经开始提出一些诸如简化投资选项和自动注册 401(k)计划等改革和创新[①]。正如我们所建议的,这些改革计划需要制度理论的制度安排,而制度理论能够创建知识,为政策和公共项目设计提供信息。

四、现有理论工作的优势与不足

在目前发展阶段,已有理论都没有为低收入家庭的储蓄和资产积累提供合理解释。新古典经济学模型有相对明晰的区分与更严谨的检验,且已有大量相关研究。但这些模型倾向于做出不合实际的假设,例如个人具有近乎完备的知识并具有前瞻性思维和理性。在实际情况中,贯穿整个生命历程的最优化消费(或其他财务目标)决定是异常复杂的[②]。经验研究也表明,大多数美国人缺乏财务复杂性和信息来做出即便是最基本的经济计算[③]。新古典

① 那些让人们自动注册加入的计划有时候被称为“选择退出”计划,这是因为符合资格的个人都会自动被加入计划,除非他们从一开始就选择不加入。

② B. Douglas Bernheim and John Karl Scholz, “Private Saving and Public Policy,” *Tax Policy and the Economy* 7(1993): 73 - 110.

③ B. Douglas Bernheim, “Personal Saving, Information, and Economic Literacy”. In *Tax Policy for Economic Growth in the 1990s* (Washington, DC: American Council for Capital Formation, 1994); Annamaria Lusardi and Olivia S. Mitchell, “Financial Literacy and Retirement Preparedness: Evidence and Implications for Financial Education,” *Business Economics* 42, no. 1(2007b): 35 - 44.

经济模型还假设与储蓄相关的偏好是固定不变的，缺乏对偏好起源的讨论暗示偏好是稳定的个人特征的产物。因此，新古典经济模型可能因个人低水平的储蓄和资产积累而含蓄地“指责”他们，而这些模型可能无法提供有效的政策路径以改变现状。

强调个性特征的心理学命题也似乎倾向于指责个体而对政策建议贡献不大。一些心理学家和社会学家提出的命题聚焦于偏好与抱负的起源研究，其中个人并不是低水平资产积累的唯一责任承担者。不过，这类命题只有少量得以检验，也几乎没有提供有价值的政策指导。

行为理论是一个重要的进步。尽管这一理论植根于新古典经济学，带有新古典经济模型的理论严格性，但它对个体的假设更符合实际（参见知识拓展 1.3），这或许是因为纳入了心理学的变量。因此，行为理论补充并推进了有关储蓄的心理学和经济学理论。

知识拓展 1.3　有关储蓄与资产增长的行为经济学理论概述

关键假设：

- 个体对于金融事务不是全知全能的。
- 财务规划有心理成本。
- 个体倾向于缺乏耐心，过度关注当下体验。
- 个体倾向于采取最容易的行动（例如偏向保持现状）。
- 个体容易被太多选择弄得不堪重负。
- 财富并非完全不可替代，个体倾向于使用心理账户策略。
- 个体对损失的感知强于对获取的感知，因此偏向于保持最初拥有的。

关键构成因素：

- 金融知识。
- 自我控制。
- 预先承诺限制。
- 心理和实物账户。
- 惯性。
- 经验法则。
- 损失厌恶。

对低储蓄和低资产增长的解释：

- 个体因缺乏知识或感知到的能力不足而延迟财务决定。
- 个体即使想存钱也很难拒绝消费的欲望。
- 个体并不知道自己的短视，因此不会设置预先承诺限制。
- 个人如何感知储蓄和投资选择以及信息是怎样构成及传递的都很重要（如眼下损失钱财 vs. 以后获得钱财及其他机会）。

有关行为命题的经验研究数量有了快速增长。尽管这些研究主要倾向于考察有资格参与退休计划的中高收入者行为，但对行为理论提供了较好支持。而近期的研究也开始将低收入家庭考虑在内①。行为理论对大

① Marianne Bertrand, Sendhil Mullainathan and Eldar Shafir, "A Behavioral-Economics View of Poverty," *American Economic Review* 94, no. 2 (2004): 419 - 423; Marianne Bertrand, Sendhil Mullainathan and Eldar Shafir, "Behavioral Economics and Marketing in Aid of Decision-Making among the Poor," *Journal of Public Policy and Marketing* 25, no. 1(2006): 8 - 24.

多数个体行为的描述似乎更加准确，不过其往往止步于此，即仅强调个体不足而忽略了激励储蓄和资产积累的制度因素。行为研究的相关文献似乎正朝向后者发展，可以预见行为理论和制度理论在未来能够实现更好的融合。

第二节　资产建设决定因素的概念框架

在这一节，我们开始构建一个概念框架以解释储蓄和资产积累，并期望为公共政策提供参考。首先，我们会介绍作为框架基础的概念并提出与概念相关的假设；接着，我们考察与每个假设相关的经验证据。相关概念包括储蓄与投资行动、影响资产积累的个人构成因素、影响资产积累的制度构成因素、跨家庭传递和继承的资产积累来源。

一、储蓄与投资行动的资产积累效应

储蓄与投资行为会影响资产积累（如图 1.1 所示）。储蓄行动（saving action）是指那些影响暂时存储起来（不花费）的金钱和其他资源数量的决定和行为。储蓄行动包括储蓄频次与储蓄数额，也包含与非储蓄（disaving）相关的变量，如支取储备金的频次与数额，因为资产积累只会在个人努力保护他们的储蓄时才会发生①。投资行动（investment action）是指影响储蓄在哪里存放，也就是投资组合构成的决定和行为。

① Sondra G. Beverly, Amanda Moore McBride and Mark Schreiner, "A Framework of Asset Accumulation Stages and Strategies," *Journal of Family and Economic Issues* 24, no. 2(2003): 143 - 156.

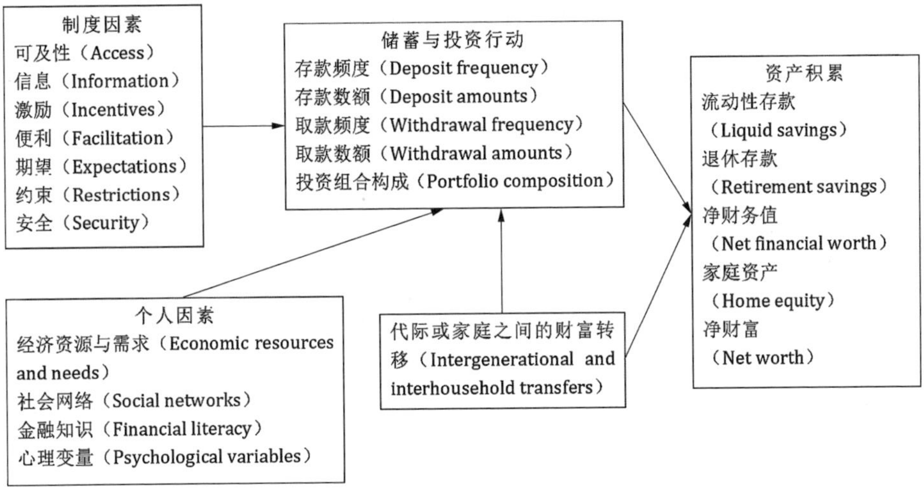

图 1.1　储蓄与投资行为对资产积累的影响

对资产积累的简化测量指标包括了如流动性存款、退休存款、净财务值、家庭资产和净财富等。有关储蓄和投资行动与资产积累关系的命题包括：(1) 存款形态影响资产积累；(2) 取款形态影响资产积累；(3) 资产组合结构影响资产积累。前两个命题本质上不证自明，第三个命题则指出这样一种事实：某些资产能获得比另外一些资产更大的回报。这个命题的表述已经被广泛采用，也得到了普遍的接受。在此，我们关注一个更具体、更具有争议性的子问题，即住房所有权(homeownership)是否会提高低收入家庭的资产水平。之所以关注这一问题，是因为房产可能是低收入家庭的主要资产，而低收入、少数族裔和单亲母亲等家庭的房产收益率常常低于平均水平，甚至为负。

知识拓展 1.4　有关储蓄与资产增长的制度理论概述

关键假设：

- 制度塑造了储蓄偏好、储蓄行动、投资选择以及储蓄和资产成果。

关键构成因素：

- 可及性。
- 信息。
- 激励。
- 便利。
- 期望。
- 约束。
- 安全。

对低储蓄和低资产增长的解释：

- 特定的亚群体（如低收入和少数族裔家庭）可触及储蓄与资产积累的制度性支持有限。
- 特定的亚群体（如因有限资产作为公共福利计划的现有或潜在接受者）有抑制储蓄的倾向。

房产收益率在很大程度上取决于地理位置和购房时间点。房屋供需情况随社区的不同而有很大差异，而这些差异都会影响房屋价格。此外，房地产市场具有周期性，其回报率基本上取决于房屋价格在购买和出售时是否增长。社区之间会因为居民的种族和阶层而高度隔离，就我们关注的亚群体而言，地理位置就成为特别凸显的变量。简而言之，低收入家庭有能力购买的房产通常位于“不太具有吸引力”（less-desirable）的社区。种族和族群隔离的后果是少数族裔可及的社区数量很少。这种空间的聚集很可能弱化这些地区的房产市场，导致低回报率[1]。

里德[2]采用“收入动态面板研究”(Panel Study of Income Dynamics, PSID)数据考察了约5 000名租客多年间的住房选择。她发现很多买房的租客——尤其是低收入和少数族裔的购房者——在相对短的时间内又回到租房生活。对于中低收入的少数族裔及低收入白人来说，房产的金融回报率很低。尽管一些低收入和少数族裔房主确实经历过资产增值，但里德指出，白人和中上层收入家庭更可能从房产中获得金融利益。

贝尔斯基和杜达[3]使用购买和销售房产的价格数据比较了购买低成本房产买家的收益与其他买家的收益。他们发现，卖房收益在很大程度上取决于卖房的时间点，而将房地产交易成本纳入考虑后很多人发现实际上遭受了损失。然而，那些购买低成本房屋的人更可能在市价上涨时卖出房屋，而避免在市价下跌时受损。不过，由于这份研究只限于四个大城市区域且只研究短期房主的多次卖房情况，我们并不清楚这些研究者在计算卖房收益时是否考虑了(已放弃的)租房成本。

已有研究证据显示，市场条件对自有房产回报率有强作用力。然而，

① James H. Carr and Nandinee Kutty, *Segregation: The Rising Costs for America* (New York: Routledge, 2008); Joseph Gyourko, Peter Linneman and Susan Wachter, “Analyzing the Relationships among Race, Wealth, and Home Ownership in America,” *Journal of Housing Economics* 8, no. 2(1999): 63 - 89.

② Carolina Katz Reid, *Achieving the American Dream? A Longitudinal Analysis of the Homeownership Experiences of Low-income Households* (Seattle: University of Washington, Center for Studies in Demography and Ecology, 2004).

③ Eric S. Belsky and Mark Duda, “Asset Appreciation, Timing of Purchase and Sales, and Returns to Low-income Homeownership,” in Nicolas P. Retsinas and Eric S. Belsky(eds.), *Low-income Homeownership: Examining the Unexamined Goal.* (Cambridge, MA: Joint Center for Housing Studies and Washington, DC: Brookings Institution Press, 2002).

除此之外我们很难再从相关文献中得出更为具体的结论。为了准确核算房产回报率，或许不仅需要考虑购买价格与售出价格之间的差异，还要考虑房地产的交易成本、替代投资的机会成本、保养成本（相比于租房者的保养成本）①，以及所放弃的租房补助。现有研究在选用这些相关因素方面有所差异，至少部分解释了一些不一致的研究发现。了解低收入和少数族裔购房者的回报率——找方法帮助潜在购房者做出信息充分的选择——是重要的研究目标，因为房产是很多低收入和少数族裔家庭最主要的资产。

二、储蓄与投资行动的个体构成因素

我们现在转向一些可能影响储蓄和投资行动的个体构成因素：经济资源和需求、非正式社会支持、金融素养和心理变量。

（一）经济资源和需求

有理由相信，经济资源和需求是储蓄和投资行动的重要预测变量。根据定义，低收入者的金融流动性有限，因此他们有较少的“余量”现金来储蓄。对于低收入者来说，采用减少维持生计水平的消费来支持储蓄也很难。因此，从根本上来说，低收入就是储蓄的一个持续性障碍。大量证据表明，低收入家庭比中等收入和高收入家庭拥有更少的财产，这为经济约束影响储蓄行为的假设提供了间接支持。但据我们了解，几乎没有任何研究直接检验过这个假设（可能因为这个关系被视为不言自明的真理）。不过，诸如

① Eric Belsky and Allegra Calder, *Credit Matters: Low-income Asset Building Challenges in a Dual Financial Service System* (Cambridge, MA: Harvard University, Joint Center for Housing Studies, 2004).

医疗支出、车辆支出和债务负担等一些特定支出的确可能会挤压很多低收入家庭的储蓄。

1. 医疗支出

没有医疗保险的家庭有可能遭遇大笔的医疗支出，尤其是家庭成员患上慢性疾病或严重的急性病或突然受伤。与这些支出和储蓄结果直接相关的定量证据非常有限。基于一项低收入家庭资产建设研究项目中 1 855 名个人发展账户（Individual Development Account，IDA）计划参与者的数据，巴诺夫①考察了医疗债务（无论个人是否有逾期未付的医疗账单）对计划效果的作用。他发现，那些有医疗债务的个人发展账户的平均存款（除去不匹配取款之净值）大约比没有医疗债务账户的平均存款少 3.5 美元（或 19%）。同时，那些负有医疗债务的人比没有医疗债务的人更可能退出个人发展账户项目，前者与后者的退出率分别为 39%和 34%。这项研究的一个缺陷是数据里没有与健康状态相关的指标，而医疗债务可能是不健康状态的替代指标（proxy）。

缺乏医疗保险也增加了看病就医的成本并会减少储蓄。巴诺夫②发现，医疗保险和平均每月净存款及总存款之间存在显著的正向关系。这就意味着，持续购买医疗保险会提升家庭储蓄的能力。但因为缺乏自付费用（out-of-pocket expenses）的指标，这些研究发现多少有点难以解释，而我们不能假设有医疗保险的人需要负担的医疗费用就很低（因为某些购买保险的人实际上承担了高额的保险费）。

---

①② Rachel Banov, *The Effect of Health Insurance on Savings Outcomes in Individual Development* Accounts(St. Louis, MO: Washington University in St. Louis, Center for Social Development, 2005).

2. 车辆支出

另一个阻碍储蓄的潜在因素是车辆出现问题时产生的支出。对于这类支出来说，实际范围的经验证据很难收集，但低收入家庭会使用更老旧的、更容易出问题的车辆的观点是公认的。我们认为每年与车辆故障有关的费用比在此讨论的其他方面的费用少，但这些费用在针对低收入家庭的定性研究中经常被提及①，大概因为它们不是常规性的且又不可预测，家庭不会对此制定预算。

3. 债务负担

第三种阻碍储蓄的财务负担与以上两种支出部分相关，即每月的债务还款，包括信用卡还款与医疗费用还款。还款负担危机的一个指标是还款额度超过收入的 40%。根据消费者财务调查（Survey of Consumer Finances，SCF），2001 年，年收入最低四分位的家庭里有 27%的家庭达到了上述还款负担危机的标准。这个比例是全美家庭比例（11%）的 2.5 倍②。另一个债务还款问题的指标是延迟付款。2001 年"消费者财务调查"数据表明，收入最低四分位的借款人里有 13%在前一年至少会有一项还款推迟 60

① Cathleen M. Finn and Paz M-B Zoritaand Claudia Coulton, "Assets and Financial Management Among Poor Households in Extreme Poverty Neighborhoods," *Journal of Sociology and Social Welfare* 21, no.4(1994): 75 - 94; Janice M. Hogan, Catherine Solheim and Susan Wolfgram, et al., "The Working Poor: From the Economic Margins to Asset Building," *Family Relation* 53, no. 2(2004): 229 - 236; Margaret Sherraden, Amanda Moore McBride and Elizabeth Johnson, et al., *Saving in Low-income Households: Evidence from Interviews with Participants in the American Dream Demonstration* (St. Louis, MO: Washington University in St. Louis, Center for Social Development, 2005).

② Ana M. Aizcorbe, Arthur B. Kennickell and Kevin B. Moore, "Recent Changes in U. S. Family Finances: Results from the 1998 and 2001 Survey of Consumer Finances," *Federal Reserve Bulletin* 89, no.3(2003): 1 - 32.

天甚至更长的记录，与 1998 年相比略微增加。在总人口里，有 7%的家庭会延迟债务还款。对如今的年轻人来说，债务负担可能是一个尤为值得关注的问题。①

这些研究表明，低收入家庭背负了沉重的债务压力。对一个家庭来说，或许最好先还清债务再开始积累存款。减少债务也就意味着增加净值，不过债务负担常常会挤压储蓄，包括减少有激励性的账户存款。例如，一项定性研究发现，低收入个体会将他们的储蓄和维持资产的困难归咎于过多的债务负担②。

（二）非正式社会支持

第二个个体构成因素来自社会网络成员的非正式支持——社会网络成员鼓励或抑制储蓄及资产持有的程度。我们假定非正式社会支持会影响储蓄行动，如鼓励、正向强化和提醒都可能传达“储蓄是有价值的”这一信息，也让储蓄更加容易。不过，我们也假设社会网络成员可能通过传递“‘多余’收入应该与他人分享”的信息而抑制储蓄。

第二个假设来自斯塔克③所做的具有开创性的民族志研究，该研究结果显示，来自社会网络成员的频繁需求使得黑人很难积累资产。文化原因

① Tamara Draut, *Strapped: Why America's 20-and 30-Somethings Can't Get Ahead* (New York: Doubleday, 2006); Tamara Draut, *Economic State of Young America* (New York: Demos: A Network for Ideas and Action).

② Kathryn J. Edin, "More than Money: The Role of Assets in the Survival Strategies and Material Well-Being of the Poor," in Thomas M. Shapiro and Edward N. Wolff (eds.), *Assets for the Poor: The Benefits of Spreading Asset Ownership* (New York: Russell Sage Foundation, 2001).

③ Carol B. Stack, *All Our Kin: Strategies for Survival in a Black Community* (New York: Harper and Row, 1974).

使得与其他人分享存款的压力在黑人家庭中可能比在白人家庭中更大①。这种压力有可能在任何种族的低收入家庭中都更大，因为相较于中等高收入家庭来说，这些家庭的社会网络更有可能包含挣扎于基本生存线的成员。

除了上文所引用的斯塔克的研究，两项定性研究也支持社会网络成员可能阻碍个人储蓄努力的假设。在对位于加州圣荷西与密西西比乡村地区的 30 个西班牙裔和黑人家庭的定性研究中，卡斯基②报告了与斯塔克③相似的发现：一些被访者说他们没有储蓄，因为其他人会要求分享他们的存款④。在多变量的定量研究中，奇特吉和汉密尔顿⑤、赫夫林和帕蒂略⑥发现，如果有贫穷的兄弟姐妹或父母，一个家庭就不太可能有存款账户。赫夫林和帕蒂略还发现，这些亲属关系特征会降低白人拥有房产的可能性，不过对黑人而言并非如此。此外，尽管黑人更可能有贫困的兄弟姐妹以及跨阶

① 现有研究集中关注黑人与白人的差异，今后的研究还需要考察其他种族和民族中的少数群体。

② John P. Caskey, "Beyond Cash-and-Carry: Financial Savings, Financial Services, and Low-income Households in Two Communities" (Swarthmore, PA: Swarthmore College, 1997).

③ Carol B. Stack, *All Our Kin: Strategies for Survival in a Black Community* (New York: Harper and Row, 1974).

④ 有些被访者谈到，他们设法积累的存款都会很快消耗殆尽，因为只要这个家庭有存款，在财务危机发生时社会关系网的成员都会拒绝提供帮助，这也强化了社会情景的重要性。

⑤ Ngina Chiteji and Darrick Hamilton "Family Matters: Kin Networks and Asset Accumulation," in M. Sherraden (ed.), *Inclusion in the American Dream: Assets, Poverty, and Public Policy* (New York: Oxford University Press, 2005).

⑥ Colleen M. Heflin and Mary Patillo, "Kin Effects on Black-White Account and Home Ownership," *Sociological Inquiry* 72, no. 2 (2002): 220 - 239; Colleen M. Heflin and Mary Patillo, "Poverty in the Family: Race, Siblings, and Socioeconomic Heterogeneity," *Social Science Research* 35, no. 4 (2006): 804 - 822.

层的人际关系，但他们并未从这些关系中获得资产积累的积极效应①。奇特吉和汉密尔顿发现，扩展了的家庭（extended family）的贫困降低了持有股票的可能性。隆贝和塞瓦马拉②发现，被调查者给予社区成员的帮助越多，在个人发展账户计划的表现越差。所有这些研究得出的结论是：大家庭和非正式网络的贫困限制了资产积累。

非正式社会支持可增加储蓄这一假设的经验证据相对较少。一项针对明尼苏达州参加个人发展账户的 25 名参与者的定性研究发现，危急时刻，来自家庭、朋友和社区组织的支持是促进储蓄的一个重要因素。对“美国梦示范”（American Dream Demonstration，ADD）项目个人发展账户参与者的深度访谈，同样揭示了个人发展账户项目人员的鼓励和储蓄提醒能够帮助人们进行储蓄③。

（三）金融素养

个体构成因素的第三个维度是金融素养，包括知识和技能两个方面。我们假定金融素养影响储蓄和投资行动。人们如果知道需要多少钱来达到一个既定目标、理解复利、了解如何制定预算等，就会更加积极地储蓄并做出更优投资决策，这些好像是常识。实际上，相信金融素养会影响储蓄和投

① Colleen M. Heflin and Mary Patillo, “Poverty in the Family: Race, Siblings, and Socioeconomic Heterogeneity,” *Social Science Research* 35, no. 4(2006): 804 - 822.

② Margaret Lombe and Fred M. Ssewamala, “The Role of Informal Social Networks in Micro-Savings Mobilization,” *Journal of Sociology and Social Welfare* 34, no. 3 (2007): 37 - 51.

③ Margaret Sherraden, Amanda Moore McBride and Elizabeth Johnson, et al. , *Saving in Low-income Households: Evidence from Interviews with Participants in the American Dream Demonstration* (St. Louis, MO: Washington University in St. Louis, Center for Social Development, 2005).

资是金融教育计划的基本前提。

然而，这个论题的实证研究很少。希尔格、霍加斯和贝弗利[①]采用具有全国代表性的"消费者财务调查"数据后发现，基础金融知识与相应金融实践之间存在正相关关系，他们还发现了特定类型金融知识与特定类型金融行为之间的正相关关系。举例来说，那些在信用管理知识方面得高分的人也更倾向于遵循推荐的信用管理实践。不过，这项研究依赖于金融行为的自报告数据，并没有考虑到金融行为也可能影响金融知识。另外一项研究使用两阶段最小二乘回归法以控制反向因果关系后发现，金融知识与退休储蓄有正相关关系[②]。但其采用的金融知识测量变量不是一个很有效的实际金融知识的指标[③]。这项研究也依赖于自我报告的金融数据。

金融素养的提升会引导更多储蓄和更明智的投资选择，这一点还需要更多证据的支持。但可以肯定的是，缺乏基本金融知识和技能的人很可能在寻找和使用合适的储蓄与投资工具方面存在困难。总的来说，美国人在金融事务方面所获得的教育并不多，也有证据表明低收入人群更可能在金

① Marianne A. Hilgert, Jeanne M. Hogarth and Sondra G. Beverly, "Household Financial Management: The Connection between Knowledge and Behavior," *Federal Reserve Bulletin* 89, no. 7(2003): 309 - 322.

② Laurence J. Kotlikoff and B. Douglas Bernheim, "Household Financial Planning and Financial Literacy: The Need for New Tools," in L. J. Kotlikoff (ed.), *Essays on Saving, Bequests, Altruism, and Life-Cycle Planning* (Cambridge, MA: MIT Press, 2001).

③ 这个测量指标是在 6 个有关知识的问题基础上创建的，这些问题包括"目前的道琼斯工业平均值是多少""对缴纳联邦所得税的人来说，最低所得税等级是什么""现在传统购房贷款 30 年分期还款利率是多少"等。

融知识"测试"里得低分①。在一项针对 600 余名低收入者的研究②里,41 个金融知识问题的平均正确率只有 56%,有关储蓄和投资策略的知识尤其不足。例如,只有 48%的人认为"投资"通常比储蓄账户有更高风险。在年纪更大的人群里,那些有退休计划的人拥有更多财富且具有更高的金融知识水平③。

很少有研究会特别考察单亲父(母)亲的金融素养。因为单亲家庭更可能拥有较少的收入和财富,也因为他们不太可能获得金融教育,这使得单亲父(母)亲所掌握的金融知识更少。然而,针对参与金融管理计划的低收入者(90%是女性)的研究发现,单亲母亲比已婚状态的参与者了解更多的金融知识④。这与谢若登等⑤开展的定性研究结果一致,这或许说明处于婚姻状态的女性在金融事务方面更多依赖她们的丈夫,而单身女性则需要自己做出很多

---

① B. Douglas Bernheim, "Financial Illiteracy, Education, and Retirement Saving," in O. S. Mitchell and S. J. Schieber (eds.), *Living with Defined Contribution Pensions: Remaking Responsibility for Retirement*, Pension Research Council Publication Series(Philadelphia, PA: University of Pennsylvania, 1998), pp. 38 - 68; Stephen Brobeck, *Developing a National Strategy to Advance Financial Literacy* (Washington, DC: Consumer Federation of America, 2002); Consumer Federation of America, *Consumer Knowledge: The Results of a Nationwide Test* (Washington, DC: Author, 1990).

② Steven G. Anderson, Min Zhan and Jeff Scott, "Targeting Financial Management Training at Low-income Audiences," *Journal of Consumer Affairs* 38, no. 1(2004): 167 - 177.

③ Annamaria Lusardi and Olivia S. Mitchell, "Baby Boomer Retirement Security: The Roles of Planning, Financial Literacy, and Housing Wealth," *Journal of Monetary Economics* 54, no. 1(2007a): 205 - 224.

④ Min Zhan, Steven G. Anderson and Jeff Scott. "Financial Knowledge of the Low-income Population: Effects of a Financial Education Program," *Journal of Sociology and Social Welfare* 33, no. 1(2006): 53 - 74.

⑤ Margaret Sherraden, Amanda Moore McBride and Elizabeth Johnson, et al. , *Saving in Low-income Households: Evidence from Interviews with Participants in the American Dream Demonstration* (St. Louis, MO: Washington University in St. Louis, Center for Social Development, 2005).

金融决策。

（四）心理变量

长期以来，心理学家及其他学者假定个性特征和态度变量会影响到储蓄和资产积累。在此，我们假定三个心理变量——未来导向、储蓄动机和所感知的储蓄能力——影响储蓄和投资行动。这并不是说，它们是仅有的甚至是最重要的心理变量，而是希望通过这些假设来说明心理因素如何影响资产建设。

1. 未来导向

未来导向可以被定义为，即使个体必须延迟享乐，也有投资未来的意愿。快速累积的行为经济学文献假设或暗示很多人在延迟享乐方面存在困难。当然，它也暗示人们可能在延迟消费上存在困难而无法进行储蓄。同时，很多理论文章也指出，在自我控制方面存在问题会导致储蓄不足①。与这类文献（及常识）一致，我们假定未来导向能够塑造储蓄行为，也就是说，“耐心的人”存款多、取款少②。

---

① David Laibson, "Golden Eggs and Hyperbolic Discounting," *The Quarterly Journal of Economics* 112, no. 2(1997): 443 - 477; Ted O'Donoghue and Matthew Rabin, "Procrastination in Preparing for Retirement," in H. J. Aaron(ed.), *Behavioral Dimensions of Retirement Economics* (Washington, DC: Brookings Institution Press, 1999); Robert H. Strotz, "Myopia and Inconsistency in Dynamic Utility Maximization," *Review of Economic Studies* 23, no. 3(1956): 165 - 180.

② 有些人提出，穷人和其他“外族群体”（out groups，如种族或民族性质的少数群体）生活在当下，不能或不会选择延迟享乐。一些人指出，低收入和少数族裔群体对生活的期望低于平均水平，因此储蓄的动力更弱。还有一些人声称，少数族裔已经从负面经验中习得教训，即回报不会按照承诺的那样到来，因此也没有动力延迟享乐。总之，有很多对于未来导向决定因素的推论（但很少研究）。当人们讨论未来导向、时间偏好及或许更低程度上的自我控制时，我们怀疑他们想到的是相当稳定的个人特征。我们的观点是，有些人不管面对何种机会或限制都会保持耐心或不耐心。但是对大多数人而言，我们相信延迟享乐的意愿会受到外部因素的强烈影响，尤其是诸如信息、激励、期望等制度性因素。

弗雷德里克、洛文斯坦和奥多诺霍①对时间偏好(time preference)——未来取向的另一个相关概念——进行评述后指出,对多数人而言,今天的 100 美元比一年后的 150 美元更有价值。同时,行为学理论的一个关键假设是很多个体缺乏自控能力来削减当下消费去支持未来消费。但据我们所知,很少有研究对自我控制普遍性的问题开展定量研究,而阿米里克斯及其同事②的研究是一个例外。这项多变量分析研究显示,低消费与高财富净值相关,而高消费与低财富净值相关。研究者指出,第二个结论(高消费与低财富净值相关)不太可能归因为样本受教育程度偏高的情况,当然更多的实证研究会有助于证实这一点。除了这项定量研究,一些定性研究也提供证据说明人们——既包括低收入者也包括高收入者——通常认为自己很难做到延迟消费。③

2. 储蓄动机

储蓄动机观念包括两个方面:储蓄对个人的重要程度及储蓄的目标或目的。我们假定那些有强烈而明确的储蓄动机的人更有可能储蓄。新古典

---

① Shane Frederick, George Loewenstein and Ted O'Donoghue, "Time Discounting and Time Preference: A Critical Review," *Journal of Economic Literature* 40, no. 2 (2003): 351 - 401.

② John Ameriks, Andrew Caplin and John Leahy, et al., "Measuring Self-Control" (Cambridge, MA: National Bureau of Economic Research, 2004).

③ Sondra G. Beverly, Jennifer L. Romich and Jennifer Tescher, "Linking Tax Refunds and Low-Cost Bank Accounts: A Social Development Strategy for Low-income Families?" *Social Development Issues* 25, no. 1/2(2003): 235 - 246; John P. Caskey, "Beyond Cash-and-Carry: Financial Savings, Financial Services, and Low-income Households in Two Communities"(Swarthmore, PA: Swarthmore College, 1997); Arthur B. Kennickell, Martha Starr-McCluer and Annika E. Sunden, "Saving and Financial Planning: Some Findings from a Focus Group," *Financial Counseling and Planning* 8, no. 1(1997): 1 - 8; Jennifer L. Romich and Thomas Weisner, "How Families View and Use the EITC: Advance Payment Versus Lump Sum Delivery," *National Tax Journal* 53, no. 4(2000): 1245 - 1265.

经济学家常常强调储蓄的四种动力：(1) 保持退休后的消费能力；(2) 为收入冲击或其他紧急情况做准备(预防式储蓄)；(3) 将财富转移给后代(继承动机)；(4) 购买诸如耐用消费品、教育或假期等“大件”产品(目标储蓄)。前三种被认为会影响长期储蓄，第四种则会影响短中期储蓄或非储蓄①。2001年“消费者财务调查”数据的简单描述性证据显示，退休和预防性储蓄是最普遍的动机，其次是教育和其他形式的目标储蓄。②

近些年，经济学家已经特别注意到预防性储蓄在资产积累中的角色。卡罗尔和桑威克③使用“收入动态面板研究”数据发现：总体而言，美国家庭户主在大约50岁以前主要会在预防性原因的驱使下储蓄。当然，对穷人来说收入不确定性很高，因此在所有其他因素不变的情况下，他们有特别强烈的预防性动机。然而，如果预防性储蓄对穷人影响如此大，为何他们只有少量财富或没有财富？哈伯德等研究者④的模型模拟结果显示，“在明确考虑了预防性储蓄和以资产为基础的、家计审查式社会保险后，家庭财富积累的形态其实是相似的”。他们的模型还特别暗示，对受教育程度较低者和低收入家庭而言，拥有少量(或零)财富更为合理，因为如果他们的不确定性收入下降，需要申请资产审查的公共援助时，他们必须应对由于资产限制而缴纳

① Peter H. Sturm, “Determinants of Saving: Theory and Evidence,” *OECD Economic Studies* 1(1983): 147 - 196.

② Ana M. Aizcorbe, Arthur B. Kennickell and Kevin B. Moore, “Recent Changes in U. S. Family Finances: Results from the 1998 and 2001 Survey of Consumer Finances,” *Federal Reserve Bulletin* 89, no. 3(2003): 1 - 32.

③ Christopher D. Carroll and Andrew A. Samwick, “The Nature of Precautionary Wealth,” *Journal of Monetary Economics* 40, no. 1(1997): 41 - 71.

④ R. Glenn Hubbard, Jonathan Skinner and Stephen P. Zeldes, “Precautionary Saving and Social Insurance,” *Journal of Political Economy* 103, no. 2(1995): 360 - 399.

100%的储蓄税额。

3. 感知到的储蓄能力

除了未来取向和储蓄动机，对成功的抱负和期望也可能影响储蓄行动。我们假定那些期望成功储蓄的人更有可能储蓄（如更可能存款或参加储蓄计划等）。相反，那些认为储蓄尝试不可能成功的人更不可能储蓄。

个人有关储蓄的抱负和期望部分取决于既往经验，包括资产积累的经验。根据“抱负理论”（Aspirations Theory）①，个人的抱负会根据其实现抱负的成功（或失败）而加强（或减弱）。卡特纳②将此命题应用于经济行为并指出，个人在储蓄目标上有所进步就更可能将其作为目标。相反地，那些在储蓄方面没有成功过的人则更可能弱化他们的储蓄抱负。社会网络成员的经验或许也很重要。如果个人很少看到其他人达成储蓄目标，他就可能不相信自己能成功。

直接检验这些假设的研究很少。针对个人发展账户参与者的深度访谈提供了一些证据，说明储蓄成功使得人们对自己的储蓄能力更有信心，也会增强他们储蓄的意愿③。我们了解到，莫尔④的研究是仅有的定量研究。他

① Kurt Lewin, Tamara Dembo and Leon Festinger, et al., "Level of Aspiration," in J. M. Hunt (ed.), *Personality and the Behavior Disorders* (New York: Ronald Press Company, 1944).

② George Katona, *Psychological Economics* (New York: Elsevier, 1975).

③ Margaret Sherraden, Amanda Moore McBride and Elizabeth Johnsonet al., *Saving in Low-income Households: Evidence from Interviews with Participants in the American Dream Demonstration* (St. Louis, MO: Washington University in St. Louis, Center for Social Development, 2005).

④ Amanda Moore, Sondra Beverly and Mark Schreiner, et al., *Saving, IDA Programs, and Effects of IDAs: A Survey of Participants* (St. Louis, MO: Washington University in St. Louis, Center for Social Development, 2001).

们发现，对个人储蓄能力的消极感知与个人发展账户储蓄额呈负相关关系，尽管这一关系不具有较强的统计显著性；对储蓄所花费时间的感知与储蓄额也不具有统计相关性。该回归分析的样本量较小（$n=166$）并排除了退出计划的人，如果退出计划的人觉得自己几乎不可能储蓄（如通常猜想的那样），这个研究就低估了感知无力储蓄的作用。

三、制度构成对储蓄和投资行动的影响

我们现在转向讨论七个重要的制度构成，它们是促进储蓄与资产积累的重要制度维度。这些变量包括可及性、信息、激励与抑制、便利、期望、约束和安全①。这七个构成要素来自个人发展账户——针对低收入群体的配额储蓄账户项目的相关研究。如知识拓展 1.4 所展现的，我们强调这些要素对储蓄和投资行动的影响效果。换言之，我们认为制度构成对资产积累（通过储蓄和投资行动）的效应主要是间接性的，当然也有一些重要例外。例如，激励和安全几乎肯定对资产积累有着直接而强烈的作用，或许还会成为投资组合与资产积累关系的中间调节变量。但是，为了保持这个框架的简单易懂，我们这里只关注制度构成对储蓄和投资行动的影响。

① Sondra G. Beverly and Michael Sherraden, "Institutional Determinants of Saving: Implications for Low-income Households and Public Policy," *Journal of Socio-Economics* 28, no. 4 (1999): 457 - 473; Michael Sherraden, Edward Scanlon and Deborah Adams, et al., "Inclusion in Asset Building: Directions for Theory and Research," in M. Sherraden (ed.), *Inclusion in the American Dream: Assets, Poverty, and Public Policy* (New York: Oxford University Press, 2005); Michael Sherraden and Michael S. Barr, "Institutions and Inclusion in Saving Policy," in N. Retsinas and E. Belsky (eds.), *Building Assets, Building Credit: Bridges and Barriers to Financial Services in Low Income Communities* (Washington, DC: Brookings Institution Press, 2005).

（一）可及性

我们假定可及性影响储蓄和投资行动。可及性是指资格与实用性。正如下面讨论到的，很多家庭不符合促进资产积累的计划和政策（例如，职场中很大比例的人不能参与养老金计划），且不同种族、不同阶层符合资格的比例有很大差异。至于实用性，我们可以设想在乡村地区，空间距离是金融服务和其他市场交易的一个主要障碍。即使市场可以远距离存在，实现交易的成本也会使之实际上不可及。在这些情况下，将储蓄和资产积累只看作个人特征和选择的结果缺乏足够的启示性。

可及性（资格与实用性）影响储蓄和投资行为的假设，看起来是个常识，但却很难验证。在各种研究中，可及性几乎不可避免地与其他制度构成要素相结合。我们了解到，目前还没有任何研究尝试将可及性效应与其他制度特征的效应区分开来。这或许是未来研究的一项重要任务。

（二）信息

我们假定金融信息形塑了储蓄和投资行动。这些信息或许是基础性的，或许是特定类型的金融产品与计划。例如，要成功加入传统的个人退休账户计划，人们必须知道退休账户的存在和需要具备什么资格才能够参加。人们还必须知道怎样选择合适的投资、怎样缴款、怎样获得税务减免以及将来该怎样提款等信息。某些个人（或许是那些受过更多教育、处理金融事务更加得心应手的人）会找到这类信息，但如果信息不是以人们可获得的方式传递的话，很多人是得不到这些信息的。

某种程度上，信息影响储蓄和投资行为的假设是不言自明的：缺乏有关特定产品或计划的信息，人们就不可能去购买产品或参与计划。但除此之外，信息是否影响金融行为就是一个实证性问题。几乎所有相关的实证研究都检验了金融教育（提供金融信息的一种方法）对金融成效的影响。但有一项研究是例外，它考察了金融传播（如线下或线上的教育材料、预测工具和计划说明）对 26 个公司的雇员参与 401(k)计划及缴款决定的影响。[①] 该研究发现，金融传播尤其是线上金融传播对参与和缴款有较大的正面效用，这一效用对于低收入群体更明显。不过，此项研究对于金融传播的测量仍然过于粗略[②]，且仅考察了特定储蓄产品的参与情况，关于金融传播效用的研究仍有待深化。

有关金融教育的研究还有不少，但很多此类研究都有一个重要局限：金融成效的数据来自被调查者的自报告。为了取悦研究或计划工作人员，被调查者可能夸大他们的储蓄行为或夸大对所推荐金融行为的遵守程度，或因为错误提示而犯"诚实"的错误[③]。许多已有研究还存在样本偏差：当金融教育是一种自愿行为时，那些选择参加的人比其他人更有动力扩充他们的金融知识，提升金融安全[④]，抑或由于他们拥有较多资产而试图寻求更多

① Steven A. Nyce, "The Importance of Financial Communication for Participation Rates and Contribution Levels in 401(k) Plans," *Benefits Quarterly* 21, no. 2(2005): 22 - 39.

② 描述公司 401(k)交流项目的变量所测量项目：(1) 向员工提供有关计划的信息有多频繁；(2) 提供金融教育资料有多频繁；(3) 获得预测信息的员工所占比例；(4) 可以在互联网上获得的交流资料所占比例。

③ 一些有关金融教育的研究采用后试方法来检验参与者的意向性行为。然而，正如心理学和行为经济学都强调的那样，意向通常不会直接转变为行动。实际上，一项研究发现，在一个雇主资助的一小时退休讲座之后，那些说他们计划注册加入 401(k)计划的人里面只有 14%实际去做了。那些说他们计划提高缴款比例的人里面只有 30%实际行动了。我们不会讨论那些只采用意向性行为作为产出的研究。

④ John P. Caskey, "Can Lower Income Households Increase Savings with Financial-Management Education?" *Cascade* 46, no. Summer/Fall(2001): 1 - 4, 10 - 11, 18.

的金融信息①。

对于很多美国成年人而言，雇主是退休储蓄的一个重要信息来源。一些研究指出，雇主资助的金融教育课程增加了养老计划参与率与缴款率。例如，巴耶尔、伯恩海姆和斯科利兹②发现，公司资助的养老培训越频繁，401(k)计划的参与和缴费水平就越高。同理，伯恩海姆和加勒特③发现那些提供金融教育的公司职员更可能参加养老金计划及拥有更多财富，这一效用在较贫困群体中更为明显。卢萨尔迪④也发现，在低财富、低受教育程度的样本里，雇主资助的退休培训对财富积累的作用更大。这三项研究都依赖自报告的金融行为和财富数据。在一所大学所开展的随机试验中，那些获得现金激励参加福利培训课程的人更可能参与退休计划：培训之后的几个月时间里，获得培训的部门工作人员有更高可能性加入延迟缴税的退休账户计划⑤。

有的研究考察了特别针对低收入家庭的金融教育的效果。希拉德和

①④　Annamaria Lusardi, "Preparing for Retirement: The Importance of Planning Costs," *Annual Conference on Taxation and Minutes of the Annual Meeting of the National Tax Association* 95(2002): 148 – 154.

②　Patrick J. Bayer, B. Douglas Bernheim and John Karl Scholz, *The Effects of Financial Education in the Workplace: Evidence from a Survey of Employers* (Cambridge, MA: National Bureau of Economic Research, 1996).

③　B. Douglas Bernheim and Daniel M. Garrett, "The Effects of Financial Education in the Workplace: Evidence from a Survey of Households," *Journal of Public Economics* 87, no. 7 – 8(2003): 1487 – 1519.

⑤　Esther Duflo and Emmanuel Saez, "The Role of Information and Social Interactions in Retirement Plan Decisions: Evidence from a Randomized Experiment," *Quarterly Journal of Economics* 118, no. 3(2003): 815 – 842.

佐恩[1]的一项研究评估了购房前咨询的作用并发现，无论是单独的咨询还是通过课程的咨询都会明显降低 90 天贷款逾期缴款的风险。研究人员发现，若使用统计方法控制样本偏差，无论是一般性咨询还是特别的课程咨询都会显著降低逾期缴款比率。基于“美国梦示范”项目的数据，克兰西、格林斯坦-韦斯和施莱纳[2]发现，高达 12 小时的一般性金融教育与个人发展账户储蓄净值的大幅增加相关，但可能存在样本偏差的潜在问题，因为大多数动力强的储蓄者或许已经获得更多的金融教育。

已有研究还考察了公立学校中与金融教育有关的州级课程设置要求。[3] 有证据表明，课程要求（尤其是要在特定课程里传授个人金融知识的内容要求）会增加金融知识，提高储蓄率。例如，丁尼生和阮[4]使用来自 31 个州 1 600 名高中生的数据测试州级课程要求能否预测学生在金融知识测试中的分数，这项测试包含了 31 个问题。控制州的其他特征变量、学

---

① Abdighani Hirad and Peter M. Zorn, “Prepurchase Homeownership Counseling: A Little Knowledge is a Good Thing,” in N. P. Retsinas and E. S. Belsky(eds.), *Low-income Homeownership: Examining the Unexamined Goal* (Cambridge, MA: Joint Center for Housing Studies and Washington, DC: Brookings Institution Press, 2002).

② Margaret Clancy, Michal Grinstein-Weiss and Mark Schreiner, “Financial Education and Savings Outcomes in Individual Development Accounts” (St. Louis, MO: Washington University in St. Louis, Center for Social Development, 2001).

③ 除了这里引用的研究，至少还有一项有名的针对高中学生的金融教育计划，即“金融教育高中财务规划国家支持项目”(the National Endowment for Financial Education's High School Financial Planning Program)。这项研究是基于学生问卷调查展开的，问卷调查是由开展金融教育课程的老师进行的。我们在此没有讨论其结果是因为问卷反馈率太低，也是因为我们相信这些数据存在较严重的社会期望偏误和其他类型的偏误。

④ Sharon Tennyson and Chau Nguyen, “State Curriculum Mandates and Student Knowledge of Personal Finance,” *Journal of Consumer Affairs* 35, no. 2 (2001): 241 - 262.

校规模和一些个人特征变量，他们发现在要求学校提供个人金融课程的州，学生在测试中的分数明显更高。伯恩海姆、加勒特和梅基①发现，在学校学习过相关个人金融课程的高中学生，成年后自报告有储蓄的比例更大。这些研究或许不存在样本偏差的问题，因为学生并不是自己选择要不要接受金融教育。不过，要对自报告的储蓄率进行准确评估仍然存在困难。

总之，已有相当多证据表明，金融教育改善了金融结果，但仍然需要更多严谨的研究提供支持②。尤其要注意的是，研究应该力图减少样本偏差，要考察可被客观检验的金融结果。如果更多的研究能证实金融信息可以塑造金融行为，那么决定低收入、少数族裔和单亲母亲家庭是否能够获取适宜的金融信息就变得十分重要。目前几乎没有研究验证过这个问题，但我们有理由对其保持关注。这些亚群体的工作不稳定且集中于低工资的服务业，他们很可能比其他人更难获得有关雇主资助的金融信息，那些没有完成高中学业的人也不太可能获得学校提供的金融教育。

（三）激励与抑制

我们认为，激励和抑制因素会影响储蓄和投资行为。激励至少有三种形式：非金融的奖励、补贴和回报率。非金融奖励可能包括同辈关系、地位或学习机会。本研究只关注金融性激励，我们判断，总体而言，金融性激励

---

① B. Douglas Bernheim, Daniel M. Garrett and Dean M. Maki, "Education and Saving: The Long-Term Effects of High School Financial Curriculum Mandates," *Journal of Public Economics* 80(2001): 435 - 465.

② John P. Caskey, "Can Personal Financial Management Education Promote Asset Accumulation among the Poor?" (Indianapolis: Networks Financial Institute at Indianan State University, 2006).

比非金融性激励更为重要。

1. 补贴

补贴是直接或间接“付钱”给那些在特定储蓄计划中存款或拥有某种财富的人。通常这些补贴会直接增加财富，401(k)计划和个人发展账户的存款配额就是如此(除非人们以其他形式减少存款来削弱这种补贴)。有些情况下补贴不是直接存入储蓄工具的，受益人在这种情况下可以选择是否将补贴存入账户。例如，与房产和个人退休账户缴款关联的税收优惠可以减少应付税款，但不会直接增加家庭资产或个人退休账户的存款。① 论述指出，至少有三个理由支持个人发展账户的配款可以增加低收入群体的储蓄。第一，配款肯定增加了对储蓄的奖励，可以帮助弥补延迟消费的代价。第二，通过将一定水平的储蓄变为一笔足以购买大型资产(如房产或大学教育)的财富，配款可以鼓励人们储蓄。第三，配款也可能成为储蓄计划的一项重要特征而吸引人们的注意，并推动他们第一时间报名参与。

大量研究已经考察了配款的作用，但结果并不一致。迪弗洛等人②的研究或许是唯一采用随机试验设计方法检验配款率的，以此探究配款对个人退休账户参与和缴款的效果。圣路易斯 H&R 街区 1.4 万余名案主被随机分配到三个组，并受邀将他们退税的一部分存入“快速个人退休账户”

① Mark Schreiner and Michael Sherraden, *Can the Poor Save?: Saving and Asset Building in Individual Development Accounts* (New Brunswick, NJ: Transaction Publishers, 2007).

② Esther Duflo, William Gale and Jeffrey Liebman, et al., “Saving Incentives for Low- and Middle-Income Families: Evidence from a Field Experiment with H&R Block,” *Quarterly Journal of Economics* 121, no. 4(2006): 1311 - 1346.

(Express IRA)。一组可以获得 20%配款(最高存款额 1 000 美元),一组可以获得 50%的配款,控制组则不能获得任何配款。在可以获得 50%配款的组里,选择存款的人数占 17%;在可以获得 20%配款的组里,选择存款的人数占 10%;在控制组里,只有 3%的人选择存款。选择存款的人,平均存款水平(除去配款的部分)分别为 1 310、1 280、860 美元。尽管还有一个与之对立的假设(有证据显示税务专家对个人是否选择存入"快速个人退休账户"有重大影响),研究者们的结论仍然是配款比例会同时影响个人退休账户的参与度和缴款水平。

很多有关配款比例效果的证据来自对设定缴款额度的养老金计划和个人发展账户的研究。有证据显示,配款会提高参与水平,而更高的配款比例与更高的缴款额相关联。例如,尼斯①考察了 48 个公司里面超过 30 万员工参与 401(k)计划的管理数据。他在描述性分析中发现员工参与率在有配款的公司里高于没有配款的公司,且参与率还会随配款比例的提高而提高。多因素分析也显示,参与程度随着配款比例的增加而上升②。

有关 401(k)参与情况的证据有力表明,配款的存在(无论配款比例多

① Steven A. Nyce, "The Importance of Financial Communication for Participation Rates and Contribution Levels in 401(k) Plans," *Benefits Quarterly* 21, no. 2(2005): 22-39.

② Elaine Kempson, Stephen McKay and Sharon Collard, *Incentives to Save: Encouraging Saving among Low-income Households*(Bristol, England: University of Bristol, Personal Finance Research Centre, 2005); Margaret Sherraden, Amanda Moore McBride and Elizabeth Johnson, et al., *Saving in Low-income Households: Evidence from Interviews with Participants in the American Dream Demonstration* (St. Louis, MO: Washington University in St. Louis, Center for Social Development, 2005).

少)都会提升存款额度。[1] 有关配款比例的证据却不一致。这个关系比较复杂，因为提供配款的计划几乎总有一个配款上限(也就是最高配款额)，而提供高比例配款的计划通常会有较低的配款上限。[2]配款上限存在，存款数据就会在配款上限处被“截断”(censored)，因为超过配款上限的存款额是不被允许的。

施莱纳和谢若登[3]利用“美国梦示范”项目数据研究配款比例所得出的结论是：(1) 更高的配款比例会“让更多人变为‘存款人’而提升包容性”；(2) 很多“美国梦示范”项目的参与者为了确定的目标而存款(因此如果配款更高他们存得就更少，因为他们可以通过较低水平的存款而达到存款目标)。这项分析也显示，在配款比例的两种效用(高配款比例对“包容性”的积极效用和对“存款人”净存款额的效用)都考虑到的情况下，更高的配款比例还是会增加每个参与者的资产积累。

尽管激励措施会通过增加储蓄的回报让人们多存钱，它们也会因为允许人们通过较低存款达到既定目标而促使人们少存钱。此外，人们可能只是简单重组资产。也就是说，将现有资产从其他储蓄工具转移到这个配款型工具，而非真正增加存款。然而，相比其他人，低收入家庭不太可能重组资产，因为其不太可能拥有可重组的资产。模拟私人养老计划的实证分析说明，在受教育程度较低(并由此推断为低收入)的工人群体里，养老金不能

①②③ Mark Schreiner and Michael Sherraden, *Can the Poor Save? Saving and Asset Building in Individual Development Accounts* (New Brunswick, NJ: Transaction Publishers, 2007).

抵消个人储蓄[①]。施莱纳及其同事[②]采用“美国梦示范”项目数据来检测个人发展账户的存款来源，由此观察到，很多个人发展账户参与者在报名参与计划的时候没有或只有少量流动资产，大多数人的流动资产并不足以支撑他们个人发展账户的全部存款。这些观察提供了部分的依据，使得施莱纳及其同事认为个人发展账户存款混合了新存款和转移的资产，但他们强调“美国梦示范”项目数据不允许他们对这两种来源进行定量和排序。对300名个人发展账户参与者的面板调查[③]结果也支持了以上结论，即个人发展账户存款是新存款和资产重组的混合。

2. 回报率

回报率也是一种激励。投资者在既定水平的风险下寻求最高可能的回报率，这一事实支持了金融激励塑造金融决策的命题。然而，为了对这一命题进行更审慎的思考，我们必须询问激励是否会影响以下方面：(1) 特定储蓄计划或项目的参与；(2) 在该计划或项目里的存款水平；(3) 整体(净)存款。金融激励对储蓄净值的作用是很多争议的主题。根据经济学理论，回报率的提高并不必然增加储蓄，原因有二：第一，储蓄回报率的变动可能只会影响资产的组合形式而不会增加新存款；第二，对于净存款者来说，税后

---

① B. Douglas Bernheim and John Karl Scholz, "Private Saving and Public Policy," *Tax Policy and the Economy* 7(1993): 73 - 110.

② Mark Schreiner, Michael Sherraden and Margaret Clancy, et al., *Savings and Asset Accumulation in Individual Development Accounts* (St. Louis, MO: Washington University in St. Louis, Center for Social Development, 2001).

③ Amanda Moore, Sondra Beverly and Mark Schreiner, et al., *Saving, IDA Programs, and Effects of IDAs: A Survey of Participants* (St. Louis, MO: Washington University in St. Louis, Center for Social Development, 2001).

回报率的增加有两个互相矛盾的效应。一方面，个体或许会选择存更多钱，因为当前消费价格高于未来消费价格（替代效应）；另一方面，由于具有更高的回报率，因而个人会少存钱但仍然享受相同水平的未来消费[根据施莱纳和谢若登①的研究，这是“固定目标效应”（fixed-goal effect）]。

通常情况下，通货膨胀、高费用或投资风险导致的不具吸引力的甚至是负的回报率会抑制储蓄。我们已经提到低收入、少数族裔和单亲母亲家庭在自有房产上只能获取低回报率的可能原因，还存在其他类型降低资产需求甚至吸引力的抑制因素。家计审查类的收入转移支付项目如“有需要家庭的临时援助”（Temporary Assistance for Needy Families）、“食物券”（Food Stamps）和“补充性保障收入”（Supplementary Security Income）等可能提高对储蓄的抑制，主要原因有：(1) 它们在经济危急状况下提供了一定水平的收入；(2) 它们有严格的资产审查。②

第一种情况经常被称为“消费兜底效应”（Consumption-floor Effect）。收入转移支付创造了一个消费底线，因为它们保证了一个最低收入水平（对某些人）。这些消费底线预计可以减少预防性储蓄动机（为了突然发生的经济损失而做储蓄准备的被感知的需求）并因此降低总的储蓄比例。我们估计资产经济审查不鼓励金融资产的累积，因为家庭必须减少消费或将

① Mark Schreiner and Michael Sherraden, *Can the Poor Save? Saving and Asset Building in Individual Development Accounts* (New Brunswick, NJ: Transaction Publishers, 2007).

② R. Glenn Hubbard, Jonathan Skinner and Stephen P. Zeldes, "Precautionary Saving and Social Insurance," *Journal of Political Economy* 103, no. 2(1995): 360 - 399; James P. Ziliak, "Income Transfers and Assets of the Poor," *The Review of Economics and Statistics* 85, no. 1(2003): 63 - 76.

金融资产保持在一个低资产水平上，才有资格获得转移收入的好处。可以设想，资产审核会影响那些可能参与计划的人和那些目前正在受益的人①。

这些抑制因素与低收入家庭(按照定义是指那些有资格参与计划的家庭)、少数族裔和单亲母亲家庭(他们比非拉丁裔白人和已婚夫妻更有可能参与这些计划)有关。不过，近年来对提高资产上限与福利改革的研究结果并不一致。因此，我们还不清楚放松资产限制是否会增加低收入家庭的储蓄②。

(四) 便利

便利是指有助于储蓄的任何形式的帮助，特别是使储蓄“自动化”的措施。我们假定便利会形塑储蓄和投资行为。广为人知的例子包括工资账户自动扣除和储蓄产品自动转入。通常，人们需要进行自动转移设置，而一旦

① R. Glenn Hubbard, Jonathan Skinner and Stephen P. Zeldes, “Precautionary Saving and Social Insurance,” *Journal of Political Economy* 103, no. 2(1995): 360 - 399; David Neumark and Elizabeth Powers, “The Effect of Means-Tested Income Support for the Elderly on Pre-Retirement Saving: Evidence from the SSI Program in the U. S.,” *Journal of Public Economics* 68(1998): 181 - 206.

② Erik Hurst and James P. Ziliak, “Do Welfare Asset Limits Affect Household Saving? Evidence from Welfare Reform,” *Journal of Human Resources* 41, no. 1(2006): 46 - 71; Signe-Mary McKernan, Caroline Ratcliffe and Yunju Nam, *The Effects of Welfare and IDA Program Rules on the Asset Holdings of Low-income Families* (Washington, DC: Office of the Assistant Secretary for Planning and Evaluation, U. S. Dept. of Health and Human Services, 2007); Yunju Nam, “Welfare Reform and Asset Accumulation: Asset Limit Changes, Financial Assets, and Vehicle Ownership,” *Social Science Quarterly* 89, no. 1(2008): 133 - 154; James X. Sullivan, “Welfare Reform, Saving, and Vehicle Ownership: Do Asset Limits and Vehicle Exemptions Matter?” *Journal of Human Resources* 41, no. 1(2006): 72 - 105.

设置好，他们就不必有意识地做出储蓄决定。同其他研究者①一样，我们假设这些“提前承诺的限制”会增加存款，因为用于储蓄的资金从来没有“到手”，因而也不太可能引发消费欲望。

另外一种便利是储蓄计划自动加入。例如，特定公司的员工可能根据一个默认投资选项而自动加入公司 401(k)计划，除非他们主动退出或选择不同的投资选项(这些常常被称为“退出”计划)。自动加入很可能塑造储蓄和投资行为，这是因为如同行为学理论所说，人们常常推迟金融决策并保持现状。

第三种，或许也是令人意外的一种便利是联邦收入所得税系统。很多家庭——尤其是低收入和中等收入家庭——会收到数额不少的联邦退税。基于心理账户的概念，泰勒和其他学者提出，人们更可能将“非常规”收入而不是常规性工资或薪金收入存起来，特别是有大额非常规的现金流入时②。这个比例意味着人们更可能将退税而不是工资或薪金收入存起来，尤其是在获得大额退税时。因此，通过向众多家庭提供数量可观的退税(如通过所得税抵扣或儿童税抵扣)，所得税可以塑造储蓄行为。

---

① Sondra G. Beverly, Amanda Moore McBride and Mark Schreiner, “A Framework of Asset-Accumulation Stages and Strategies,” *Journal of Family and Economic Issues* 24, no. 2(2003): 143 - 156; Shlomo Maital and Sharone L. Maital, “Is the Future What It Used to Be? A Behavioral Theory of the Decline of Saving in the West,” *Journal of Socio-Economics* 23, no. 1/2(1994): 1 - 32; Hersh M. Shefrin and Richard H. Thaler, “The Behavioral Life-Cycle Hypothesis,” *Economic Inquiry* 26 (1988): 609 - 643.

② Hersh M. Shefrin and Richard H. Thaler, “Mental Accounting, Saving, and Self-Control,” in G. Loewenstein and J. Elster (ed.), *Choice over Time* (New York: Russell Sage Foundation, 1992); Richard H. Thaler, “Saving, Fungibility and Mental Accounts,” *Journal of Economic Perspectives* 4, no. 1(1990): 193 - 205.

1. 提前承诺限制的效应

在深度访谈中，个人发展账户参与者通常强调自动存款会帮助他们储蓄[①]。有关提前承诺限制增加存款的更严谨证据来自“储蓄更多明天计划”(Save More Tomorrow Plan，SMarT)的一项测试[②]。在这项研究中，一个中型制造工厂里的 286 名工人（符合资格的工人一共有 315 名）同意与工厂雇请的一位投资顾问讨论公司养老金计划的储蓄问题。其中，79 名工人立刻同意增加他们在这个计划中的存款额，剩下的 207 人受邀加入了 SMarT 计划，该计划允许他们提前承诺将每年增长工资的 3％存入公司养老金计划。超过四分之三的人——162 名员工——加入了 SMarT 计划。经过四次工资增长后，这些员工将他们的平均储蓄率从收入的 3.5％增加到 13.6％。那些立刻同意增加他们在养老金计划中的存款额，但没有设置自动提高年储蓄率的人只将他们的储蓄率从 4.4％增加到 8.8％。

2. 自动加入效应

另外一项严谨研究的证据说明，自动加入会影响储蓄和投资行动。马德里安和谢依[③]考察了一个刚开始启动员工自动加入 401(k)计划的公司参

---

① Margaret Sherraden, Amanda Moore McBride and Elizabeth Johnson, et al., *Saving in Low-income Households: Evidence from Interviews with Participants in the American Dream Demonstration* (St. Louis, MO: Washington University in St. Louis, Center for Social Development, 2005).

② Richard H. Thaler and Shlomo Benartzi, “Save More Tomorrow: Using Behavioral Economics to Increase Employee Saving,” *Journal of Political Economy* 112, no. 1, Pt. 2(2004): S164 - S187.

③ Brigitte C. Madrian and Dennis F. Shea, “The Power of Suggestion: Inertia in 401 (k) Participation and Savings Behavior,” *Quarterly Journal of Economics* 116, no. 4 (2000): 1149 - 1187.

与计划和缴款的情况。变动之后，员工如果不想参与就必须主动退出计划。尽管计划的任何经济特征都没有改变，但自动加入时参与计划比例明显增加。参与者也更可能保持默认的缴款率和资金分配。

3. 联邦收入所得税系统效应

有一些证据表明，联邦收入所得税系统有助于储蓄和资产购买。三项研究提供了量化但间接的证据。巴罗和麦格拉纳汉①采用多变量分析和具有全国代表性的"顾客消费调查"（Consumer Expenditure Survey）样本发现，2月所得税抵扣（Earned Income Tax Credit，EITC）的受益人在耐用消费品上的花费增加，而2月是退税收款的固定月份。类似地，"美国梦示范"项目数据显示，个人发展账户存款净值在退税季出现了实质性增长②。斯米丁、菲利普斯和奥康纳③通过问卷调查可能收到联邦退税和所得税抵扣的650个芝加哥家庭后发现，50%的被调查者都至少要将一部分退税存下来。当然，实际行为可能与计划行为不一致，因此实际退税使用情况的定量数据或许是更有用的信息。

此外，也有至少三项质性研究提供了额外的证据，说明联邦退税会被用于购买和持有资产（除了购买当下消费物品和服务、偿还账单和债务之外）。

---

① Lisa Barrow and Leslie McGranahan, "The Effects of the Earned Income Credit on the Seasonality of Household Expenditures," *National Tax Journal* 53, no. 4, Pt. 2 (2000): 1211-1244.

② Mark Schreiner and Michael Sherraden, *Can the Poor Save? Saving and Asset Building in Individual Development Accounts* (New Brunswick, NJ: Transaction Publishers, 2007).

③ Timothy M. Smeeding, Katherin Ross Phillips and Michael O'Connor, "The Earned Income Tax Credit: Expectation, Knowledge, Use, and Economic and Social Mobility," *National Tax Journal* 53, no. 4, Pt. 2(2000): 1187-1209.

艾丁[1]通过对芝加哥市和南卡州查尔斯顿市大约200名单身母亲的深度访谈发现,有的母亲用退税支付房产税和保险或车辆开支,甚至房产方面的费用。在一项对低收入工薪成年人的示范项目“新希望”(New Hope)中,罗密奇和威斯纳[2]随机抽选了42名参与者进行深度访谈,结果发现,他们中的一些人使用退税购买家用电器和家具、修车或支付车和房屋贷款。

最后,一些学者提出,人们可以将收入所得税系统作为一种储蓄计划来使用。上百万的家庭提取的金额超过了他们应提的金额。我们还需要更多证据来确定:这是因为他们想要一次性退税并愿意为此放弃这笔钱可以获得的收益[3],还是因为他们为了避免预提款不足的罚款而超额提款[4],抑或是因为他们无意中提款超额。我们了解到,针对这个问题的考察只有三项小型定量研究[5],这

---

① Kathryn J. Edin, "More than Money: The Role of Assets in the Survival Strategies and Material Well-Being of the Poor," in Thomas M. Shapiro and Edward N. Wolff (ed.), *Assets for the Poor: The Benefits of Spreading Asset Ownership* (New York: Russell Sage Foundation, 2001).

② Jennifer L. Romich and Thomas Weisner, "How Families View and Use the EITC: Advance Payment Versus Lump Sum Delivery," *National Tax Journal* 53, no. 4, Pt. 2(2000): 1245 – 1265.

③ David Neumark, "Are Rising Earnings Profiles a Forced-Saving Mechanism?" *The Economic Journal* 10(1995): 95 – 106.

④ Janet Highfill, Douglas Thorson and William V. Weber, "Tax Overwithholding as a Response to Uncertainty," *Public Finance Review* 26, no. 4(1998): 376 – 391.

⑤ Kathryn J. Edin, "More than Money: The Role of Assets in the Survival Strategies and Material Well-Being of the Poor," in Thomas M. Shapiro and Edward N. Wolff (ed.), *Assets for the Poor: The Benefits of Spreading Asset Ownership* (New York: Russell Sage Foundation, 2001); Lynn M. Olson and Audrey Davis, "The Earned Income Tax Credit: Views from the Street Level" (Evanston, IL: Northwestern University, Center for Urban Affairs and Policy Research, 1994); Jennifer L. Romich and Thomas Weisner, "How Families View and Use the EITC: Advance Payment Versus Lump Sum Delivery," *National Tax Journal* 53, no. 4, Pt. 2 (2000): 1245 – 1265.

三项研究都表明了某些低收入家庭为了特殊目的，选择不提前使用所得税抵扣以累计获得一次性退款。

（五）期望

期望是对或明确或模糊地想要获得的储蓄、投资或资产积累的有关暗示。它们体现在诸如配款上限（可以获取存款配额的额度）、存款目标、同辈的社会压力及储蓄计划的工作人员等制度特征中。例如，传统个人退休账户里 4 000 美元之内的缴款都有税收抵扣，这一事实就让个人产生了每年退休存款为 4 000 美元的期望。我们假设人们会对这些明确或模糊的期望做出响应，因此期望也在塑造储蓄和投资行为。

一个研究数量不多但正在不断增长的理论分支支持了期望塑造储蓄行为的假设。米利根①发现，“加拿大注册退休储蓄计划”的配款上限每增加 1 美元，储蓄额就会增加 50 美分。在“美国梦示范”项目的研究里，施莱纳和谢若登②发现，个人发展账户的配款上限每增加 1 美元，账户储蓄净值就会增加 57 美分。这两项研究都控制了配款上限的“截断”效应。也是在“美国梦示范”项目里，很多深度受访者说，他们更多或更频繁地储蓄，是因为他们期待每个月都有一笔特定额度的存款。也有证据表明，个人发展账户参与者将配款上限作为一种储蓄目标③。此外，很少人使个人退休账户抵扣或 401

① Kevin Milligan, “How Do Contribution Limits Affect Contributions to Tax-Preferred Savings Accounts?” *Journal of Public Economics* 87(2003): 253 - 281.

② Mark Schreiner and Michael Sherraden, *Can the Poor Save? Saving and Asset Building in Individual Development Accounts* (New Brunswick, NJ: Transaction Publishers, 2007).

③ Margaret Sherraden, Amanda Moore McBride and Elizabeth Johnsonet al., *Saving in Low-income Households: Evidence from Interviews with Participants in the American Dream Demonstration* (St. Louis, MO: Washington University in St. Louis, Center for Social Development, 2005).

(k)配款最大化,这说明很多人并没有把配款上限作为一种期望,要么就是不能够或不愿意顺从这种期望。

(六) 约束

约束就是禁令,是指那些限制我们获得或使用资产的规则。多数补贴性储蓄政策都有约束条款。例如,529 高等教育储蓄计划里的存款必须用于大学教育,而 401(k)里的存款只有到退休后才可以取用①。我们假定约束条款可以塑造储蓄行为,特别是通过帮助人们抵制取用存款的欲望来发生作用。这个假设与不断发展的行为经济学研究一脉相承,这些研究探索了自我控制的问题和过度消费的趋势②。除此之外,人们在一个约束性账户(如"圣诞俱乐部账户")里存钱,但这类账户并不比一般储蓄账户能提供更高的利率,这一事实说明某些人相信约束可以帮助他们积蓄。

个人发展账户参与者曾经说过,他们喜欢个人发展账户的取款限制③。

---

① 很多时候,约束型账户里的存款可能会被用于其他目的,但会受到金融惩罚。

② David Laibson, "Golden Eggs and Hyperbolic Discounting," *The Quarterly Journal of Economics* 112, no. 2(1997): 443 - 477; Richard H. Thaler, "Psychology and Savings Policies," *American Economic Review* 84, no. 2(199): 186 - 192; Richard H. Thaler and Hersh M. Shefrin, "An Economic Theory of Self-Control," *Journal of Political Economy* 89, no. 2(1981): 392 - 401.

③ Amanda Moore, Sondra Beverly and Mark Schreiner, et al., *Saving, IDA Programs, and Effects of IDAs: A Survey of Participants* (St. Louis, MO: Washington University in St. Louis, Center for Social Development, 2001); Margaret Sherraden, Amanda Moore McBride and Elizabeth Johnson, et al., *Saving in Low-income Households: Evidence from Interviews with Participants in the American Dream Demonstration* (St. Louis, MO: Washington University in St. Louis, Center for Social Development, 2005). 在"美国梦示范"项目的深度访谈里,有些人说,没有约束的话,他们的个人发展账户存款便会被家人和朋友取走。因此,对存款的约束或许有负面的社会效应,我们对此无法评估,只能报告一些个人发展账户参与者对这些约束条件所表达的感谢。

坎普森和同事[①]对英格兰低收入配款储蓄计划中的30名参与者进行深度访谈后发现，大部分人支持不随时动用存款的想法[②]。但很多人又表示，他们并不喜欢对使用存款进行限制。个人退休计划、401(k)、529高等教育储蓄计划及其他约束性储蓄工具的低参与率或许都说明了相当比例的美国家庭并不习惯于被限制，至少以目前的结构性和制度特征的情况来看是这样的。不过，我们仍然需要更多研究来确定人们到底愿意接受哪种类型的约束。

在少数严格考察约束效应的研究里面，阿舍拉夫、卡兰和殷[③]将菲律宾一个小型乡村银行的客户随机分为三组：一组受邀开设一个有严格取款限制的账户；一组被鼓励使用银行现有产品进行储蓄但不提供新产品；控制组则没有接收到任何信息。那些有资格开设约束型账户的人里有28%（大约200人）选择开设了该账户，即使他们不会获得更高利率的补偿。这个事实说明有些人相信约束会帮助他们储蓄。还有其他证据能说明约束型账户增加了储蓄。经过一段时间，那些有资格开设约束型账户的人比其他组的人拥有更多银行存款，而这些存款不像是从同一银行的其他账户转移过来的。这部分增加的存款虽然绝对值比较小，但与之前的存款相比所占比例却很大。

---

① Elaine Kempson, Stephen McKay and Sharon Collard, *Incentives to Save: Encouraging Saving among Low-income Households* (Bristol, England: University of Bristol, Personal Finance Research Centre, 2005).

② 参与者可以在任何时候取款，但这将导致配款损失。

③ Nava Ashraf, Dean S. Karlan and Wesley Yin, "Tying Odysseus to the Mast: Evidence from a Commitment Savings Product in the Philippines," *Quarterly Journal of Economics* 121, no. 2(2006): 635 - 672.

（七）安全

安全是指规避储蓄和资产持有中的不合理风险。所有家庭都需要一个安全之地放置他们的钱财。我们提出，安全会影响储蓄和投资行为，尤其是当人们能够参与各种的安全型储蓄政策、计划和产品时，他们更可能多存钱、少取款，并拥有更多元的投资组合。我们可以从微观和宏观两个层面来考虑安全。微观的安全是指保护一个特定家庭在较短期内免于资产流失的风险，宏观的安全是指保护政治经济整体在较长时期内免于风险。

微观的安全包括避免财产损失风险和投资风险。财产损失风险是指财产被错置、偷盗和破坏的威胁（如火灾或洪水等灾难）。对于很多中等收入和高收入的美国存款人来说，避免财产损失风险的储蓄安全自然而然是把钱存入金融机构。但是，在这个世界上并非所有人对此类机构都有同等的可及性并有同等的信任。在那些可及性和信任都并非必然的地方，（缺乏）安全性或许就是解释储蓄行为和储蓄结果的一项主导性制度变量。

微观层面的第二类风险是投资风险。在微观经济学中，投资风险领域的相关知识已经发展得很成熟，它通常与回报率相关联。一般的理解是，在竞争性市场里，风险更高的投资会经过一段时间后带来更高的回报率。因此，某种程度的投资风险对于长期资产积累是有吸引力的，而避免这种风险的“安全”则会产生负面结果。

有关安全的讨论还需要考虑到宏观层面的风险，它可能让所有的资产积累都变得脆弱。宏观风险与政治系统的竞争力与统一性、金融市场的完整性和宏观经济管理有关。累积的资产（比如在一个固定缴费的退休计划中）可能因为管理不当、腐败等被耗损。此外，通货膨胀的风险也常常对长期资产累积构成威胁。目前来看，对于安全如何影响储蓄和投资行为的假设还缺乏相关的直接证据。非裔美国人的净财富比白人少得多，他们在金融安全产品上的投资更少，更多投资放在房地产中。正如 W. E. B. 杜波依斯①、马尔文·奥利弗和托马斯·夏皮罗②等学者提到的，历史性原因使得黑人并不信任金融机构和担保投资，而更愿意把钱放在离家更近的地方。

四、代际、家庭之间的财产转移对投资行动和资产累积的影响

除了个人和制度变量之外，我们的概念框架还提出代际和家庭之间的财产转移对资产建设的形塑效应，尤其是家庭之间的转移会对投资行动（资产持有的混合形式）和资产积累产生影响。财产转移有不同的方式，可能涉及在世者（人际转移支付）或临终者（遗赠），也可能包括金钱、物质资助或时间等形态。转移的财富可能被消费或者被储存，储存则会增加受益人的财富；而即使被消费，财产转移也能够间接地促进资产积累。例如，父母对教育支出的资助能够让年轻人从大学毕业而不必承担债务或只用承担少量债务。没有债务反过来会让毕业生更容易储蓄或更容易被吸引去贷款买房③。

通常情况下，父母或其他家庭成员会帮年轻人支付第一套房的首付款。首付款的支持可以使得一些家庭获得房产权。它减少了受益者每月的房贷

① W. E. Burghardt Dubois, *Black Reconstruction: An Essay Toward a History of the Part Which Black Folk Played in the Attempt to Reconstruct Democracy in America, 1860-1880* (New York: Harcourt, Brace and Company, 1935).

② Melvin L. Oliver and Thomas M. Shapiro, *Black Wealth / White Wealth: A New Perspective on Racial Inequality* (New York: Routledge, 1995).

③ Thomas M. Shapiro, *The Hidden Cost of Being African American: How Wealth Perpetuates Inequality* (New York: Oxford University Press, 2004).

还款额(通过减少贷款总额以及可能免除私人房贷保险),因此释放了一些现金用以储蓄[①]。首付款资助让家庭可以在本来买不起的社区购买房产,这样就可以改善他们的居住环境、社会地位和孩子的受教育机会。夏皮罗指出,这些财产转移能够产生长期效应:"起步资产设定了不同的起跑线,确立了不同的成功规则,固化了对于成就的不同奖赏,并最终使得不平等永久化。"需要讨论的是,低收入家庭更少可能获得有力的首付款资助。

另外值得一提的现象是,从他人处获得财务帮助的可能性或许会减少某些人的储蓄。例如,如果相信家人会在自己失业的时候提供金钱资助,个人就可能仅有较少的动力去积攒预防性储蓄。总而言之,我们认为遗赠和人际转移会增加受益人的财富,但还需要更多有关的经验证据予以支持。

现有证据已有力说明,人际财产转移和遗赠总量是非常可观的。例如,盖尔和斯考兹[②]使用"消费者财务调查"数据估算了代际财产转移(包括人际转移、信托积累和给孩子支付的人寿保险)在 1986 年的年际流动量大约等于 630 亿美元(1986 年美元价值),而遗赠的年际流动量还要再增加 1 050 亿美元。威廉[③]使用 20 世纪 80 年代中后期的"收入动态面板研究"数据,估计 22%的美国人曾经接受过遗赠,平均每人继承的数额超过 14 万美元。斯库

① Thomas M. Shapiro, *The Hidden Cost of Being African American: How Wealth Perpetuates Inequality* (New York: Oxford University Press, 2004).

② William G. Gale and John Karl Scholz, "Intergenerational Transfers and the Accumulation of Wealth," *Journal of Economic Perspectives* 8(1994): 145 - 160.

③ Mark O. Wilhelm, "The Role of Intergenerational Transfers in Spreading Asset Ownership," in T. M. Shapiro and E. N. Wolff(eds.), *Assets for the Poor: The Benefits of Spreading Asset Ownership* (New York: Russell Sage Foundation, 2001).

尼和罗斯[1]使用1988年的"收入动态面板研究"数据来考察转移给年轻成年人的财富并考虑共享住房福利、资助大学学费及其他教育支出、礼金等。他们发现年轻人收到的物质资助数目庞大，可能会在18岁到34岁之间收到多达3.8万美元(2001年的美元价值)的资助。

尽管财产转移影响储蓄行为和资产积累看起来很合理，但至今为止研究人员很少考察受益家庭如何利用转移的财富，也就是转移的财产是被存起来了还是释放了本用于储蓄的其他现金。有些间接证据显示，家庭间的财产转移可能使某些家庭买房。1986年"消费者财务调查"数据显示，那些在三年期间收到代际转移额度达到3 000美元或更多的家庭比没有收到或转出任何财富的家庭(前者与后者在总人群中占比分别为16%和6%)更可能在此期间购买他们的第一套房屋[2]。1988年"收入动态面板研究"数据显示，收到金钱资助与购买房产呈正相关[3]。一些质性研究证据也揭示，首付援助会影响人们决定拥有住房还是继续租赁住房[4]。如果购买房产反过来增加了这些家庭的财富，那么转移的财富就间接增加了资产积累。当然这一关联性还需要进行更多的研究。

① Robert F. Schoeni and Karen E. Ross, "Material Assistance from Families during the Transition to Adulthood," in R. A. Settersten Jr., F. F. Furstenberg Jr and R. G. Rumbaut(eds.), *On the Frontier of Adulthood: Theory, Research, and Public Policy* (Chicago: University of Chicago Press, 2005).

② William G. Gale and John Karl Scholz, "Intergenerational Transfers and the Accumulation of Wealth," *Journal of Economic Perspectives* 8(1994): 145-160.

③ Robert Schoeni, "Private Interhousehold Transfers of Money and Time: New Empirical Evidence," *Review of Income and Wealth* 43, no. 4(1997): 423-448.

④ Thomas M. Shapiro, *The Hidden Cost of Being African American: How Wealth Perpetuates Inequality* (New York: Oxford University Press, 2004).

对家庭之间财产转移的研究还显示，高收入家庭和白人比其他人群更可能获得大量现金和物质资助。例如，盖尔和斯考兹[①]发现，相比于从未给予或接受过财富转移的人，那些收到过至少 3 000 美元的受益人平均收入更高(净财富也更高)，并且更可能是白人。威廉[②]也发现，在永久收入最高四分位的人里，有 28%曾经收到过遗赠，而在收入最低四分位的人里，只有 13%收到过遗赠。更高收入的家庭也趋向于收到更大数额的遗赠。对于人与人之间的礼物，接受的可能性不会随收入高低而变动，但更高收入的接受者趋向于收到更大数额的礼物。在对年轻人收到的财富转移的研究中，斯库尼和罗斯[③]发现，在家庭收入最高四分位里的年轻人接收的资助大约是最低两个四分位里的年轻人的三倍。

其他研究证据还证实，白人比黑人和拉丁裔群体更可能期待和获得继承[④]。一项研究估算，在 1984 年到 1994 年间，在提高白人(相对于黑人)财富积累速度方面，继承遗产比资产回报率和储蓄利率的作用更

---

① William G. Gale and John Karl Scholz, "Intergenerational Transfers and the Accumulation of Wealth," *Journal of Economic Perspectives* 8(1994): 145 - 160.

② Mark O. Wilhelm, "The Role of Intergenerational Transfers in Spreading Asset Ownership," in T. M. Shapiro and E. N. Wolff(eds.), *Assets for the Poor: The Benefits of Spreading Asset Ownership* (New York: Russell Sage Foundation, 2001).

③ Robert F. Schoeni and Karen E. Ross, "Material Assistance from Families during the Transition to Adulthood," in R. A. Settersten Jr., F. F. Furstenberg Jr. and R. G. Rumbaut(eds.), *On the Frontier of Adulthood: Theory, Research, and Public Policy* (Chicago: University of Chicago Press, 2005).

④ Maury Gittleman and Edward N. Wolff, "Racial Differences in Patterns of Wealth Accumulation," *Journal of Human Resources*, 2004, 39, no. 1(2004): 193 - 227; Paul L. Menchik and Nancy Ammon Jianakoplos, "Black-White Wealth Inequality: Is Inheritance the Reason?"*Economic Inquiry* 35(1997): 428 - 442; Edward N. Wolff, "Inheritances and Wealth Inequality, 1989 - 1998," *American Economic Review* 92, no. 2(2002): 260 - 264.

明显[①]。尽管也有些研究发现，一旦控制了收入、财富和受教育程度等变量，给予和接收财产转移方面的种族差异便消失了[②]，但只要黑人和拉丁裔群体一直是低收入、低财富和低受教育程度，少数族裔在财富积累方面就会处于劣势。

关于单亲母亲家庭获得家庭间转移财产可能性的研究很少。如果未婚母亲没有伴侣，那么她们的扩展家庭比那些已婚夫妇更少，也因此更少可能获得家庭间的转移财产。郝[③]指出，从未结过婚的单亲母亲不太可能获得来自她们父母的财务支持，原因有二：其一，假如父母不同意婚外生子，他们很可能收回财务资助；其二，许多从未结婚的单亲母亲来自贫困家庭，这些家庭不太可能为她们提供财务帮助。郝采用美国家庭与家户调查数据后还发现，有孩子的再婚家庭获得的私人财产转移最多（包括所有来自亲属和非亲属的借款和礼物），而从未结婚的单亲母亲获得最少。郝发现在已婚夫妇家庭群体中，私人财产转移和家庭财富之间的正相关关系是最强的。不过另一方面，施密特和瓦克[④]的研究发现，遗产继承并不能解释单亲母亲家庭和再婚家庭净财富的差异。

---

① Maury Gittleman and Edward N. Wolff, "Racial Differences in Patterns of Wealth Accumulation," *Journal of Human Resources* 39, no. 1(2004): 193 - 227.

② R. Jayakody, "Race Differences in Intergenerational Financial Assistance: The Needs of Children and the Resources of Parents," *Journal of Family Issues* 19, no. 5 (1998): 508 - 533; Natalia Sarkisian and Naomi Gerstel, "Kin Support among Blacks and Whites: Race and Family Organization," *American Sociological Review* 69, no. 6 (2004): 812 - 837.

③ Lingxin Hao, "Family Structure, Private Transfers, and the Economic Well-Being of Families," *Social Forces* 75, no. 1(1996): 269 - 292.

④ Lucie Schmidt and Purvi Sevak, *Gender, Marriage, and Asset Accumulation in the United States* (Williamstown, MA: Williams College, 2004).

第三节　公共政策如何形塑储蓄和资产的相关制度变量

在这一节，我们会描述目前公共政策是如何形塑制度变量的，并说明对储蓄的制度支持如何通过“组合方式”递送。我们也会介绍面向低收入家庭的与资产相关的联邦计划和政策。①

一、制度构成的组合

应用性社会理论和研究由于真实世界的因素而变得更加复杂，其中一个因素就是在单一的计划、政策或干预措施里“集合”了多个制度构成。很少有一项干预措施只代表一种理论构建的情况。举例来说，在基于资产的政策里，之前讨论过的制度构成因素——可及性、信息、激励与抑制、便利、期望、约束和安全——很少单独出现，恰恰相反，它们通常是以某种形式互相结合在一起出现的。

对研究者的挑战有：(1) 确定可能会出现的构成因素；(2) 为每种构成因素开发出一个测量变量；(3) 在应用场景中测量每个构成因素；(4) 采用分析程式来确定可能导致所关注结果的那些构成因素。在定量研究中，典

① 在本节，我们主要关注明确为鼓励资产建设而制定的公共政策。我们不会讨论诸如社会保障、失业保险和残障保险等社会保险项目，尽管这些项目几乎确定对资产建设有重要作用。举例来说，在由于年龄、失业或受伤等情况引发收入减少时，社会保险项目通过提供现金援助保护了资产。但这些项目也可能削弱私人存款，因为那些知道自己符合社会保险福利的人可能会缺乏为紧急情况和退休储蓄的动力。

型的方法是采用多变量回归，控制了众多个人和项目特征后，探究哪些变量能够预测结果，即结果具有统计学意义，同时效应大小对计划和政策目标足够重要。

接下来的分析步骤应该是检验所关注的变量之间的交叉效应。例如，信息和期望或许都能独立预测储蓄结果，但如果同时发生就会具备更大的预测力。还有，激励本身可能并不具有预测力，但激励和可及性交互作用后会产生强大的预测力。检验交互作用是理解各变量不同结合方式所产生效应的一个途径。

为了促进储蓄行为，各变量的结合似乎成了一种普遍形式。举例来说，或许有这样一种形式，通过一个"雨天"基金来提供安全(如在私人市场的存折储蓄账户)。其他形式或许包括为长期资产积累而设计的激励、便利、期望和约束等强因素[如 401(k)退休储蓄计划]。因此，某些结合或许更适合特定目标。如果目标是包容性(普适的和渐进的)资产积累，包含更多关键制度构成因素的结构性储蓄计划更可能是最有效的一揽子政策①。目前储蓄计划的范例——全部是公共政策的产物——包括私人部门的 401(k)计划、非营利部门的 403(b)计划、联邦公务员的节俭储蓄计划(Thrift Savings Plan)和 529 高等教育储蓄计划。

① Margaret Clancy and Michael Sherraden, *The Potential for Inclusion in 529 Savings Plans: Report on a Survey of States* (St. Louis, MO: Washington University in St. Louis, Center for Social Development, 2003); Margaret Clancy, Peter Orszag and Michael Sherraden, *College Savings Plans: A Platform for Inclusive Saving Policy?* (St. Louis, MO: Washington University in St. Louis, Center for Social Development, 2004); Mark Schreiner and Michael Sherraden, *Can the Poor Save? Saving and Asset Building in Individual Development Accounts* (New Brunswick, NJ: Transaction Publishers, 2007).

目前,资产建设配套支持趋向通过雇用场景和税务系统来递送。联邦财政在提供这些配套支持方面的支出很大(例如,个人所得税里面购房贷款利息的抵扣)。在大多数情况下,那些获得附带福利的工作的人、拥有房产者和投资者才可以享受这些配套支持。在以下三个小节,我们会描述制度性支持的主要结合形式并说明低收入、少数族裔和单亲母亲家庭比其他群体拥有更少的机会享受这些配套支持。

(一) 通过雇用提供的制度性配套支持

通过雇用环境提供的主要制度性支持来自退休福利,它们既被定义为福利又被定义为缴款计划。这些退休计划以多种方式支持资产建设。或许最重要的是,它们提供了对资产积累的激励。雇主的配款直接增加了财富(除非受益人通过其他方式减少存款来减少这些配款)。当雇主的缴款需要相应的员工缴款,它们也创造了一种潜在的储蓄激励。联邦政府通过从员工收入中扣除缴款(个人所得税计算)提供了额外的补贴和激励。

这些雇主资助型的储蓄计划也提供了便利,特别是使用工资账户扣款和直接存款。在加入计划是强制性时,决定储蓄和根据决定来行动不需要心理能量。即使加入计划是自愿性的,使用自动转移支付也允许个人做到提前承诺,从而大大减少储蓄所需要的心理能量。前文描述过的自动加入或"选择退出"计划通过自动将个人加入自愿性的计划(除非他们选择不加入)甚至提供了更大的便利。

雇主资助型的退休账户几乎都是约束性的。在很多既定的福利计划里面,员工在一定年龄之前都是不能动用存款的。在大多数的缴款计划里,存款可以在退休之前被用于医疗费用等合规用途；用于不合规目的的提前取款将受到实质性惩罚。尽管相当比例的家庭确实在退休之前取款，尤其是换工作的时候，整体来说，这些约束有助于保护存款直到退休后使用。近年来，有一种兴起的趋势，即使用工资账户来扣款和直接存款以支持那些本来独立于退休约束的储蓄。

可以参加雇主资助的储蓄计划的员工通常也可以获得金融教育，在大中型企业工作的员工尤其如此。这些教育启动计划——通常是通信信息和自愿性团队讲座——试图鼓励员工并向他们提供信息。

补贴、便利、约束和教育全部都在传递这样的信息，即储蓄和资产积累是值得的。配款这一术语或许也建立了对储蓄的特定期望。例如，一名员工如果将其收入的5%存入401(k)计划而获得最大限额的雇主配款，那么这个计划可能就创造了这样一种期待：员工应该把收入的5%存进去。同理，自动加入计划的概念可能传递了为退休而储蓄这一特定期望。

低收入群体比中等和高收入群体更不太可能获得这些福利。随着收入的增加，全职员工中在提供养老金计划的公司里面的员工比例也大量增加(年收入低于2万美元的全职员工中，在提供养老金计划的公司工作的占42%，而在年收入高于6万美元的全职员工中这一比例为80%)①。少数族裔和女性也比非拉美裔的白人和男性拥有更少的机会加入雇主资助的养老金计划。例如，2003年，57%的白人员工和53%的黑人员工加入了这些养老金计划，57%的男性员工和56%的女性员工加入这些养老金计划②。

①② Patrick J. Purcell, *Pension Sponsorship and Participation: Summary of Recent Trends* (Washington, DC: Congressional Research Service, 2001).

即使有机会加入养老金计划，低收入员工也很少加入。在私人企业的全职员工里面，年收入低于2万美元的员工里面只有68%符合资格的人会参与养老金计划，而年收入超过6万美元的员工这一比例为94%①。有限的储蓄能力大概是影响参与率的一个重要原因。并且，即使低收入家庭能够储蓄，他们也可能选择为更迫切的目标而不是退休去储蓄(并可能因此更偏好约束条件少的储蓄工具)。制度性变量可能也有一些作用。相对于承担高税率的家庭来说，税收利好的养老金缴款对低税率的家庭价值不大，而对无须缴纳所得税的家庭来说则根本不值得。

(二) 通过房产权提供的制度性配套支持

房产权也有一些制度性支持的组合。在这个方面，便利和约束或许最重要。一个人利用贷款去购买住房，他就有每个月付款的合约责任，而每次付款中直接进入本金的部分会增加他的财富。因为人们会竭尽全力避免违约，并且因为出售房产的交易成本非常高，所以房产净值极度缺乏流动性。这些“约束”有助于保护房屋财产。

除了便利和约束，对房产权还有激励和补贴。购房贷款利息、州和地方自有房屋的财产税都可从所得税中抵扣(如果抵扣是逐项列出的)。这些税收优惠降低了房产权的成本(并发出信息表示房产权是“好的”)，因此可能鼓励人们购买房产。有些时期和地区，房屋价格会显著膨胀，而相反的情况也可能发生。从2007年开始的房价下跌和止赎率上升侵蚀了房主之前积累起来的财富。房屋市场的波动的确会引发风险，但房产权的长

① Patrick J. Purcell, *Pension Sponsorship and Participation: Summary of Recent Trends* (Washington, DC: Congressional Research Service, 2001).

期本质和过去房地产市场的表现从整体上来说是支持家庭“被动的”资产积累，当家庭逐渐付清购房贷款时，其房产净值也在增长。可以在联邦所得税中免除出售主要住房所获资金收益也为房产权提供了激励和补贴①。

2007年、2008年房产下跌的影响还需要更多评估，但对于很多低收入、少数族裔和单亲母亲家庭而言，房主自有房屋似乎仍然是最主要的资产。相比于其他群体，这些群体仍然更少拥有房产权，也更少从房产权中获益。房产权最重要的两项前提条件是资产（用于首付）和“信用价值”证据（房屋贷款的资格）。对于传统贷款，房屋贷款的借款人通常需要交一笔相当于购房价格10%～20%的首付款②。

首次买房者通常有两种首付来源：自己的存款和来自他人的财富转移。梅耶尔和恩格尔哈特③发现，在20世纪80年代末和90年代初，首次买房者里面有21%收到礼金作为首付。对接收者来说，这笔帮助非常重要，平均礼金数额达到首付总额的51%。夏皮罗④使用1996年的“收入动态面板研究”数据进行研究发现，54%的白人和88%的黑人首次购房者声称，他们的首付款完全是自己的存款。这些数字表明，相当多一部分白人（和少部分黑

① 在2004税务年度，个人和在婚夫妻可以免税的资产收入上限分别是25万美元和50万美元。

② 首付低于20%的传统购房贷款借款人通常必须购买私人贷款保险。政府资助的购房贷款计划，比如那些隶属于联邦房屋局的计划，为符合资格的只支付了2%～3%首付的家庭提供购房贷款。

③ Christopher J. Mayer and Gary V. Engelhardt, “Gifts, Down Payments, and Housing Affordability,” *Journal of Housing Research* 7, no. 1(1996): 59 - 77.

④ Thomas M. Shapiro, *The Hidden Cost of Being African American: How Wealth Perpetuates Inequality* (New York: Oxford University Press, 2004).

人)得到了首付援助。这些数字或许低估了财富转移的重要性,因为个人存款也可能来自前期的礼金或遗产。

除了首付款,一个潜在购房者必须证明其具备足够的还款能力,有证据表明,低收入、少数族裔和单亲母亲家庭不太可能获得主流信用贷款[①]。贷款方对“信用价值”的评估一般会参考收入水平、收入稳定性、储蓄和信用记录[②]。按照定义,低收入家庭在第一个标准上就区别于其他家庭。此外,很多低收入、少数族裔和单亲母亲家庭因其工作具有季节性、经历过失业及部分或全部收入源于非正式雇用等原因,收入相当不稳定。再者,这些家庭较少可能有存款。

信贷历史为贷款方提供更多有关申请人信用价值的信息。那些被认为有“信用风险”的人不可能获得主流信贷。形成这一标签的因素包括高于特定门槛的债务—收入比、未按时付款的记录、个人破产记录等。低收入个体比其他人更可能被评估为具有信用风险。由于缺乏信用记录或只有少量记录,因而有些家庭不能证明他们的信用价值。没有银行存款和信用卡的人尤其如此[③]。低收入和少数族裔家庭比其他家庭更不可能拥有银

① 很多低收入个体有资格向次级贷方借款,但这些借款多是高利率和高违约金的。许多研究者都描述了一个“双重房屋贷款市场”,其中主流贷款方为高收入的白人社区服务,而次级贷方为低收入和少数族裔社区服务。更有甚者,次级贷款的激进营销使得很多家庭陷入他们无法维持的贷款之中,引发了2007年开始的违约和止赎比率的上升,加速房屋市场的大范围下滑。

②③ Eric Belsky and Allegra Calder, *Credit Matters: Low-income Asset Building Challenges in a Dual Financial Service System* (Cambridge, MA: Harvard University, Joint Center for Housing Studies, 2004).

行存款和信用卡[①]。和其他家庭相比，单亲母亲家庭拥有银行存款和信用卡的概率稍小[②]。种族歧视或许会成为少数族裔家庭拥有房产的额外的障碍。查勒斯和赫斯特[③]使用“收入动态面板研究”数据后发现，即使控制了财富和信用记录，在申请购房贷款时黑人被拒的概率也是白人的两倍。

我们已经说明，对低收入家庭来说房产或许是一项高风险的投资。此外，由于房产权的补贴是通过税收系统来传递的，低收入家庭更少能从房产中获益。为了获得购房贷款利息支付和州及地方财产税的抵扣，一个家庭必须逐项列出抵扣明细。1988 年“消费者财务调查”数据显示，在收入分布最末端的 40%房主中只有 13%列出了抵扣明细[④]。除此之外，这些抵扣都不能返款，因此只有需要缴税的家庭才能享受这些福利；需要缴税但税率很低的家庭比承担高税率的家庭享受的福利更少。最后，低收入家庭所拥有

① Ana M. Aizcorbe, Arthur B. Kennickell and Kevin B. Moore, "Recent Changes in U. S. Family Finances: Results from the 1998 and 2001 Survey of Consumer Finances," *Federal Reserve Bulletin* 89, no. 3(2003): 1 - 32; Brian K. Bucks, Arthur B. Kennickell and Kevin B. Moore, "Recent Changes in U. S. Family Finances: Evidence from the 2001 and 2004 Survey of Consumer Finances," *Federal Reserve Bulletin* 92, no. 1(2006): 1 - 38; Jeanne Hogarth, Christoslav Anguelov and Jinkook Lee, "Who Has a Bank Account? Exploring Changes over Time, 1989 - 2001," *Journal of Family and Economic Issues* 26, no. 1(2005): 7 - 30.

② Jeanne M. Hogarth and Jinkook Lee, *Use of Financial Services and the Poor* (St. Louis, MO: Washington University in St. Louis, Center for Social Development, 2000). 对这些家庭来说，使得事情更加复杂的是这样的事实，即信用差的个人很难开设储蓄或支票账户。因此，人们也很难从过去的信用问题中恢复。

③ Kerwin Kofin Charles and Erik Hurst, "The Transition to Home Ownership and the Black-White Wealth Gap," *Review of Economics and Statistics* 84, no. 2(2002): 281 - 297.

④ Edward L. Glaeser and Jesse M. Shapiro, *The Benefits of the Home Mortgage Interest Deduction* (Cambridge, MA: Harvard Institute of Economic Research, 2002).

的房产更可能价格偏低，而购房贷款利息支付和财产税的抵扣更有利于高价房屋（或大额贷款）而不是低价房屋（或小额贷款）。

经验证据显示，这些税务抵扣不成比例地偏向高收入家庭。根据税收联合委员会（Joint Committee on Taxation）的统计，2006 年的购房贷款利息抵扣价值超过 650 亿美元，几乎四分之三的抵扣福利都由年收入 10 万美元或更高水平的家庭获得。年收入低于 5 万美元的家庭所享受的抵扣福利只占大约 4%。伍、施韦克和布赫霍尔茨①的模拟结果预测，在 2006 年收入最低的 60%的纳税人获得的购房贷款利息和财产税的抵扣福利不到两项福利总发放额度的 5%。而收入最高的 1%的纳税人可获得两项福利总发放额度的 11%。

（三）通过其他形式的储蓄和投资提供的制度性配套支持

最后，有一套制度性支持是针对“投资者”的，也就是那些持有特定的较复杂的储蓄与投资工具的人。这里特别需要关注的是诸如传统个人退休账户、罗斯个人退休账户（Roth IRA）和基奥个人退休账户（Keogh IRA）等。通过这些计划提供的最重要的制度性支持是激励、约束和期望。

激励是通过税务系统提供的。例如，用传统个人退休账户缴款可以享有税务抵扣（尽管取款是计税的）。用罗斯个人退休账户的缴款不能享受税务抵扣，但账户收入和被允许的提款不用计税。

传统个人退休账户和罗斯个人退休账户都是约束性的。例如，59.5 岁之前从传统个人退休账户中提款会受到 10%的处罚，除非提款用于高等教

---

① Lillian G. Woo, F. William Schweke and David E. Buchholz, *Hidden in Plain Sight: A Look at the $335 Billion Federal Asset-Building Budget* (Washington, DC: Corporation for Enterprise Development, 2004).

育学费或首次购房，或者账户持有人变为残障人士。这些个人退休计划的最大缴款抵扣额或许也会为储蓄设立预期。与雇主资助的退休计划不同，参与个人退休计划必须由个人来启动和安排。因此，获得这些制度性支持需要投入精力、具备金融成熟度和拥有一定财富。

低收入家庭有资格加入传统个人退休账户和罗斯个人退休账户，但参与率却很低。根据伯曼和同事①的估算，2004 年在收入最低四分位的报税单位里只有 0.2%缴付了传统个人退休账户和 0.3%缴付了罗斯个人退休账户。对于所有报税单位，对应的比例分别是 2.7%和 2.8%。低收入报税人比高收入报税人更不可能按照最高数额缴款。财务约束和短期目标的储蓄欲望几乎肯定限制了低收入家庭的参与。

低收入、少数族裔和单亲母亲家庭在因长期资本收入、人寿保险和年金、房地产转移等获利后可以享受的联邦补贴也非常有限。这些群体倾向于持有更为保守的储蓄和投资产品；税收利好的产品比储蓄账户和存款证明需要人们具备更多金融成熟度和更大的风险承受力。还有，这些亚群体比其他群体留下巨额遗产的可能性更小。

（四）通过针对性的资产建设启动项目提供的制度性支持

之前的内容显示了低收入家庭比其他家庭从这些介绍的政策配套中获益的可能性更小。但是，联邦政府有许多特别针对低收入家庭的资产建设政策和计划。在此，我们将简略介绍其中一些旨在推动资产建设的启动项目，然后讨论这些项目在多大程度上提供了制度性支持。针对低收入家庭

---

① Leonard E. Burman, William G. Gale and Matthew Hall, et al., "Distributional Effects of Defined Contribution Plans and Individual Retirement Arrangements," *National Tax Journal* 57, no. 3(2004): 671 - 701.

的联邦资产建设启动项目包括任意支出计划（Discretionary Spending Programs）和税收支出。针对性政策至少存在四种类型：房产权、个人发展账户、小型企业发展和税务抵扣。

1. *房产权*

近年来，美国住房和城市发展部（Department of Housing and Urban Development，HUD）越来越重视推动低收入家庭拥有房产。在 2007 年房价开始下跌，抵押违约和丧失抵押品赎回权开始上升之前，进入以房产权为目标的计划的资金只占住房和城市发展部所有任意支出预算的很小一部分（近些年大约为 370 亿美元中的 20 亿美元）。在联邦政府承诺在住房咨询和房产权援助投入更多资源后，这个数额有望增长。

之前，住房和城市发展部在促进房产权方面最大的项目是房屋投资伙伴计划（HOME Investment Partnerships Program）。该计划用于支持购买房屋和提供租房援助。州和地方办公室都有一定灵活性，可以决定怎样处理所在社区低收入家庭的需要，并且近年来投入支持购买房屋方面的资金所占比例有所提高。对购买房屋的协助包括首付和房屋修复的援助。2003 年，房屋投资伙伴计划内部授权设立了一个新分支——美国梦首付启动计划（American Dream Down-payment Initiative）。这些基金为低收入首次购房者提供最高 1 万美元的首付款和交易费用津贴。基金也可以用于与津贴同时提供的房屋复原和修理援助。

另外一项联邦援助项目是社区发展金融机构基金（Community Development Financial Institutions Fund，由财政部执行）。这项基金通过投资社区发展金融机构和为其提供协助来促进经济复苏和社区发展。这些机构反过来也会向公共服务享受不充分的人群和社区提供贷款、投资、金融服务和技术支持。

第三项联邦援助来自联邦住房管理(Federal Housing Administration, FHA)。FHA 近年已经扩展了其服务配套,但它的主要职能还是对其批准的借款人提供购房贷款保险。很大比例的低收入借款人在购房时使用 FHA 产品,而这些产品有助于减少购买房屋过程中的障碍。FHA 通过收费为联邦政府创造收入。

2. 个人发展账户

在个人发展账户计划还属于新事物的时候,它们就从联邦政府那里通过《独立资产法案》(*Assets for Independence Act*, AFIA)和难民安置办公室(Office of Refugee Resettlement)获得了一些支持。《独立资产法案》自1998 年开始实施并在此后每年获得 2 500 万美元拨款,它创造了第一个联邦政府资助的全国示范性个人发展账户项目。通过《独立资产法案》,隶属于卫生与公共服务部(Department of Health and Human Service, HHS)的社区服务办公室(Office of Community Services)拨给非营利组织和地方政府历时五年的基金或者为非营利组织的合作机构提供资助。基金受益人必须从私人机构获得数额相同的资助。联邦基金可以用于项目的执行管理和为个人发展账户提供配额存款。个人发展账户里的存款只能用于首次购买房屋、高等教育学费或小型商业资本化。全国已经有超过 180 个机构和社区组织被授予《独立资产法案》项目基金。在这些项目里,参与者建立个人发展账户已经超过 2.1 万个,总存款金额达到 1 460 万美元。

在一个单独项目里,卫生与公共服务部的难民安置办公室向为难民创建个人发展账户的非营利组织提供资金。从 1999 年开始，大约 6 600 万美元通过难民安置办公室发放，以支持 1.3 万多个个人发展账户的落地与发展。即使没有支持难民个人发展账户计划的特定预算项目，这些计划还可以通过难民安置办公室的任意支付预算获得资助。这项预算近年已经被削减，而从 2003 预算年度开始，个人发展账户项目就没有更新发布了。

3. 小型企业发展

联邦政府提供许多支持小企业资本化的计划，大多通过美国小企业管理局(U. S. Small Business Administration)的活动来实行。这些计划里只有一部分——包括微型企业发展启动计划(Microenterprise Development Initiative)、微型贷款计划(Microloan Program)和支持投资微型企业家计划(Program for Investment in Microentrepreneurs)——是针对低收入借款人的。这类计划中的大多数规模小且主要为微型企业提供贷款和技术支持。

4. 税务抵扣

正如前面所说，一些大型的税收支出主要支持中、高收入家庭的资产建设。有两项税收支持——存款人税务抵扣和所得税抵扣——是针对低收入家庭的。还有一项，即儿童税收抵扣(Child Tax Credit，CTC)，不仅对最广泛的人口群体是可及的，低收入家庭也可以获益。

存款人税务抵扣创建于 2001 年，以此鼓励低收入人群为退休而储蓄。如果在退休账户[包括 401(k)计划和 IRA]缴款达到 1 000 美元，根据这项政策，交款人可以获得最多 50%的税务抵扣。但是，这个抵扣不是返现金，因此只对需要缴纳联邦所得税的人有益。

所得税抵扣是针对低收入工人的联邦所得税抵扣。在 2004 税务年度，有孩子的工作家庭如果收入低于 3 万～3.6 万美元(取决于孩子的数量和报税形式)都有资格获得所得税抵扣。在 2003 税务年度，有孩子的家庭获得所得税抵扣的平均额度是 2 100 美元①。所得税抵扣是可以返现金的，因此如果抵扣额度超过了应付税款，个人就会收到一笔返款。

所得税抵扣并非明确设计以鼓励资产积累。但有证据表明，它确实有助于资产积累，尤其是当它跟一些明确设计以鼓励储蓄和资产积累的启动计划关联的时候。前面已经讨论过，行为学理论指出并且也有经验证据表明，人们对大额返款和工资/薪水的看法是不同的，而且趋向于将返款存起来或用于购买资产。据此，营利和非营利组织在报税准备时期会提供各种储蓄产品，包括低费用的银行账户②、个人退休账户③和个人发展账户。另一个计划鼓励所得税抵扣受益人将返款分割开来，一部分存入储蓄账户，剩下的以支票形式在消费时使用④。

儿童税务抵扣适用于有符合条件的孩子的报税人，每个符合条件的孩子可申报最高 1 000 美元的联邦所得税抵扣。从 2004 税务年度开始，单身

① Center on Budget and Policy Priorities, *The Earned Income Tax Credit: Boosting Employment, Aiding the Working Poor* (Washington, DC: Center on Budget and Policy Priorities, 2004).

② Sondra G. Beverly, Jennifer L. Romich and Jennifer Tescher, "Linking Tax Refunds and Low-Cost Bank Accounts: A Social Development Strategy for Low-income Families?" *Social Development Issues* 25, no. 1/2(2003): 235 - 246.

③ Esther Duflo, William Gale and Jeffrey Liebman, et al., *Saving Incentives for Low- and Middle-Income Families: Evidence from a Field Experiment with H&R Block* (Washington, DC: Retirement Security Project, 2005); Peter Tufano and Daniel Schneider, *H&R Block and Everyday Financial Services* (Cambridge, MA: Harvard Business School Publishing, 2004).

④ Sondra G. Beverly, Daniel Schneider and Peter Tufano, "Splitting Tax Refunds and Building Savings: An Empirical Test," in J. M. Poterba(ed.), *Tax Policy and the Economy* (*Vol. 20*)(Cambridge, MA: MIT Press, 2006).

户主申报资格提高至7.5万美元，而共同申报的夫妻户主则提高至11万美元。儿童税务抵扣只会返回部分现金。同所得税抵扣类似，它不是明确的资产建设启动计划，但通过减少应报税款及可能增加的返款数额，它确实影响了低收入家庭积累资产的潜力。

（五）针对性资产建设启动项目的评估

对以上介绍的有针对性的资产建设计划，我们还没有足够的信心对它们是否实质性地增加了参与者的资产下结论。这个重要问题的回答需要有关各种资产的详细信息及在缺乏这些计划时资产水平可能发生何种变化的合理评估信息。在有关效应的信息还不充分的情况下，我们在此仅描述这些针对性启动计划的广度及其提供的制度性支持的水平。

以支出和参加人数来说，在此介绍的针对低收入群体的启动计划相比主要支持中、高收入家庭的计划和政策来说规模小得多。在2009财政年度，预算管理办公室（OMB）估计，购房贷款利息支付的税务抵扣就超过1 000亿美元。与此相对的是，同一财政年度HOME投资伙伴计划所要求的款项不足20亿美元，“独立资产”（Assets for Independence）示范项目要求的款项只有2 400万美元，而存款人税务抵扣项目的财税支出大约为9亿美元①。

同样，这些针对性的启动计划为储蓄和资产积累提供的制度性支持也非常少。就可及性来说，大多数此类针对性计划都有资格要求，从而将许多低收入家庭排除在外。例如，个人发展账户计划通常要求参与者是被雇员工，所得税抵扣也只对有收入的人开放，没有孩子的工人只有非常小额的税

① Cramer Reid, O'Brien Rourke and Lopez-Fernadini Alejandra, *The Assets Report 2008: A Review, Assessment, and Forecast of Federal Assets Policy* (Washington, DC: New America Foundation, 2008).

务抵扣。小企业计划也只对那些拥有或刚开始经营自己公司的人开放。此外，要参加购买房屋、个人发展账户或小企业计划，人们必须填写申请表并可能需要与个案主管面谈。这个程序可能非常耗时并且很麻烦，因此对某些人来说或许会降低他们的参与度。

就信息而言，很难说成功参与这些针对性计划所需要的信息比有关购买房屋和退休储蓄优惠的信息更容易或更不容易获得。一项研究表明，1999 年低收入群体中不到三分之二的人听说过所得税抵扣①。对于在此涉及的其他针对性计划，据我们所知还没有类似的经验证据。可以推测的是，社会服务机构会给潜在参与者提供这些计划的信息，但跟这些机构没有任何关联的人就不太可能获得相关的信息②。更进一步来说，提供有关这些针对性计划信息的动力和激励与提供有关房产权和退休储蓄计划信息的动力和激励有所不同。就这些针对性计划而言，教育的动力来自非营利组织及其工作人员的“好心”，也就是说，来自为弱势家庭提供资源的意愿。就房产权和退休储蓄计划而言，个人和组织——例如房地产经纪人、贷款提供方和投资公司——会在新“参与者”加入时获得明确收益。与信息有关的事实是，大多数针对性计划要求一定程度的金融成熟度。例如，购买房屋或开办一个小企业需要金融知识和金融信心。

在此介绍的针对性计划里，个人发展账户为储蓄提供了最明显的激励。

---

① Phillips Katherin Ross, *Who Knows about the Earned Income Tax Credit* (Washington, DC: Urban Institute, 2001).

② 使用报税准备服务的低收入报税人尽管能收到个人所得税但不需要知道它，但那些自己报税的人则必须知道才能申报。并且，一些不需要缴纳税款的家庭也可能不报税，因为他们不会意识到自己符合税收优惠。

从比例上看这些激励非常慷慨，但收益有上限，而且可转移的现金额度相比于（举例来说）退休金收益而言不算很慷慨。此外，无论从预算还是被服务人群来说，联邦资助的个人发展账户计划规模都很小。同时，为了收到联邦政府的资助，非营利组织也必须提供配款，但在支持购买房屋和退休储蓄的税收支出计划里并不存在这样的要求（实际上这个要求是无关紧要的）。这些计划未来的资助情况并不确定，因为 AFIA 是一个示范性项目，而难民安置办公室近年来没有为个人发展账户分配额外资金。存款人税务抵扣也为储蓄提供了激励，但这个计划的范围非常有限，因为有应付所得税的报税人才可受益①。

就便利性来说，这些针对性计划通常没有自动加入的设计。在其中一些计划中，如果参与者有银行账户，安排自动转移支付是可以的，或者在存款人税务抵扣项目中是可以接入 401(k)计划。就所得税返款比平常的收入更具有“可存性”来说，所得税抵扣和儿童税收抵扣算是有些便利。在某些个人发展账户计划中，工作人员积极鼓励并时常帮助参与者进行月度存款。

这里谈论的针对性计划大多数都有约束。例如，房产权计划的金融协助只能用于房产权，微型企业计划的支持限于小企业方面的尝试，个人发展账户的配款大概只能用于获批准的用途，而符合存款人税务抵扣的存款只能进入严格限制的退休账户。使用所得税抵扣和儿童税务抵扣则没有什么限制（这也跟它们不是被明确设计为资产建设计划的实际情况一致）。

对这些针对性计划，多数参与者的感知极有可能是安全。尽管投资小

① 有资格根据收入享受存款人税务抵扣的人中，每 1 000 人里只有 1 人有足够多的应付税款以获得最高额度的税务抵扣（如果最大有效缴款被实际执行的话）。

企业、购买住房和在一个退休储蓄计划里存款都有风险，通过这些针对性计划获得对这类活动的额外的支持却不会增加额外风险。

总之，相比于通过税收系统和雇主实施的房产权和退休储蓄启动计划，这些针对性计划在储蓄和资产积累方面提供的制度性支持少得多。这在很大程度上是因为二者在规模和范围上存在的巨大差异。针对性计划可及的人口非常少，它们主要适用于有收入的人，并且所提供的金融福利从现金角度来看也非常少。同那些"非针对性"的启动计划类似，针对性的计划也提供了约束和安全，有些还提供了激励和期望。但是在低收入群体里，只有很小一部分申请援助并满足资格要求的人可以从这些制度性支持中获益。最终结果很可能是针对性计划对资产建设的总效应非常微弱。

第四节　对未来研究的建议

我们对有关经验证据的梳理总结显示了很多知识缺口。特别值得关注的是限制设计能力方面的知识缺口，而这种能力使得计划和政策能够促进低收入家庭的储蓄和资产建设。下面是一些可以提供政策相关知识的研究问题。

（1）什么条件下房产权对低收入家庭的资产建设是一个好策略？哪些措施在帮助潜在房主做出明智的购房决定上是有效的？

（2）提供医疗保险可以帮助低收入家庭储蓄和积累资产吗？

（3）金融教育会改变低收入家庭的金融知识、态度和行为以引导他们增加储蓄和资产积累吗？自动传递给个人的具有明确指向的金融信息（如不仅仅是那些选择参加金融讲座的人才可以获得)会产生这样的结果吗?

(4) 怎样的配款结构(配款比例和配款上限)能使激励型储蓄计划的参与度最大化?怎样的配款结构能使存款净值(包括所有存款工具)最大化?这些结果会随收入或受教育程度而变化吗?

(5) 在收入转移计划中放松资产评估会有利于储蓄和资产持有的增加吗?

(6) 哪种情况下人们想要约束?哪种情况下人们想要流动性?这些模式会随收入或受教育程度而变动吗?

对今后的研究而言,某些最有希望的主题需要新的政策干预而不仅仅是新的或改进的数据来源。新的干预至少会在两种情景下发生。第一,目前的启动计划不具备要考察的制度特征或制度特征组合。例如,研究者若希望考察低收入群体对所有孩子一出生就自动提供的教育储蓄账户及存款配款的反应,那么就需要一项新的干预。第二,研究者若想非常严谨地考察实际行为如何对变动的制度性特征做出反应,那么新的干预即使不是必需的,也会受到高度期待,因为制度性特征系统性变动的计划还不存在。例如,检测配款结构效应的最严谨的方式是将个体随机分配到提供不同配款结构的组里。

正如我们的案例所显示的,试验或准试验的研究路线应该涵盖配款结构。这个研究视角是极具希望的,因为现有研究发现人们(来自不同收入层级)会对金融激励做出反应,但它们却没有测定"最优的"配款结构。同配款结构的问题类似,有关限制性和流动性的需求也会通过对新的干预措施的试验或准试验设计而得到更好的反馈。金融教育和金融信息的问题可以通过新的干预措施来回应，也可以通过对现有措施进行精心设计研究来回应。除了对干预措施效应的评估，也可以从仔细构建的问卷问题获得新的洞见，这些问题涉及个体对具有不同约束的储蓄产品的感觉以及他们使用这些产品来储蓄的可能性。

其他新的研究途径或许不会涉及新的干预措施，但需要新的数据。例如，为了确定在何种条件下房产权是一种好的资产建设策略，研究者可能需要获得包括以下内容的新数据：(1) 现有人口普查数据中的社区特征信息；(2) 来自问卷的个人和家庭特征信息(包括财富净值)；(3) 来自问卷或最好是管理部门的房地产交易信息。简而言之，要回答这里提出的研究问题，数据的要求变动很大，还有些研究探索会需要大量的资金投入。在本章结束前，我们要强调一个非常明显但常常被忽略的观点。为了制定政策和计划来帮助实现低收入家庭或有色族裔家庭资产建设的目标，有关研究迫切需要的是选取包含足够数量的目标人群样本，这样才能保证获得有意义的统计分析结果。

第二章　构建金融能力的基础[①]

在这个金融不稳定性上升、不平等日益加剧的时代，家庭往往面临着两大挑战。一方面，财务知识和技能的匮乏导致他们在日益复杂的金融环境中难以做出最优财务决策；另一方面，很多人缺少相关渠道获得恰当、有利的金融服务，无法为金融稳定性、获取福祉和建立信心创造条件。人们需要掌握金融知识，也应当获得普惠金融体系的有力支撑，个人只有同时拥有这两个方面才算具备金融领域的可行能力。本章将探究金融能力（financial capability）的概念，并呼吁大众对金融能力建设的学术研究和专业培训给予更多的重视，尤其应把目光聚焦于低收入和经济困难家庭上。[②]

当考虑个人行为、人类心理和社会结构如何影响家庭的财务管理和决

① 本章曾出版于 Julie Birkenmaier, Margaret Sherraden and Jami Curley (eds.), *Financial Capability and Asset Building: Research, Education, Policy, and Practice* (New York: Oxford University Press, 2013).

② 最近，金融脆弱性已经被学者预测为，如果出现紧急情况，估计有一半的美国人在 30 天内无法得到 2 000 美元。然而，我们使用这一术语与其他人类似，比如有学者提出了一个广义定义：金融脆弱性不仅指收入低，而且更广泛地指“无防御能力、不安全感、风险、冲击和压力”，包括资产损失。

策制定时，金融能力的概念桥接了经济学、心理学和社会学的学科领域。尽管经济学家、心理学家和社会学家看待人类行为的视角并不一致，但他们共同为促进金融功能性活动（financial functioning）和金融福祉提供了一个前景可期的新路径。

第一节　金融能力的基本概念

金融能力是一个同时具有个体性与结构性的概念，它将个人"有能力行动"（ability to act）与"有机会行动"（opportunity to act）结合起来。人们正是通过这样的方式"理解、评估并朝向其最佳的金融利益而行动"①。根据这一定义，金融素养和金融能力之间的关键区别在于：如果人们想具备金融能力，在必须具备更多金融知识的同时，还必须同时拥有一定的金融产品和服务，来保证他们的最佳金融利益。能力和机会，这两者通过提升人们的金融福祉和生活机会而共同作用于人们的金融功能性活动。

在哲学家阿马蒂亚·森（Amartya Sen）和玛莎·努斯鲍姆（Martha Nussbaum）的开创性著作中，可行能力（capability）有着特别的含义。正如森在书中写道："可行能力从积极意义上看也就是自由，是你所拥有的怎样生活的'真实机会'。"②致力于将可行能力理论应用于人类发展和福利的努

① E. Johnsonand and Margaret Sherrard Sherraden, "From Financial Literacy to Financial Capability Among Youth," *Journal of Sociology and Social Welfare* 34, no. 3(2007): 119 - 145.

② Amartya Sen, *Poverty and Famines: An Essay on Entitlement and Deprivation* (New York: Oxford University Press, 1981), p. 36.

斯鲍姆认为，可行能力的概念不但考虑到人的内在能力（如才能、知识、技能），还考虑到了外在条件和各种可用的机会（如产品、服务和制度的可及性），上述内在能力和外在条件共同构成了人们的“组合可行能力”（combined capabilities）。努斯鲍姆建议政策、法律、规制和实践应该为所有个体提供机会，发展其提升自身福祉的充分可行能力。①

人们必须拥有内在能力，同时也需要一定的外在条件，才能真正成为有能力的个体。② 正如努斯鲍姆在书中提到的，人们可能在不具备外在条件的情况下拥有内在能力。“一个社会可能在培养人内在能力上做得十分出色，但它也可能切断人们利用这些能力发挥作用的机会和途径。”同样，个体的内在能力也可能面临着匮乏，即“一个社会可以在很多领域创造良好的环境条件供个体选择（组合可行能力），但却不能教育其公民或培育人们心智权能的发展（内在能力）”。为了使人们能够发挥作用，两者都是必要的。关键的一点是，它们是互动的；内在能力“在大多数情况下，是在与社会、经济、家庭和政治环境的相互作用中发展起来的”。③

需要指出的是，这种对金融能力的理解与人们今天普遍的理解并不相同。更典型的是，“金融能力”通常与“金融素养”同义并用，或者更广泛地用来指依附于个人身上的一系列品质，包括知识和技能、态度、习惯、动机、信

① Martha C. Nussbaum, *Women and Human Development: The Capabilities Approach* (Cambridge: Cambridge University Press, 2000), p. 85.

② 与社会工作中“人在环境中”的原则有一些相似之处。

③ Martha C. Nussbaum, *Creating Capabilities: The Human Development Approach* (Cambridge. MA: The Belknap Press of Harvard University Press, 2011), pp. 21－22.

心、自我效能和行为。① 尽管态度、动机、信心和行为隐含着环境变量（它们并非完全属于内生特质），但环境并没有被整合到当前大多数对金融能力的概念化理解中。一些定义虽然包含了环境维度，然而仔细考察就会发现，不断变化的外部条件很少被操作化②。

相比之下，我们认为金融能力并不只居于个体内部。相反，它抓住了个人和社会现实之间的关系，因而取决于生活在特定社会中的人所能做的事项。换句话说，人们在做财务决策时，不仅依赖于内生的才能、知识和技能，还要依赖于他们可能范围内的事情。例如，当研究人员听到金融脆弱的人说主流的金融产品和服务不是为他们准备的时③，这表明了贫富金融世界之间存在着一道鸿沟。这样看来，人们在金融决策上的信心可能并非个体能力和技能的表现，而很大程度反映了个人的经济和社会地位，以及主流金融和经济制度的影响。在人们生活的环境中，真实的选择和机会塑造了他们对"什么是可能的"的设想和理解。正是个人与结构之

---

① A. Atkinson, S. D. McKay and H. E. Kempson, et al., *Levels of Financial Capability in the UK: Results of a Baseline Survey* (Bristol: University of Bristol, 2006); Mike Dixon, *Rethinking Financial Capability: Lessons from Economic Psychology and Behavioural Finance* (London, UK: IPPR, 2006); Annamaria Lusardi, *Americans' Financial Capability: Report Prepared for the Financial Crisis Inquiry Commission*, February 26, 2010. 正如 2009 年的一项财务能力调查所描述的那样，"财务能力包括与个人如何管理其资源和如何做出财务决策相关的行为的多个方面（包括他们考虑的因素和他们使用的技能集）。这是一个多维度的概念，需要从不同的角度看待个人行为"。

② 一个例外是总统财务能力咨询委员会，它将金融能力定义为金融教育和金融准入，尽管它的一些工作似乎将财政能力等同于教育，正如这一关于青年的声明所表明的："金融能力始于金融教育。"

③ H. E. Kempson and A. D. Finney, *Saving in Lower-income Households: A Review of the Evidence* (Bristol: University of Bristol, Personal Finance Research Centre, 2009).

间的这种联系影响着人们的态度、动机、信心、自我效能和行为。如此，社会、经济和政治环境被内化于人们的感知和期望中，并可能影响他们的行为。[①]

制度在可行能力理论中扮演着重要角色，因为它们是个人生活中社会、经济和政治现实的主要进入通道。制度赋予了人类行为的形式与意义，它们“不仅限制选择，还建立了人们借以发现自己行为偏好的重要标准”[②]。提升个体的金融能力，特别是针对服务享有不足的人群，需要的不仅仅是提供设计得更好的产品和服务（尽管这些产品和服务可能会产生不同的结果），还应当改变金融制度纳入（或排除）低收入和金融脆弱人群的方式。例如，我们需要进行包括公共政策改革在内的制度变革，以回应基于性别和种族的严重而持续的财富不平等问题。[③]

---

① John R. Reynolds and Jennifer Pemberton, “Rising College Expectations Among Youth in the United States: A Comparison of the 1979 and 1997 NLSY,” *Journal of Human Resources* 36, no. 4(2001): 703 - 726. 我们在个体期望（个体在现有的约束条件下期望发生的事情）和想要（在最佳环境中个体希望发生的事情）之间进行区分，并认为期望是行为的更有力的预测因子。

② Walter W. Powell and Paul J. DiMaggio (eds.), *The New Institutionalism in Organizational Analysis* (Chicago and London: University of Chicago Press, 1991), p. 11.

③ Dalton Conley, *Being Black, Living in the Red: Race, Wealth, and Social Policy in America* (Berkeley: University of California Press, 1999); D. Conley and M. Ryvicker, “The Price of Female Headship: Gender, Inheritance, and Wealth Accumulation in the United States,” *Journal of Income Distribution* 13, no. 3(2005): 41 - 56; N. L. Gittleman and E. N. Wolff, “Racial Differences in Patterns of Wealth Accumulation,” *Journal of Human Resources* 39, no. 1(2004): 193 - 227; L. A. Keister, “Race and Wealth Inequality: The Impact of Racial Differences in Asset Ownership on the Distribution of Household Wealth,” *Social Science Research* 29, no. 4(2000): 477 - 502; M. L. Oliver and T. M. Shapiro, *Black Wealth / White Wealth: A New Perspective on Racial Inequality* (New York: Routledge, 1995); D. Schneider, “Wealth and the Marital Divide,” *American Journal of Sociology* 117, no. 2(2011): 627 - 667.

尽管推动重大变革面临重重挑战，但制度理论提供了如何增加金融脆弱家庭获得机会的思考途径。例如，在低收入家庭储蓄和资产建设方面，迈克尔·谢若登和他的同事们识别出了一系列影响家庭储蓄的制度结构特征①，包括可及性、信息、激励与抑制、便利、期望、约束和安全。这些结构特征有助于考察和测量好的政策和金融机构怎样更普遍地服务金融脆弱家庭。

另一个启发我们思考金融机会（以及回应制度理论中所提出的结构特征问题）的研究方向是行为经济学。行为经济学为人们在面对金融决策时的实际所为提供了关键的引导，指出心理因素会导致个体做出非理性的、有时是次优（但情有可原）的决策，即使他们较为全面地掌握了各种信息②。同时，一系列的研究成果表明，金融产品和服务能够被设计成使人

① S. G. Beverly, M. Sherraden and R. Cramer, et al. "Determinants of Asset Holding," in S. M. McKernan & M. Sherraden (eds.), *Asset Building and Low-income Families* (Washington, DC: Urban Institute Press, 2008), pp. 89–152; M. Sherraden, *Assets and the Poor: A New American Welfare Policy* (Armonk, NY: M. E. Sharpe, 1991); M. Sherraden and M. S. Barr, "Institutions and Inclusion in Saving Policy," in N. Retsinas and E. Belsky (eds.), *Building Assets, Building Credit: Bridges and Barrier To Financial Services in Low-income Communities* (Washington, DC: Brookings Institution Press, 2005), pp. 286–315; M. Sherraden, M. Schreiner and S. Beverly, "Income, Institutions and Saving Performance in Individual Development Accounts," *Economic Development Quarterly* 17, no. 1(2003): 95–112.

② S. Maital, *Minds, Markets and Money* (New York: Basic Books, 1982); A. Tversky and D. Kahneman, "Rational Choice and the Framing of Decisions," in D. Kahneman and A. Tversky (eds.), *Choices, Values, and Frames* (New York: Cambridge University Press and Russell Sage Foundation, 1986), pp. 209–223 (First published in 1986 in *Journal of Business*, vol. 59, no. 4, pp. 5251–5278); K. E. Warneryd, *The Psychology of Saving: A Study on Economic Psychology* (Cheltenham, UK: Elgar, 1999).

们更可能做出良好财务选择的方式①。正如理查德·泰勒(Richard Thaler)和卡斯·桑斯坦(Cass Sunstein)在他们的《助推》(*Nudge*)一书中所说,“选择架构”(choice architecture)可以引导金融行为产生积极的结果,一些金融产品的设计也考虑到了人们行为的人性化,例如提供简单的选择和自动功能②。

关于可行能力的最后一个论点是:它会影响制度变革中的发言权和影响力。森在《以自由看待发展》一书中指出,公共政策通过提供更多机会来改善人们的生活,而且人们可以“通过有效地利用公众参与能力”来影响公共政策的方向。事实上,森写道,“双向关系是核心”。在那些提升可行能力的社会里,人们参与到对可行能力的界定中,更有可能通过个人和集体的行动来挑战不公正。例如,森基于广泛的经验证据表明,饥荒更少可能发生在民主国家中。森论证说,普通人必须具备一定能力来参与表达自己的意见并影响决策。③ 以此看来,可行能力理论也包括普通人应获得“话语权”的观点④。在金融能力方面,我们期望普通人在塑造他们的财务世界和经济福祉时,能有更大的发言权并能发挥更大的作用。

总之,促进金融脆弱家庭的金融功能性活动不仅是一个简单改变个人行为的问题,也是一个改变制度的问题。但如何才能实现呢? 本章的其余

①② R. H. Thaler and C. R. Sunstein, *Nudge: Improving Decisions about Health, Wealth, and Happiness* (New Haven, CT, and London: Yale University Press, 2008).

③ A. Sen, *Development as Freedom* (New York: Anchor Books, 1999).

④ A. O. Hirschman, *Exit, Voice, and Loyalty: Responses to Decline in Firms, Organizations, and States* (Cambridge, MA: Harvard University Press, 1970).

部分将探讨我们所知的金融能力的构成基础。第二节明确讨论人们如何发展知识和技能来管理他们的金融生活。第三节重点聚焦美国金融脆弱群体的普惠金融及其组成部分，以及在扩大参与方面的创新。第四节将这些讨论集中在一起，研究如何将上述两个方面组合起来以产生金融能力；同时，这一部分阐述了社会工作和其他应用性学者的研究和实践成果，及其对低收入和金融脆弱家庭金融能力建设的作用。

第二节　第一个基础：金融素养

金融素养高的人有知识、能力、技能和信心做出好的财务决策。[①] 作为美联储理事会现任主席，本·伯南克（Ben Bernanke）在 2006 年向美国参议院银行、住房和城市事务委员会作证时解释说，金融素养提高了财务决策能力和经济水平：

显然，如果要明智地从现有的各种产品和供应商中进行选择，消费者必须拥有金融知识，才能驾驭当今日益复杂的金融服务市场。相较于缺乏金融技能的消费者，拥有必要（金融）技能的消费者能在买房、教育筹资、退休、创业等方面做出明智的财务决策。几乎可以肯定的是，后者的经济状况要好于前者。

今天，越来越多的证据表明，许多美国人缺乏足够的金融知识和技能。像伯南克那样，越来越多响亮的声音开始呼吁金融教育。美国政府已经制

① S. J. Huston, "Measuring Financial Literacy," *Journal of Consumer Affairs* 44, no. 2(2010): 296 - 316.

定了一项金融素养国家战略，其中的四个目标是：(1) 增加民众对有效金融教育的意识及其获得的机会；(2) 确定并整合核心财务能力①；(3) 改善金融教育基础设施；(4) 明确、强化和分享有效的经验②。

总体而言，研究表明目前人们的金融素养处于较低水平。③ 最近一项针对全美 1 500 名成年人的研究发现，在有关利率、通货膨胀和风险(多样化)这类简单问题上，人们以为自己懂得的比他们实际上所测得的结果更多。例如，在数学自评得分最高的人中，52%的人无法完成 2 道涉及利率和通货膨胀的简单计算④。此外，64%的持有信用卡或支票账户的受访者选择了"我擅长处理日常财务事项"这个选项，但他们仍存在一些产生费用或高成本的行为。由个人金融素养跃动联盟(the Jump$tart Coalition for Personal Financial Literacy)发起、面向高中学生的五期金融知识评估(1997—2006

---

① 这里所提到的核心竞争力是指消费者对自己的财务状况做出明智决定的能力，包括收入、支出、储蓄、借款和金融保护。

② US Department of Treasury, "Why and How: Background Report, Developing the 2011 National Strategy," 2011, November.

③ B. D. Bernheim, "Financial Literacy, Education, and retirement saving," in O. S. Mitchell and S. J. Scheiber (eds.), *Living with Defined Contribution Pensions: Remaking Responsibility for Retirement* (Philadelphia, PA: University of Pennsylvania, 1998): 38 - 68; M. A. Hilgert, J. M. Hogarth and S. G. Beverly, "Household Financial Management: The Connection Between Knowledge and Behavior," *Federal Reserve Bulletin* (*July*), 2003, pp. 309 - 322; A. Lusardi, O. S. Mitchell and V. Curto "Financial Literacy among the Young: Evidence and Implications for Consumer Policy," *Journal of Consumer Affairs* 44, no. 2 (2010): 358 - 380; Organization for Economic Cooperation Development (OECD), *Improving financial literacy: Analysis of issues and policies* (Paris: Author, 2005).

④ FINRA, "Financial Capability in the United States," *Report on the National Survey Component of the National Financial Capability Study*, 2009, p. 39.

年）结果显示，该群体金融知识水平较低。① 另一项调查显示，全美 40 岁以上的成年人中，有一半对自己的养老金、医疗保险和其他重要财务事实缺乏相应了解。② 在全美的一项代表性研究中，三分之二的成年人不能正确回答一系列个人财务问题，尤其是在信贷管理和投资问题上的表现更糟糕。③ 类似的一项全国性研究发现，人们对债务的了解程度也很低。④

而青年、少数族裔以及收入和受教育程度较低的人，在调查和测试中的表现也相对较差。⑤ 尽管这些测试可能无法解决低收入家庭的许多经济生存技能问题，但这些技能的确与他们的个人和经济境况有关⑥，低水平的金融知识和技能可能会对任何家庭造成经济损失。这对于低收入家庭尤其如此，因为他们的容错程度很小，而糟糕的财务选择可能会产生深远的影响。

① L. Mandell, "Financial Literacy in High School," in A. Lusardi (ed.), *Overcoming the Saving Slump: How to Increase the Effectiveness of Financial Education and Saving Programs* (Chicago: University of Chicago Press, 2008), pp. 257 - 279.

② D. V. Nelson, *AARP Bulletin Poll on Financial Literacy* (Washington, DC: American Association of Retired Persons, 2007).

③ M. A. Hilgert, J. M. Hogarth and S. G. Beverly, "Household Financial Management: The Connection Between Knowledge and Behavior," *Federal Reserve Bulletin(July)*, 2003, pp. 309 - 322.

④ A. Lusardi and P. Tufano, *Debt Literacy, Financial Experiences, and over Indebtedness* (*NBER Working Paper No14808*) (Cambridge, MA: National Bureau of Economic Research, 2009).

⑤ S. G. Anderso, M. Zhan and J. Scott, "Targeting Financial Management Training at Low-income Audiences," *Journal of Consumer Affairs* 38, no. 1(2004): 167 - 177; Applied Research and Consulting LLC, *Financial Capability in the United States: Initial Report of Research Findings from the 2009 National Survey* (New York: Author, 2009); L. Mandell, "Financial Literacy in High School," in A. Lusardi (ed.), *Overcoming the SavingSlump: How to Increase the Effectiveness of Financial Education and Saving Programs* (Chicago: University of Chicago Press, 2008), pp. 257 - 279.

⑥ E. Kempson and A. Atkinson, *Measuring Levels of Financial Literacy at an International Level* (Mimeo, Pari: OECD, 2009), p. 16.

例如，当低收入家庭不能完全理解信用卡利率和借记卡费用的含义时，结果可能比一个有财务缓冲的富裕家庭更具破坏性。下面的例子可以证实这一点。我们在一项有关低收入家庭储蓄研究中采访的一位妇女称，她用信用卡支付所有费用。她只关注到了每月需要支付的最低还款额，却忽略了利息是悄然累积的。[①]"我不知道它是这样运作的，"她解释说，"我没有留意到条例中的一些小字，所以这最终毁了我的信用。"[②]由于信用评级决定了未来借款的可能性和成本，也会影响人们生活的其他重要方面，因而对信用卡缺乏了解使她陷入困难的财务状况中。她花了数年时间才还清了信用卡欠款余额，重建了良好的信用评级。其实，富裕家庭也会滥用信用卡，但与贫困家庭相比，他们更可能有财务缓冲，所以即使他们每个月没有全额还款，也不太可能违约，从而避免对信用评级产生严重损害。

财务知识和技能是金融能力的重要基础部分。人们如何学习有关金融事务的知识，以及如何提高金融能力，特别是在金融脆弱的家庭中有关此方面的了解是什么？首先，金融社会化为人们的态度、知识和行为提供了基础，孩子们在成长的过程中从家庭和他人身上观察和学习技能，这一过程一直持续到成年。其次，金融教育也有助于人们的知识和技能的提升。最后，当人们在面临较难的财务决策时，会向咨询师和其他人寻求财务信息和指导。

---

① 幸运的是，最近的监管改革已经在避免这种情况的发生，尽管根据美国消费者联合会、负责任贷款中心和其他消费者研究和保护组织的说法，其还需要更多的保护措施。

② M. S. Sherraden, A. M. McBride and S. G. Beverly, *Striving to Save: Creating Policies for Financial Security of Low-income Families* (Ann Arbor: University of Michigan Press, 2010).

（一）贯穿生命周期的金融社会化

认知、行为和环境影响和塑造着人们的金融社会化，或那些引导人们理解金融、形成金融决策方法的“价值观、态度、标准、规范、知识和行为”①。理解经济世界和个人在经济世界中的地位始于幼儿时期并贯穿其一生。② 有些人是比其他人更好的财务决策者，因为他们能够延迟满足以有利于他们的整体金融福祉。例如，人们童年时期习得的自我控制会影响到之后生活的金融福祉。③

人们从环境中吸收他们有机会观察和体验的东西，从父母示范的金融行为开始，包括使用产品和服务。④ 父母是年轻人获得金融知识的“重要渠道”⑤，

① J. Schuchardt, S. D. Hanna and T. K. Hira, et al., “Financial Literacy and Education Research Priorities,” *Journal of Financial Counseling and Planning* 20, no. 1(2009): 84 - 95; S. Ward, “Consumer Socialization,” *Journal of Consumer Research*, 1 September, 1974, pp. 1 - 14.

② A. Furnham, “The Saving and Spending Habits of Young People,” *Journal of Economic Psychology* 20, (1999): 677 - 697; D. John, “Consumer Socialization of Children: A Retrospective Look at Twenty-five Years of Research,” *Journal of Consumer Research* 26, no. 3(1999): 183 - 213.

③ T. E. Moffitt, L. Arseneault and D. Belsky, et al., “A Gradient of Childhood Self-control Predicts Health, Wealth, and Public Safety,” *Proceedings of the National Academy of Sciences* 108, no. 7(2011): 2693 - 2698.

④ T. K. Hira, “Financial Attitudes, Beliefs and Behaviors. Differences by Age,” *Journal of Consumer Studies and Home Economics* 21(1997): 271 - 290; L. Mandell, “Financial Literacy in High School,” in A. Lusardi(ed.), *Overcoming the Saving Slump: How to Increase the Effectiveness of Financial Education and Saving Programs* (Chicago: University of Chicago Press, 2008), pp. 257 - 279; H. R. Marshall and L. Magruder, “Relations between Parent Money Education Practices and Children's Knowledge and Use of Money,” *Child Development* 31, no. 2(1960): 253 - 284. 学者们注意到，金融知识与父母教育和金融投资水平之间存在高度相关性。

⑤ M. C. Clarke, M. B. Heaton and C. L. Israelsen, et al. “The Acquisition of Family Financial Roles and Responsibilities,” *Family and Consumer Sciences Research Journal* 33, no. 4(2005): 321 - 340; A. Lusardi and O. S. Mitchell, “Baby Boomer Retirement Security: The Role Of Planning, Financial Literacy, and Housing Wealth,” *Journal of Monetary Economics* 54(2007): 205 - 224.

尤其是父母的教养方式可能会产生重要的金融社会化效应①。如果家人投资股票,人们就有可能投资股票,即使是在少数族裔里也是如此②。同样,那些得到父母鼓励和实际支持的低收入儿童更有可能存钱③。在青少年时期就有储蓄账户的人更有可能在成年后拥有账户④。另一项研究表明,父母的经济行为和取向与其子女在童年和成年时期的经济行为之间存在着微小但重要的关系⑤。

社会学习机会的变化正如接触和获得金融机会的变化,都取决于一个人在社会中的地位和学习与实践的机会,而这些对人们如何思考财务问题和在财务上的行为有着重要的影响⑥。一些研究表明,许多家长没有与他们的孩子分享重要的金融教学⑦。一些孩子是在餐桌旁学习金融市场的,而另

① A. Otto, "Saving in Childhood and Adolescence: Insights from Developmental Psychology," *Economics of Education Review* 33, no. c(2013): 8 - 18.

② N. S. Chitegi and F. P. Stafford, "Portfolio Choices of Parents and Their Children as Young Adults: Asset Accumulation by African American Families," *American Economic Review* 89, no. 2(1999): 377 - 380.

③ E. Kempson, A. Atkinson and S. Collard, *Saving for Children: A Baseline Survey at the Inception of the Child Trust Fund* (*HM Revenue & Customs Research Report 18*) (London: HMRC, 2006).

④ T. Friedline, W. Elliott and I. Nam, "Predicting Savings in Young Adulthood: The Role of Adolescent Savings," *Journal of the Society for Social Work and Research* 2, no. 1(2011): 1 - 22.

⑤ P. Webley and E. K. Nyhus, "Parents' Influence on Children's Future Orientation and Saving," *Journal of Economic Psychology* 27(2006): 140 - 164.

⑥ M. S. Gutter, S. Garrison and Z. Copur, "Social Learning Opportunities and the Financial Behaviors of College Students," *Family and Consumer Sciences Research Journal* 38, no. 4(2010): 387 - 404.

⑦ S. W. Bowman, "Multigenerational Interactions in Black Middle-class Wealth and Asset Decision Making," *Journal of Family and Economic Issues* 32(2011): 15 - 26; V. A. Zelizer, *The Social Meaning of Money: Pin Money, Paychecks, Poor Relief, and Other Currencies* (New York: Basic Books, 1994).

一些孩子则没有这样的机会。例如，富裕家庭可能拥有主流金融服务方面的信息和经验，并能更好地指导其子女①。低收入父母与孩子分享的财务教训往往无法令人愉快，但他们却在试图保护孩子免于财务上的压力②。

家庭也仅是众多社会化机构中的第一个，还有朋辈群体和媒体③。人的一生都要不断地吸取财务教训、态度和价值观。个体的发展阶段，以及他们所处的社会、文化、政治和经济环境，塑造了贯穿整个生命过程的社会化④。金融社会化的研究对成年人的关注相对较少，而针对不同历史时期群体差异——比如在大萧条时期（1929—1933 年）长大的人与在较富裕的 20 世纪 60 年代长大的人之间的金融社会化差异——的研究就更少。

（二）金融教育

人们从金融社会化中学到的东西具有一定的局限性，加上人们的生活和金融产品及服务方面日益增加的金融复杂性，促使许多人呼吁加强金融

---

① B. G. Stacey, "Economic Socialization," in S. Long (ed.), *Annual Review of Political Science* 2(1987): 1 - 23.

② M. S. Sherraden, A. M. McBride and S. G. Beverly, *Striving to Save: Creating Policies for Financial Security of Low-income Families* (Ann Arbor: University of Michigan Press, 2010).

③ I. Beutler and L. Dickson, "Consumer Economic Socialization," in J. J. Xiao (ed.), *Handbook of Consumer Finance Research* (New York: Springer, 2008), pp. 83 - 102; A. Furnham and M. Argyle, *The Psychology of Money* (London: Routledge, 1998); D. John, "Consumer Socialization of Children: A Retrospective Look at Twenty-five Years of Research," *Journal of Consumer Research* 26, no. 3(1999): 183 - 213; J. U. McNeal, *Children as Consumers: Insights and Implications* (Lexington, MA: Lexington Books, 1987); G. P. Moschis, "The Role of Family Communication in Consumer Socialization of Children and Adolescents," *Journal of Consumer Research* 11(1985): 898 - 913.

④ G. H. Jr Elder and J. Z. Giele (eds.), *The Craft of Life Course Research* (New York & London: Guilford, 2009).

教育[①]。政策制定者、从业者和金融机构纷纷做出回应，推出了大量的金融教育项目。2009 年，(全美)36 个州要求制定个人财务内容标准，13 个州要求个人财务设置所需课程或部分课程内容。一些金融教育计划旨在触及广泛和多样化的受众，如学生或一般公众，而另一些则针对特殊群体。其中一些项目的关注点非常广泛，涵盖了诸如基本计算能力、支出、计划、预算、收入、信贷、债务、账单支付、储蓄、金融风险管理、投资或税收等主题[②]。其他金融教育项目则专注于特定金融时刻的专业知识和技能，如买车、买房或申请助学贷款。不同项目的教学方法也有很大的不同，涉及从公共服务公告、课程方法到密集的体验式教育等方法。

尽管存在好坏参半的研究证据，但金融教育的影响总体而言是积极的。例如，有一项研究发现，金融教育对家庭财务决策和参与没有显著影响[③]，而另一项研究则发现，那些成长于要求高中开设个人财务课程的州的成年人，比那些成长于缺失这一要求的州的成年人，拥有更高的储蓄率[④]。一项针对

---

① S. L. W. Rhine, W. Reeves and B. Castro, et al., "School-based Bank Savings Programs: Bring Financial Education to Students," *Community Development Insights* (Washington, DC: US Department of the Treasury, Comptroller of the Currency, 2009).

② J. Hogarth, "Financial Education and Economic Development," Paper Presented at the G8 International Conference on Improving Financial Literacy, Moscow, November, 2006.

③ S. Cole and G. K. Shastry, *Smart Money: The Effect of Education, Cognitive Ability, and Financial Literacy on Financial Market Participation* (Harvard Business School Working Paper 09 - 071) (Cambridge, MA: Harvard Business School, 2009).

④ B. D. Bernheim, D. M. Garrett and D. M. Maki, "Education and Saving: The Long-term Effects of High School Financial Curriculum Mandates," *Journal of Public Economics* 80, no. 3(2011): 435 - 465.

全国高中个人理财课程进行的前后测评估也表明，学生在课程结束后的三个月的时间里保留了财务知识，并增加了对财务管理的信心①。一项针对居住于补贴性住房的低收入家庭的研究表明，与对照组相比，接受强制性金融教育的低收入家庭在自我报告的金融知识、金融行为、储蓄和信用评分等方面都有所改善②。一项大型准实验研究发现，金融教育对刚接受金融教育一段时间的高中生具有积极影响，不过他们过后是否还留存相关的知识尚未可知③。相比之下，曼德尔跟踪个人金融素养跃动联盟一项针对高中生超过十年的调查显示，学校的金融教育和金融素养得分之间没有明显的关系④。然而，另有人指出，联盟测试并不控制所教授的内容、教学的质量或数量，或基线知识⑤。

缺乏一致的结果部分是与广泛的目标、受众、活动以及金融教育研究的时机和研究设计有关⑥。有人认为，只有当人们关注金融问题、市场和产品

① S. Danes, *Evaluation of the NEFE High School Financial Planning Program, 2003 - 2004* (Minneapolis, MN: University of Minnesota, 2004).

② I. M. Collins, "Effects of Mandatory Financial Education on Low-income Clients," *Focus* 27, no. 1(2010): 13 - 17.

③ W. B. Walstad, K. M. Rebeck and R. A. MacDonald, "The Effects of Financial Education on the Financial Knowledge of High School Students," *Journal of Consumer Affairs* 44, no. 2(2010): 336 - 356.

④ L. Mandell, *Financial Literacy: Are We Improving? Results of the 2004 National JumpStart Survey* (Washington, DC: Jumpstart Coalition, 2005).

⑤ W. B. Walstad, K. M. Rebeck and R. A. MacDonald, "The Effects of Financial Education on the Financial Knowledge of High School Students," *Journal of Consumer Affairs* 44, no. 2(2010): 336 - 356.

⑥ S. Braunstein and C. Welch, "Financial Literacy: An Overview of Practice, Research, and Policy," *Federal Reserve Bulletin* 88(2002): 445 - 457; I. Hathaway and S. Khatiwada, "Do Financial Education Programs Work?"(Federal Reserve Bank of Cleveland Working Paper No. 08 - 03), 2007; J. Hogarth, "Financial Education and Economic Development," Paper Presented at the G8 International Conference on Improving Financial Literacy, Moscow, November, 2006.

等具体知识时，金融教育才能有助于他们做出更好的决策①。例如，一项关于“获取检查”的研究发现，在个人因银行账户滥用或管理不善被举报后，参与者接受了有关账户管理的金融教育，于是开始记录交易并与金融机构进行更多的沟通②。元分析可能有助于整合众多研究发现，不过仍然存在需要进一步探究的问题，包括开展金融教育的最佳年龄、必要的内容、最佳的教学方法，以及这些因素在不同目标群体之间的差异等。因此，我们还需要更多地研究金融教育对低收入家庭和少数族裔家庭以及其他经济脆弱家庭的影响③。最后，采用实验和准实验方法进行的影响研究将有助于确定金融教育对金融的功能化和福祉的贡献④。

（三）财务咨询和指导

有时，人们需要财务建议。他们可能需要指导，以评估不同金融产品和

---

① M. Altman, "Behavioral Economics Perspectives: Implications for Policy and Financial Literacy," Research Paper Prepared for the Task Force on Financial Literacy, Canada, 2011, p. 38.

② R. Haynes-Bordas, D. E. Kiss and T. Yilmazer, "Effectiveness of Financial Education on Financial Management Behavior and Account Usage: Evidence from a 'Second Chance' program," *Journal of Family and Economic Issues* 29, no. 3(2008): 362 - 390.

③ L. Hathaway and S. Khatiwada, "Do Financial Education Programs Work?" (Federal Reserve Bank of Cleveland Working Paper No. 08 - 03), 2007; A. C. Lyons, Y. Chang and E. Scherpf, "Translating Financial Education into Behavior Change for Low-income Populations," *Financial Counseling and Planning* 17, no. 2(2006): 27 - 45; J. Schuchardt, S. D. Hanna and T. K. Hira, et al., "Financial Literacy and Education Research Priorities," *Journal of Financial Counseling and Planning* 20, no. 1(2009): 84 - 95.

④ A. C. Lyons, L. Palmer and K. S. U. Jayaratne, et al., "Are We Making the Grade? A National Overview of Financial Education and Program Evaluation," *Journal of Consumer Affairs* 40, no. 2 (2006): 208 - 235; M. O. Martin, *A Literature Review on the Effectiveness of Financial Education* (Working Paper 07 - 3)(Richmond, VA: Federal Reserve of Richmond, 2007).

服务的优缺点；他们可能需要帮助处理因为失业、离婚、身心健康问题、房屋止赎、问题债务、严重贫困和残疾而引起或加剧的经济问题。干预措施因实质性重点、方法和强度以及提供方类型不同而有差异。财务咨询和指导的实质性重点可能包括一系列问题，如获得公共福利、信贷、债务修改、预防服务、破产、保险或储蓄计划、教育、购房、税收、投资或退休。

与金融教育一样，建议和指导也因目标、方法、长度和强度的不同而不同。目标可能集中在近期或长期的财务决策、计划或问题解决上。干预可以是当面的，也可以通过电话或网络，以个人或团体为基础。指导有多种形式，包括计划和建议、咨询、辅导和监督。然而在实践中，定义仍然不清楚且经常重叠，或许更多体现的是专业界限而不是现实方法上的差异。① 由专业金融规划师执行的金融计划与咨询建议主要是收费的，面向的是非穷人。越来越多的学院和大学、人类服务组织和在线服务提供免费或者低收费的规划和咨询服务。越来越多的金融咨询（和金融治疗）本质上是以问题和危机为中心的，保持对金融关注的同时仍具有治疗属性②。理财指导不同于理财咨询，因为它帮助服务对象通过以行为改变为目标、以服务对象为导向的过程来辨别和实现金融目标③。金融训练师可能是经过培训和认证的，也可

① 财务指导也可能包括财务案例管理和财务辅导，但这些术语的定义不清。

② J. M. Collins and K. Murrell, *Using a Financial Coaching Approach to Help Low-income Families Achieve Economic Success: Challenges and Opportunities for the Field* (Madison, WI: University of Wisconsin Cooperative Extension, 2010).

③ J. M. Collins and K. Murrell, *Using a Financial Coaching Approach to Help Low-income Families Achieve Economic Success: Challenges and Opportunities for the Field* (Madison, WI: University of Wisconsin Cooperative Extension, 2010); B. Mangan, *Advancing Financial Coaching for Low-income Populations: Midstream Lessons from EARN* (EARN White Paper) (San Francisco: EARN, 2010).

能是志愿者。[①] 金融监督为儿童和成人的积极财务行为提供了持续的榜样。监督人员更可能是同事或志愿者,而不是专业人士。

今天,尽管人们有巨大的受助需求,但陷入财务困境的人们却面临着一个由公共、私人和非营利的金融咨询机构组成的复杂且参差不齐的工作局面。人们担心他们收到的建议可能需要花钱,或者税务局可能会了解他们的财务状况。如果一个人有电脑,就可以很容易地获取在线建议,但又通常很难应用于实际或难以确定这些建议是否适当和合法。顾问、规划师、咨询师、训练师和监督人员代表着多种学科,包括朋辈咨询师、消费者和家庭经济师、住房咨询师、信贷咨询师、财务规划师、律师和社会工作者。对于经济困难人士来说,他们很难知道从哪里获得高质量的建议和指导。对此,一些组织已经或正在制定专业的认证标准,使消费者更容易找到合格的指导资源,尽管这些资源往往不受管制。[②]

对财务顾问和咨询师的有效性进行的研究显示出了积极的结果,但由于项目和方法的多样性以及缺乏高质量的数据,相对而言很少有研究和结果具有挑战性[③]。使用适当的研究设计进行影响研究可以产生可测试的命

① J. M. Collins and K. Murrell, *Using a Financial Coaching Approach to Help Low-income Families Achieve Economic Success: Challenges and Opportunities for the Field* (Madison, WI: University of Wisconsin Cooperative Extension, 2010). 例如,纽约市社区服务协会组织了一个志愿者金融辅导团。

② 英国在设计普遍可接受的金融咨询系统方面取得了长足进展,决策者正在审查个人顾问的国家认证系统,以确保优质服务。

③ J. P. Caskey, *Can Personal Financial Management Education Promote Asset Accumulation by the Poor?* (Policy Brief) (Terre Haute: Indiana State University, Networks Financial Institute, 2006).

题、更好的措施、有效和可靠的结果①。

金融素养中心②的主任安娜玛丽亚·卢萨迪（Annamaria Lusardi）在她的博客文章《金融素养与无知》中指出，金融素养“集中在特定人群，即低收入人群、受教育程度较低人群、少数族裔人群和女性群体……通常是个人选择、父母教育、个人接受金融教育的结果”③。尽管金融社会化、金融教育、理财建议与指导无疑是重要的，但单靠这些措施能否使人们具备理财能力则是值得怀疑的。人们还需要获得高质量的金融产品和服务。下一节将讨论低收入和经济脆弱群体在多大程度上有机会获得这些资源，以具备金融能力；此外，下一节还强调了优质产品和服务的特点，并提供了有希望的金融服务创新的例子。

第三节　第二个基础：普惠金融

即使是受教育程度较高的人也很难跟上现代金融生活日益复杂的发展速度。就像劳伦·威利斯（Lauren Willis）所观察到的，大多数美国人的文化水平与评估当前销售的大量信贷、保险和投资产品以及发明新产品所需素养之间的巨大差距实际上是无法弥合的。④ 威利斯和其他人认为，注重金融

① J. M. Collins and C. O'Rourke, "Financial Education and Counseling: Still Holding Promise," *Journal of Consumer Affairs* 44, no. 3(2009): 483 - 498.

② 金融素养中心是兰德公司、达特茅斯学院和宾夕法尼亚大学沃顿商学院的联合项目。

③ A. Lusardi, "The Importance of Being Financially Literate," *Financial Literacy and Ignorance*, October 28, 2007.

④ L. Willis, "Against Financial Literacy Education," *Iowa Law Review* 94(2008): 3 - 55.

教育的做法将责任推到受害者身上，为社会提供了一个方便的借口，可以避免帮助那些财务结果不佳的消费者[①]。

对于低收入个人和家庭而言，普惠金融至少意味着能够获得安全的存款场所、一个应急储蓄平台、一种产生储蓄和投资的手段，以及价格合理的小额信贷和简单保险产品。[②]

一、(金融)服务不足的家庭

不幸的是，这一系列的基本和有益的金融产品和服务对许多家庭来说是遥不可及的[③]。根据消费者金融调查，每 12 个家庭中就有 1 个没接触过

---

① K. Gross, "Financial Education: Panacea, Palliative, or Something Worse," *St. Louis University Public Law Review* 24 (2005): 307 - 312; T. Williams, "Empowerment of Whom and for What? Financial Literacy Education and the New Regulation of Consumer Financial Services," *Law and Policy* 29, no. 2(2007): 226 - 256.

② J. P. Caskey, *Fringe Banking: Check-cashing Outlets, Pawnshops, and the Poor* (New York: Russell Sage Foundation, 1994); J. P. Caskey, "Reaching Out to the Unbanked," in M. Sherraden (ed.), *Inclusion in Asset Building: Assets, Poverty, and Public Policy* (New York: Oxford University Press, 2005), pp. 149 - 166; E. Kempson, E. Whyley and J. Caskey, et al., *In Or Out? Financial Exclusion: A Literature and Research Review* (London: UK Financial Services Authority, 2000); M. Sherraden, *Assets and the Poor: A New American Welfare Policy* (Armonk, NY: M. E. Sharpe, 1991).

③ M. Barr, "Banking the Poor," *Yale Journal on Regulation*21(2004): 121; B. K. Bucks, A. B. Kennickell and T. L. Mach, et al., "Changes in U. S. Family Finances from 2004 to 2007: Evidence from the Survey of Consumer Finances," *Federal Reserve Bulletin*, A1 - A56, February, 2009; J. H. Carr and J. Schuetz, *Financial Services Indistressed Communities: Framing the Issues, Finding Solutions* (Washington, DC: Fannie Mae Foundation, 2011), Retrieved October 26, 2011; J. M. Hogarth, C. E. Anguelov and J. Lee, "Who Has a Bank Account? Exploring Changes over Time, 1989 - 2001," *Journal of Family and Economic* 26, no. 1(2005): 7 - 30.

银行服务，也就是说，他们“在保险存款机构缺乏任何类型的存款账户”①。据估计，近四分之一的低收入家庭没有银行账户。② 少数族裔群体、未婚户主、年轻人③，以及那些接受正式教育较少、收入较低及金融资产较少的人群，在没有银行账户的群体中占比较高④。人们不去银行的原因有很多，比如信用史较差、以往账户存在管理问题、文化和语言障碍、地理位置不佳以及缺乏知识和熟悉度。此外，分支银行在经济危机波动下被迫关闭，会对贫穷社区造成更深刻的影响⑤。工作状况和支付方式也影响人们是否拥有一个金融账户。另一项有代表性的研究显示⑥，在那些没有银行账户的人中，72%的人说他们没有足够的钱来担保一个账户，35%的人不想分享个人信息，35%的人不喜欢和银行打交道，23%的人说时间或地点不方便，22%的人说银行不会为他们开户。其他研究也发现，管理和担心透支、拒付

---

① S. Burhouse and Y. Osaki, “2011 FDIC National Survey of Unbanked and Underbanked Households,” *Federal Deposit Insurance Corporation* (*FDIC*), September, 2012, p. 4.

② 根据联邦存款保险公司(FDIC)的说法，没有银行存款的人包括所有对此问题回答“不”的人：你或你的家人目前是否有支票或储蓄账户？ B. K. Bucks, A. B. Kennickell and T. L. Mach, et al., “Changes in U. S. family finances from 2004 to 2007: Evidence from the Survey of Consumer Finances,” *Federal Reserve Bulletin*, A1 - A56, February, 2009.

③ 尽管退休前(45～64 岁)群体，尤其是少数族裔和低收入群体，无银行存款率很高，但是这也表明了退休储蓄面临着挑战。

④ J. P. Caskey, “Reaching Out to the Unbanked,” in M. Sherraden (ed.), *Inclusion in Asset Building: Assets, Poverty, and Public Policy* (New York: Oxford University Press, 2005), pp. 149 - 166; Federal Deposit Insurance Corporation (FDIC), “Alternative Financial Services: A Primer,” *FDIC Quarterly* 3, no. 1 (2009): 39 - 47.

⑤ N. D. Schwartz, *Next Teller, Please (2. 4 miles away)*, New York Times, Bl, 4. February 23, 2011.

⑥ FINRA, “Financial Capability in the United States, Report on the National Survey Component of the National Financial Capability Study,” 2009.

支票、手续费，以及通常更新银行账户信息等，都会让人们感到沉重①。

当人们无法获得适当的银行商品和服务时，他们会转向其他金融商品和服务，随着时间的推移，一些商品和服务往往会增加成本。② 例如，一项具有代表性的研究发现，71%的没有银行账户的人有时用邮政汇票支付账单，47%的人在支票兑现店兑现支票。替代的或"边缘"的金融服务涵盖了联邦保险银行和储蓄机构之外运营的金融服务③，包括支票兑现店、当铺、发薪日贷款、先租后买、退税贷款人、汽车产权贷款、金字塔计划以及高利贷④。替代方案还包括非正式的储蓄工具，如轮流储蓄与信用协会（ROSCAs）、储蓄俱乐部。虽然其中有些金融机构可能会提供方便的和适当的替代方案，如低成本的支票兑现和预付卡，但许多金融机构是掠夺性的，从事不公平交易或有欺诈行为⑤。

---

① M. S. Barr, J. K. Dokko and E. M. Feit, *Preferences for Banking and Payment Services among Low- and Moderate-income Households* (*Finance and Economics Discussion Series 2011 - 13*) (Washington, DC: Federal Reserve Board, Divisions of Research &Statistics and Monetary Affairs, 2011).

② D. Caplovitz, *The Poor Pay More: The Consumer Practices of Low-income Families* (New York: The Free Press, 1967). 人们也会求助于信贷。在纽约市，居民没有银行存款的可能性低于全国平均水平，但在十个最贫穷的社区中，有九个社区的居民更可能拥有信用卡而不是银行账户。

③ M. Barr, "Banking the Poor," *Yale Journal on Regulation* 21 (2004): 121; C. Berry, "To Bank or not to Bank? A Survey of Low-income Households," in N. P. Retsinas and E. S. Belsky (eds.), *Building Assets, Building Credit: Creating Wealth in Low-income Communities* (Cambridge, MA: Joint Center for Housing Studies, and Washington, DC: Brooking Institution Press, 2005), pp. 47 - 70; Federal Deposit Insurance Corporation (FDIC), "Alternative Financial Services: A Primer," *FDIC Quarterly* 3, no. 1(2009): 39 - 47; H. Karger, *Shortchanged: Life and Debt in the Fringe Economy* (San Francisco, CA: Berrett-Koehler, 2005).

④ Federal Deposit Insurance Corporation (FDIC), "Alternative Financial Services: A Primer," *FDIC Quarterly* 3, no. 1(2009): 39 - 47.

⑤ G. D. Squires and C. E. Kubrin, *Privileged Places: Race, Residence, and the Structure of Opportunity* (Boulder, CO: Lynne Rienner, 2006).

主流服务与替代服务之间的界限越来越模糊，这两个行业都提供支票兑现、移动银行和在线个人间贷款①。没有银行账户的移民可能会避开银行账户，将汇款作为一种现金管理工具②。此外，正如最近的次贷危机所揭示的那样，压榨弱势和缺乏经验的消费者的产品和服务，既存在于替代性金融服务领域内，也存在于主流金融服务领域内。而且，许多人同时使用主流的和替代的金融服务。在主流金融服务部门之下，这些所谓“未充分使用银行服务”者的金融服务需求无法得到满足③。

虽然替代性金融服务与产品通常提供更多的途径，但它们缺乏对消费者的保护，并且成本高昂、耗时长，而且有可能会导致债务问题④。与支票兑现、退税逾期贷款和发薪日贷款相关的成本体现了使用这些服务的高成本。据估计，一个年收入1.8万美元的家庭可以在支票兑现处购买500美元的基本支付产品⑤。除了这些高成本外，拥有次级抵押贷款的房主要比拥有优质抵押贷款的房主，实际上支付更多的钱⑥。第一国家发展研究所的报告指

① Federal Deposit Insurance Corporation (FDIC), “Alternative Financial Services: A Primer,” *FDIC Quarterly* 3, no. 1(2009): 39-47.

②③ Pew Health Group, *Unbanked by Choice: A Look at How Low-income Los Angeles Households Manage the Money They Earn* (Washington, DC: Pew Health Group, 2010).

④ C. Choi, “Living with a Bank: Fees and Confusing Galore,” *The Huffington Post*, October 4, 2010; M. Fellowes and M. Mabanta, *Banking on Wealth: America's New Retail Banking Infrastructure and its Wealth-building Ootential* (Washington, DC: Brookings Institution, Metropolitan Policy Program, 2008).

⑤ J. P. Caskey, “Reaching Out to the Unbanked,” in M. Sherraden (ed.), *Inclusion in Asset Building: Assets, Poverty, and Public Policy* (New York: Oxford University Press, 2005), pp. 149-166; M. Fellowes, *From Poverty, Opportunity: Putting the Market to Work for Lower Income Families* (Washington, DC: The Brookings Institution Metropolitan Policy Program, 2006).

⑥ Annie E. Casey Foundation (AECF), “Building Family and Economic Success: The High Cost of Being Poor,” 2005.

出，在美国最贫困的社区中，为人们提供快速退税机会的预期退税贷款(RALS)，收取的年化利息为50%到500%①。总的来说，领取劳动所得税抵免(EITC)的贫困工薪家庭在2006年的RALS费用支出估计为6亿美元②。另一种替代产品——发薪日贷款帮助人们收支相抵，但可能会导致问题债务和一系列其他负面结果。

最终，无论是主流金融产品还是替代金融产品都无法满足低收入家庭的需求。正如美国财政部前金融机构助理部长迈克尔·巴尔(Michael Barr)所写：

> 低收入和中等收入家庭的需求与提供给他们的产品和服务之间的金融服务不匹配，在很大程度上迫使这些家庭在银行和(替代性金融服务)机构提供的高收费、结构性产品间做出选择。③

结果，许多家庭转而依赖现金交易和在家中存放现金，这是一种风险很大的现金管理方式④。在最近一项关于低收入家庭储蓄的研究中，一名受访

① First Nations Development Institute and Center for Responsible Lending, *Borrowed time: Use of Refund Anticipation Loans among EITC Filers in Native American Communities* (Longmont, CO: First Nations Development Institute, 2008).

② C. C. Wu and J. A. Fox, *Coming Down: Fewer Refund Anticipating Loans, Lower Prices from Some Providers, but Quickie Tax Refund Loans Still Burden the Working Poor* (Washington, DC: National Consumer Law Center and Consumer Federation of America, 2008).

③ M. Barr, "Financial Services, Saving, and Borrowing among Low- and Moderate-income Households: Evidence from the Detroit Area Housing Financial Services Survey," in R. M. Blank and M. S. Barr (eds.), *Insufficient Funds: Savings, Assets, Credit, and Banking Among Low-income Households* (New York: Russell Sage Foundation, 2009), p. 67.

④ Federal Deposit Insurance Corporation (FDIC), "Alternative Financial Services: A Primer," *FDIC Quarterly* 3, no. 1(2009): 39 - 47; Pew Health Group, *Unbanked by Choice: A Look at How Low-income Los Angeles Households Manage the Money They Earn* (Washington, DC: Pew Health Group, 2010).

者将应急资金“这里存一点，那里存一点”。不幸的是，她报告说，这些钱往往很快就会消失。“总会有事情发生，最后我就把它花掉了。然后又重新开始，然后总是有一些事情发生，我最终又花了它。”①令人遗憾的是，手上持有大量现金是不安全的，不仅因为有消费的威胁，还因为它不能产生利息，以及有被盗的风险②。

二、普惠金融产品和服务的主要特征

行为经济学、经济心理学、人类学、社会学和社会工作等领域正在出现的新证据表明，金融产品和服务的特性可能会扩展到经济脆弱的家庭。适当的金融产品和服务是可获得的、可负担的、在财务上有吸引力的、易于使用的、灵活的、安全和可靠的，使人们能够充分参与社会和经济生活。③ 这些特点将在下面展开讨论，并在下一节阐述以建立金融能力为

---

① M. S. Sherraden, A. M. McBride and S. G. Beverly, *Striving to Save: Creating Policies for Financial Security of Low-income Families* (Ann Arbor: University of Michigan Press, 2010), p. 143.

② S. G. Beverly, A. Moore McBride and M. Schreiner, "A Framework of Asset-accumulation Stages and Strategies," *Journal of Family and Economic Issues* 24, no. 2(2003): 143 - 16; S. Mullainathan and E. Shafir, "Savings Policy and Decision Making in Low-income Households," in R. M. Blank and M. S. Barr (eds.), *Insufficient Funds: Savings, Assets Credit, and Banking among Low-income Households* (New York: Russell Sage Foundation, 2009), pp. 121 - 146.

③ D. Collins, J. Morduch and S. Rutherford, et al., *Portfolios of the Poor: How the World's Poor Live on $2 A Day* (Princeton, NJ, and Oxford: Princeton University Press, 2009); M. Sherraden, M. Schreiner and S. Beverly, "Income, Institutions and Saving Performance in Individual Development Accounts," *Economic Development Quarterly* 17, no. 1(2003): 95 - 112; R. H. Thaler and C. R. Sunstein, *Nudge: Improving Decisions about Health, Wealth, and Happiness* (New Haven, CT, and London: Yale University Press, 2008). 金融包容和金融排斥有许多定义。这一点借鉴了普惠金融中心(Center for Financial Inclusion, 2010)的观点，该中心也呼吁提供全套优质金融服务，并将“为客户提供尊严”作为主要特征。

目标的创新。[①]

（一）适当的

当金融服务能够满足弱势群体的各种需求时，它们才是合适的。确定最合适的金融服务需要在金融服务的形式和类型中考虑到年龄、性别、教育、文化背景和金融状况等方面。举例来说，考虑到老年人在身体、认知和社会网络等方面的限制的金融服务是适当的。同样，移民和难民可能更喜欢跨国的金融机会，能够允许他们及他们的亲属在原籍国访问账户和方便跨国汇款。

（二）可获得的

可获得的指的是接近、进入、使用和与金融机构沟通的能力和权利[②]。各种大大小小的因素对低收入家庭构成了准入障碍。障碍并不局限于位置，[③]还包括心理不适、语言障碍和时间不便[④]。一些特殊群体，如不懂英语或对美国银行业不熟悉的移民，可能会觉得自己与主流金融机构格

① 还有其他一些重要的领域，包括人们转移资金、管理风险和信贷以及投资的其他方式。然而，我们将讨论范围局限于支票账户和储蓄账户，因为它们是财务管理的基础。

② S. G. Beverly, M. Sherraden and R. Cramer, et al., "Determinants of Asset Holding," in S. M. McKernan and M. Sherraden (eds.), *Asset Building and Low-income Families* (Washington, DC: Urban Institute Press, 2008), pp. 89 - 152.

③ M. Fellowes and M. Mabanta, *Banking on Wealth: America's New Retail Banking Infrastructure and its Wealth-building Potential* (Washington, DC: Brookings Institution, Metropolitan Policy Program, 2008).

④ C. Berry, "To Bank Or Not to Bank? A Survey of Low-income Households," in N. P. Retsinas and E. S. Belsky (eds.), *Building Assets, Building Credit: Creating Wealth in Low-income Communities* (Cambridge, MA: Joint Center for Housing Studies, and Washington, DC: Brooking Institution Press, 2005), pp. 47 - 70; J. P. Caskey, *Fringe Banking: Check-cashing Outlets, Pawnshops, and the Poor* (New York: Russell Sage Foundation, 1994); J. P. Caskey, "Reaching Out to the Unbanked," in M. Sherraden (ed.), *Inclusion in Asset building: Assets, Poverty, and Public Policy* (New York: Oxford University Press, 2005), pp. 149 - 166; Federal Deposit Insurance Corporation (FDIC), "Alternative Financial Services: A Primer," *FDIC Quarterly* 3, no. 1(2009): 39 - 47.

格不入[①]。低收入家庭通常没有资格申请支票账户[②]，因为他们的信用记录很差，而且之前在管理账户方面也存在问题。有些银行产品如直接存款，不能容纳不规则的收入（现金）流。

一些小银行认识到可获得性的重要性，因此改变了排斥低收入客户的方式。例如，加利福尼亚联合银行开设了“现金与储蓄”网点，试图把客户从支票兑现网点吸引过来，因为他们发现客户“不想要大理石装潢的大厅、舒适的椅子、免费咖啡和正常的营业时间”。“对他们来说，胶木制作的工作台面是完美的，只要他们随时随地可以拿到钱。”[③]

（三）可负担的

金融产品和服务必须是负担得起的。然而，那些未接受充分服务的人们宣称，考虑到他们的金融交易规模较小，所以很多金融产品的价格过于昂贵。[④] 在

① U. O. Osili and A. Paulson, *What Can We Learn about Financial Access from U. S. Immigrants?* (WP 2006 - 25) (Chicago: Federal Reserve Bank of Chicago, 2006).

② 一个账户资金不足会导致透支和拒付支票的费用，银行拒绝开立支票账户，并向 ChexSystem 报告。ChexSystem 类似于信用报告，会使用户流失，并可能阻止个人在其他银行开立账户长达 5 年之久。

③ L. Beaudin, "From Marble to Formica: How the Union Bank of California Attracts Lower-income People to Traditional Banking What Works," *Stanford Social Innovation Review*, 2006, p. 69; M. A. Stegman, "Banking the Unbanked: Untapped Market Opportunities for North Carolinas Financial Institutions," *Journal of the University of North Carolina School of Law and North Carolina Banking Institute*, 2001.

④ B. K. Bucks, A. B. Ken Nickell and T. L. Mach, et al., "Changes in U. S. Family Finances from 2004 to 2007: Evidence from the Survey of Consumer Finances," *Federal Reserve Bulletin*, A1 - A56, February, 2009; J. P. Caskey, "Reaching Out to the Unbanked," in M. Sherraden (ed.), *Inclusion in Esset Building: Assets, Poverty, and Public Policy* (New York: Oxford University Press, 2005), pp. 149 - 166; Federal Deposit Insurance Corporation (FDIC), "Alternative Financial Services: A Primer," *FDIC Quarterly* 3, no. 1(2009): 39 - 47.

《之前的银行》一书解读"为何现在人们不与银行打交道"时所援引的五大原因中，有34%的人说他们没有足够的钱来担保一个账户，26%的人不想要或看不到一个账户的价值，12%的人说服务费用太高①。一项对无银行账户家庭的调查发现，人们对银行账户的最大担忧是高额费用(29%)，其次是令人困惑的某些收费和高要求的最低余额(14%)。例如，一位有三个孩子的年轻母亲报告说，她支付了240美元的银行手续费——12张被拒付的支票每张20美元——因为她丈夫的工资支票到银行晚了。"当时，我悲痛欲绝……我们支付了几百美元的支票费用，这简直要了我的命。而且当时我就想'别再这样了'。"于是，他们关闭了自己的支票账户，加入了没有银行账户的行列②。这些原因使银行也正在开发具有低门槛要求的简单"平价"账户(低收入人士相对容易获得资格和维持)。

(四) 在财务上有吸引力

与此同时，通过提供高回报、低费用、配额、奖金、奖品和其他福利，金融服务可以在财务上具有吸引力。这些功能适用于那些大额存款或账户余额较高的银行客户。但不幸的是，他们在很大程度上超出了穷人的承受能力。事实上，低收入者经常因为低于最低余额要求而付出高昂的代价③。

---

① Federal Deposit Insurance Corporation (FDIC), "Alternative Financial Services: A Primer," *FDIC Quarterly* 3, no. 1(2009): 39－47.

② M. S. Sherraden, A. M. McBride and S. G. Beverly, *Striving to Save: Creating Policies for Financial Security of Low-income Families* (Ann Arbor: University of Michigan Press, 2010), p. 98.

③ C. Berry, "To Bank Or Not to Bank? A Survey of Low-income Households," in N. P. Retsinas and E. S. Belsky (eds.), *Building Assets, Building Credit: Creating Wealth in Low-income Communities* (Cambridge, MA: Joint Center for Housing Studies, and Washington, DC: Brooking Institution Press, 2005), pp. 47－70; J. P. Caskey, *Fringe Banking: Check-cashing Outlets, Pawnshops, and the Poor* (New York: Russell Sage Foundation, 1994).

储蓄产品的创新为如何为低收入家庭提供经济利益给出了证据，如储蓄配额和金融杠杆①。大量研究表明，储蓄配额和奖金特别能吸引人们开户和鼓励他们储蓄，虽然对于某些人来说，回报率也可能是一个有效的激励②。

（五）易于使用（带有自动功能）

很大范围内的有效金融产品和服务都是令人困惑的，且这些产品往往也难以使用。尤其对于那些经验少、计算能力弱、缺乏金融知识的人来说，选择和使用金融产品与服务可能更令他们望而却步③。这说明对于包括非英语语言人群、文化水平较低人群和残障人士在内的所有人来说，金融产品应当是简单、透明的，信息应当是清晰且易于理解的。

但这些特性还不够。行为经济学是一个分析心理学如何影响经济决策的领域，它提供了关于原因的见解。由于避免做出困难或不愉快的财务决策是人类的天性，因而人们往往会拖延，并采取“阻力最小的

① K. Pender, "Funds Match for Kid's Educational Extras," *San Francisco Chronicle*, September 19, 2012.

② M. Sherraden, *Assets and the Poor: A New American Welfare Policy* (Armonk, NY: M. E. Sharpe, 1991); M. Schreiner and M. Sherraden, *Can the Poor Save? Saving and Asset Building in Individual Development Accounts* (New Brunswick, NJ: Transaction, 2007); M. S. Sherraden, A. M. McBride and S. G. Beverly, *Striving to Save: Creating Policies for Financial Security of Low-income Families* (Ann Arbor: University of Michigan Press, 2010).

③ C. Berry, "To Bank or Not to Bank? A Survey of Low-income Households," in N. P. Retsinas and E. S. Belsky (eds.), *Building Assets, Building Credit: Creating Wealth in Low-income Communities* (Cambridge, MA: Joint Center for Housing Studies, and Washington, DC: Brooking Institution Press, 2005), pp. 47 - 70; A. Lusardi and O. S. Mitchell, "Baby Boomer Retirement Security: The Role of Planning, Financial Literacy, and Housing Wealth," *Journal of Monetary Economics* 54(2007): 205 - 224.

路径”[①]。举例来说，当人们成为自动将钱转入退休账户的“选择退出”储蓄计划的一分子时，他们更有可能进行退休储蓄（这一点很重要，但并不令人愉快，因为现在花钱比为将来存钱更令人愉悦）。这里有几个原因。“选择退出”计划比“选择加入”计划产生更多的参与者，因为大多数人会选择默认方案（阻力最小的方案）。大多数人通过预先承诺将部分工资转入退休账户来为退休储蓄。这样，一个“储蓄者”就不必每个月都决定是否存钱，因为这会自动发生。此外，这样还能把现金从口袋里和支票账户里留出来，而这些地方的消费支出显然要容易得多。而且，人们倾向于以不同的方式思考或“构建”自己的退休账户，这进一步抑制了它的使用（例如，“它是为了我的退休——而不是为了消费”）[②]。换句话说，直接存入退休账户（或其他储蓄账户）降低了存钱所需的意志力，因为存钱是自动进行的，所以存钱更容易。

因此，金融产品和服务的设计可以沿着“阻力最小的路径”走下去，并“推动”人们做出更好的金融选择[③]。不幸的是，那些让金融产品变得更容易、更有效的功能，对于低收入者来说往往是不可得也不熟悉的。雇主通常

---

① J. J. Choi, D. Laibson and B. C. Madrian, et al., “Defined Contribution Pension: Plan Rules, Participant Decisions, and the Path of Least Resistance,” in J. M. Poterba (ed.), *Tax policy and the economy* (Cambridge, MA: MIT Press, 2002), pp. 67 - 113.

② A. Tversky and D. Kahneman, “Rational Choice and the Framing of Decisions,” in D. Kahneman and A. Tversky (eds.), *Choices, Values, and Frames* (New York: Cambridge University Press and Russell Sage Foundation, 1986), pp. 209 - 223, First published in *Journal of Business* 59, no. 4(1986): 5251 - 5278.

③ R. H. Thaler and C. R. Sunstein, *Nudge: Improving Decisions about Health, Wealth, and Happiness* (New Haven, CT, and London: Yale University Press, 2008), p. 83.

不会直接将钱存入支票账户，通常也不会为员工的退休账户提供资金。向低收入家庭提供易于使用的金融产品和服务，包括资产建设的机会，需要特别设计。

许多储蓄创新建立在行为经济学原理的基础上，通常是通过自动功能使储蓄更容易，提供社会支持，或者通过激励措施使储蓄在经济上更有吸引力①。其中最著名的是“储蓄更多明天”计划，它通过默认登记和激励来增加退休储蓄②。其他例子还有“零钱不用找了”，这是一个银行主导的项目，它把借记卡的取款金额凑成最邻近的整数金额，然后把取款与所需的差额零钱转到一个储蓄账户。银行为这些小额储蓄提供为期三个月的 1∶1 配款，而后其中就有 5%的人年度储蓄额达到(配款规定的)205 美金的上限。一年半之后，430 万消费者总共存了 4 亿美元(人均 93 美元)。③ “零钱不用找了”是一个能使消费者很容易加入且具有忠诚度的项目，它鼓励银行客户在使用借记卡的同时建立小额储蓄④。

一些研究表明，在储蓄账户奖品或奖券中引入刺激或激励的元素可能

① M. Sherraden, *Assets and the Poor: A New American Welfare Policy* (Armonk, NY: M. E. Sharpe, 1991); P. Tufano and D. Schneider, “Supporting Saving by Low-and Moderate-income Families,” *Focus* 27, no. 10(2010): 19 - 25.

② R. H. Thaler and S. Benartzi, “Save More Tomorrow™: Using Behavioral Economics to Increase Employee Saving,” *Journal of Political Economy* 112, no. 1 (2004): S164 - 187.

③ 该行在 19 个月内受益于 180 万个新储蓄账户和 130 万个新支票账户。

④ E. Mierzwa, “Bank of America Wants Customers to Keep Their Change,” *Cascade* 64 (2007); P. Tufano, “Consumer Finance,” *Annual Review of Financial Economics* 1(2009)227 - 247; P. Tufano and D. Schneider, “Supporting Saving by Low- and Moderate-income Families,” *Focus*27, no. 10(2010): 19 - 25.

会吸引人们的兴趣①。在以“激动”作为储蓄激励的《存钱赢彩票》一书中，信用合作社让每个在储蓄账户中存入25美元的人都参加抽奖，以赢得10万美元的奖金和每月的小额奖金②。2009年，超过11 000人共储蓄了860万美元，其中很大一部分是低收入人群，他们之前没有定期储蓄③。“存钱赢彩票”利用了彩票带来的兴奋，以及人们普遍认为中彩票是获得一大笔钱的最可能的方法这一心理。④ 然而，像“存钱赢彩票”这样的方法可能会鼓励人们认为彩票（甚至赌博）是一个不错的选择。

（六）灵活性

灵活性也是低收入家庭金融服务的一个必要特征⑤。收入流通常是不

---

① E. Kempson, A. Finney, *Saving in Lower-income Households: A Review of the Evidence* (Bristol: University of Bristol, Personal Finance Research Centre, 2009); P. Tufano and D. Schneider, "Supporting Saving by Low- and Moderate-income Families," *Focus* 27, no. 10(2010): 19 - 25.

② P. Tufano and D. Schneider, "Using Financial Innovation to Support Savers: From Coercion to Excitement," in R. M. Blank and M. S. Barr (eds.), *Insufficient Funds: Savings, Assets, Credit, and Banking among Low-income Households* (New York: Russell Sage Foundation, 2009), pp. 149 - 190.

③ A. Stuhldreher, "Credit Unions Launch A Savings Lottery, and Everyone Hits the Jackpot," *Washington Post*, January 7, 2010.

④ P. Tufano and D. Schneider, "Using Financial Innovation to Support Savers: From Coercion to Excitement," in R. M. Blank and M. S. Barr (eds.), *Insufficient Funds: Savings, Assets, Credit, and Banking among Low-income Households* (New York: Russell Sage Foundation, 2009): pp. 149 - 190; P. Tufano and D. Schneider, "Supporting Saving by Low- and Moderate-income Families," *Focus*27, no. 10(2010): 19 - 25. 2007年，美国彩票收入几乎达到240亿美元，而且在经济危机期间，彩票的销售额有所上升。

⑤ D. Collins, J. Morduch and S. Rutherford, et al., *Portfolios of the Poor: How the World's Poor Live on $2 A Day* (Princeton, NJ, and Oxford: Princeton University Press, 2009); E. Kempson and A. Finney, *Saving in Lower-income Households: A Review of the Evidence* (Bristol: University of Bristol, Personal Finance Research Centre, 2009).

规则的和不可预测的①。费用也同样不稳定，有些是可以预测的（如学校用品或婚礼），有些是不可预测的（如突发健康事件）。与此同时，容错的余地很小；大大小小的意外开支，如汽车修理费、失窃或学校郊游费都可能造成严重后果。由于缺乏应急储蓄，因而低收入家庭可能不得不匆忙借贷，有时会产生高额费用②。

虽然并非所有低收入家庭都需要和想要同样的金融产品，但一些灵活的功能可能会受到欢迎。这可能包括那些允许人们“在任何时间进行任何金额交易（无论金额有多小）”的账户③。在储蓄和保险方面，存款可能更具有适应性，允许小额和非整笔支付（可能在困难时期都会失效），并允许灵活地使用存款来应对意外事件④。同样，有证据表明，存在对允许取款的储蓄产品的需求，以及对不鼓励取款的事先承诺产品的需求⑤。贷款支付可能考虑到金融的不稳定性，允许借款人在资金更充裕时支付更多的金额，而在资金匮乏时支付更少的金额。

① M. S. Sherraden, A. M. McBride and S. G. Beverly, *Striving to Save: Creating Policies for Financial Security of Low-income Families* (Ann Arbor: University of Michigan Press, 2010).

② A. Lusardi and O. S. Mitchell, "Baby Boomer Retirement Security: The Role Of Planning, Financial Literacy, and Housing Wealth," *Journal of Monetary Economics* 54(2007): 205 - 224.

③ D. Collins, J. Morduch and S. Rutherford, et al., *Portfolios of the Poor: How the World's Poor Live on $2 A Day* (Princeton, NJ, and Oxford: Princeton University Press, 2009), pp. 181 - 182.

④ E. Kempson and A. Finney, *Saving in Lower-income Households: A Review of the Evidence* (Bristol: University of Bristol, Personal Finance Research Centre, 2009).

⑤ M. S. Sherraden, A. M. McBride and S. G. Beverly, *Striving to Save: Creating Policies for Financial Security of Low-income Families* (Ann Arbor: University of Michigan Press, 2010).

（七）安全和可靠

最后，金融产品和服务应该是安全和可靠的。作为压榨和歧视的遗留物之一，比如导致经济危机的次贷浪潮，进一步助长了低收入和少数族裔社区对金融机构的普遍怀疑。例如，一项针对底特律无银行账户家庭进行的研究表明，账户不安全是那些本来想要申请账户的客户的关键性障碍①；而一项全国调查发现，7％的先前有银行账户的家庭表示他们“不信任银行”②。

监管可以起到帮助作用。虽然联邦存款保险公司（FDIC）保护银行账户内高达25万美元的累积存款，但最近的金融危机清晰地表明，需要更多的消费者保护和监管措施来保护低收入消费者免受不安全的产品和服务的侵害③。但监管措施并没有跟上新的金融产品的脚步，如预付卡和移动银行，这些产品明显引发了可靠性和安全性方面的风险④。最近的立法可能开始

---

① M. Barr, "Financial Services, Saving, and Borrowing among Low- and Moderate-income Households: Evidence from the Detroit Area Housing Financial Services Survey," in R. M. Blank and M. S. Barr (eds.), *Insufficient Funds: Savings, Assets, Credit, and Banking among Low-income Households* (New York: Russell Sage Foundation, 2009), pp. 66 - 96.

② Federal Deposit Insurance Corporation (FDIC), "Alternative Financial Services: A Primer," *FDIC Quarterly* 3, no. 1(2009): 39 - 47.

③ M. Barr, "Banking the Poor," *Yale Journal on Regulation* 21(2004): 121; J. Y. Campbell, H. E. Jackson and B. C. Madrian, et al., "Consumer Financial Protection," *Journal of Economic Perspectives* 25, no. 1(2011): 91 - 114; P. Tufano, "Consumer Finance," *Annual Review of Financial Economics* 1(2009): 227 - 247; E. Warren and O. Bar-Gill, "Making Credit Safer," *University of Pennsylvania Law Review* 1(2008): 1 - 101.

④ M. Barr, "Financial Services, Saving, and Borrowing among Low- and Moderate-income Households: Evidence from the Detroit Area Housing Financial Services Survey," in R. M. Blank and M. S. Barr (eds.), *Insufficient Funds: Savings, Assets, Credit, and Banking among Low-income Households* (New York: Russell Sage Foundation, 2009), pp. 66 - 96.

保护消费者免于陷入 2008 年经济大衰退带来的过度支出①。《信用卡问责责任与信息披露法 2009》扩大了信用卡保护，《多德-弗兰克华尔街改革与消费者保护法 2010》加强了对金融企业的联邦银行业务和证券业务的监管。后者还创建了消费者金融保护局，这可能会增加透明度，减少监管的碎片化和低效。②

然而，只有监管是不够的。如果金融机构希望吸引贫困和少数族裔社区成为其未来的客户，它们就必须克服过去遗留下来的歧视问题。这需要产品和服务满足其他标准，如可负担性和可获得性。

三、普惠金融的创新

为了便于说明，本节将重点介绍两种利用这些原则来扩大美国普惠金融的创新。③ “银行在线”是由银行、信用合作社、非营利组织和地方政府联合发起的，旨在帮助旧金山那些没有银行账户和银行服务不足的人，为低收入客户提供低门槛产品。该计划的主要目标是减少每年用于支票兑

① R. Boshara, J. Gannon and I. Mandell, et al., "Consumer Trends in the Public, Private, And Nonprofit Sector," Paper Presented at the 2010 National Endowment for Financial Education Colloquium, Denver, CO, 2010.

② S. Tennyson, *Analyzing the Role for a Consumer Financial Protection Agency* (Policy Brief 13) (Terre Haute: Indiana State University, Networks Financial Institute, 2009). 法律的正式目的是实施并在适用的情况下始终如一地执行联邦消费者金融法，以确保所有消费者都能进入消费金融产品和服务的市场，确保消费金融产品和服务的市场公平、透明、竞争激烈。

③ 为了达到规模，一些创新会借鉴其他机构。例如，美国财政部在 2011 年试行一项具有支票账户特征的退款计划。在计划中的试点中，60 万人将分别获得一张借记卡的优惠，该卡可以免费支付账单、在特定机器上免费取款、消费时不收取额外费用。评估将衡量吸纳量，比较收费和信息传递的不同方法。其他例子包括自动储蓄选项与所得税抵免、学校银行，出生时自动储蓄存款。

现和发薪日贷款的约 4 000 万美元花费。五年内，估计有 71 000 个启动的银行账户开设和活跃起来。[①] "银行在线"模式正在大约 70 个城市和 6 个州进行试点或计划，结果喜忧参半。建立在"银行在线"项目和纽约市金融赋权模型基础上的金融赋权城市，旨在维持全国低收入家庭的金融稳定。

与传统银行业相比，发展最快的，或者也是最有前途的传统银行业的替代者，就是所谓无分支银行[②]。许多人认为，由于提供低余额账户的成本很高，因而低收入社区的银行服务业前景将大不相同[③]。特别是随着监管的加强，无分支银行提供了一个低成本的选择。

无分支银行业务使用卡或代码，通过自动取款机、直接存款站、移动电话、预付卡、借记卡、网上银行和电子支票兑换等方式提供金融服务。[④] 移动银行是银行业的一场革命，尤其是在发展中国家，因为它利用移动技术，通过使用手机进行预算、支付、存款和取款。[⑤] 正如美国国务院小额信贷的先驱麦瑞尔・奥特罗(Maria Otero)最近观察到的："花了我在职业生涯的大部

---

① L. Phillips and A. Stuhldreher, *Building Better Bank Ons: Top 10 Lessons from Bank on San Francisco* (Washington, DC: New America Foundation, 2011).

② C. Boyd, K. Jacob and J. Tescher, *Mobile Financial Services and the Under-banked: Opportunities an Challenges for Mbanking and Mpayments* (Chicago: The Center for Financial Services Innovation, 2007); C. M. Busette and M. Gencer, *Mobile Financial Services for the Underbanked in the U. S.: Preliminary Findings from EARN's Mobile Financial Services Research Initiatives* (*EARN Research Brief*) (San Francisco, CA: EARN, 2010).

③ M. Barr, "Banking the Poor," *Yale Journal on Regulation* 21(2004): 121.

④ 在国际上，政府和金融机构正在将无分支银行和政府与人(G2P)计划联系起来，这些计划使用电子银行转移社会补助金、支付工资，并将养老金支付给家庭。

⑤ L. Mas and C. Mayer, "Savings as Forward Payments: Innovations on Mobile Money Platforms," *Social Science Research Network Working Paper Series*, 2011.

分时间里追求普惠金融，而当答案终于触手可及时，我无法告诉你我是多么欣喜。（答案）不仅仅在我们的指尖……也掌握在世界各地贫穷、没有银行账户的个人手中。”

无分支银行业务能够链接财务收益和社会救助，并且能够运用电子化方式传递储蓄和其他金融的工具。① 而且，银行服务不足的人们报告称，他们会选择使用低成本、低风险的银行业务，诸如借记卡、预付借记卡和工资卡等，这些都允许他们从自动取款机上提取现金。②

支付卡是美国无分支银行业务中增长最快的部分，包括借记卡、预付借记卡和工资卡（不是礼品卡），它们允许用户通过电子方式接收收入、购物、

① M. Barr, "An Inclusive, Progressive National Savings and Financial Services Policy," *Harvard Law and Policy Review* 1(2007): 161 - 184; M. A. Stegman, *Saving for the Poor: The Hidden Benefits of Electronic Banking* (Washington, DC: Brookings Institution Press, 1999); M. A. Stegman, J. S. Lobenhofer and J. Quinterno, *The State of Electronic Benefit Transfer (EBT)* (Working Paper) (Chapel Hill: The University of North Carolina at Chapel Hill, Center for Community Capitalism, 2003). 电子利益转移(EBT)被联邦和州政府广泛使用。

② M. S. Barr, E. Bachelder and J. Dokko, *Payments Innovations in Serving Low- and Moderate-income Households: Policy, and Evidence from a New Survey* (Proceedings, Chicago: Federal Reserve Bank of Chicago, 2006), pp. 448 - 460; M. Fellowes and M. Mabanta, *Banking on Wealth: America's New Retail Banking Infrastructure and its Wealth-building Potential* (Washington, DC: Brookings Institution, Metropolitan Policy Program, 2008); J. M. Hogarth, C. E. Anguelov and J. Lee, "Who Has a Bank Account? Exploring Changes Over Time, 1989 - 2001," *Journal of Family and Economic Issues* 26, no. 1(2005): 7 - 30. 其他创新为典当行、发薪日贷款和汽车产权贷款提供了低成本/小额美元信贷选择。这些可能包括从银行和信用社预付的小额美元或工资、雇主预付的工资、债权人支付计划、紧急援助计划和军事贷款。例如，联邦存款保险公司的指导方针允许银行提供高达2 500 美元的贷款(无/低贷款手续费和最高 36%的年利率，或 APR)，而信用社则以更低的利率向会员提供贷款。

支付账单和提取现金。[①] 根据类型的不同，支付卡可能由个人、政府福利计划、雇主、奖励计划或健康福利计划主持实施。例如，支付卡允许通过一个与支付卡账户分开的关联银行账户进行储蓄[②]。通常，支付卡比携带现金更安全，更能防范欺诈和盗窃，比在支票兑现机兑现支票或使用汇票更便宜，因此有望成为大规模替代主流银行业务的选择。

四、通过普惠金融建设金融能力的挑战

尽管有前景的普惠金融创新有所增长，但仍存在一些重大挑战。首先，上面讨论的创新类型仍然只覆盖了一小部分美国低收入家庭。与许多其他国家相比，美国在通过移动电话提供无分支机构银行业务方面滞后，而由于缺乏安全的互联网接入，网上银行在许多低收入家庭中的适用性有限。创新应该为政策制定提供信息，使其能够为数百万低收入家庭提供适当的金融服务[③]。与此相关，关于贫困社区对金融产品和服务的需求，我们仍有许

① M. S. Barr, J. K. Dokko and E. M. Feit, *Preferences for Banking and Payment Services among Low- and Moderate-income Households* (*Finance and Economics Discussion Series 2011 - 13*) (Washington, DC: Federal Reserve Board, Divisions of Research & Statistics and Monetary Affairs, 2011). 一种类可重新加载的预付卡，2009 年的估计价值为 1 200 亿美元，可用于接受该卡品牌的地方。

② M. S. Barr, J. K. Dokko and E. M. Feit, *Preferences for Banking and Payment Services among Low- and Moderate-income Households* (*Finance and Economics Discussion Series 2011 - 13*) (Washington, DC: Federal Reserve Board, Divisions of Research & Statistics and Monetary Affairs, 2011).

③ M. Sherraden, "Asset-based Social Policy and Financial Services: Toward Fairness and Inclusion," in R. D. Plotnick, et al. (eds.), *Old Assumptions, New Realities: Economic Security for Working Families in the 21st century* (New York: Russell Sage Foundation, 2011), pp. 125 - 149.

多需要了解的地方。[①]

其次，许多创新产品提出了如何保障低收入家庭财务生活的问题[②]。例如，尽管无分支银行业务前景良好，但安全与隐私、监管问题、定价和可访问性等问题仍然存在。[③] 无论是公共的还是私人的支付卡计划，都"提供了一种可广泛使用的支付卡产品，这种产品是可负担的、透明的，并且反映了中低收入家庭的偏好"[④]。这些产品的费用往往很高，令人困惑，用户可能不知道他们的信用卡是否有联邦保险，或是否有助于建立他们的信用评分[⑤]，特

---

① 研究强调了在IDA项目中招募低收入和无银行账户的个人的困难，并对需求产生了影响。

② M. Barr, "Financial Services, Saving, and Borrowing among Low- and Moderate-income Households: Evidence from the Detroit Area Housing Financial Services Survey," in R. M. Blank and M. S. Barr (eds.), *Insufficient Funds: Savings, Assets, Credit, and Banking among Low-income Households* (New York: Russell Sage Foundation, 2009), p. 69; S. Block, "Prepaid Card Fees can Hurt; If You Don't Choose Carefully, They Can Squeeze You Dry," *USA Today*, 2011, January 18, p.6A.; C. M. Busette and M. Gencer, *Mobile Financial Services for the Underbanked in the U. S., Preliminary Findings from EARN's Mobile Financial Services Research Initiatives* (*EARN Research Brief*) (San Francisco, CA: EARN, 2010).

③ C. Boyd, K. Jacob and J. Tescher, *Mobile Financial Services and the Under-banked: Opportunities and Challenges for Mbanking and Mpayments* (Chicago: The Center for Financial Services Innovation, 2007). 有趣的是，以肯尼亚为例，手机银行在该国穷人中的普及率很高。研究发现，与传统银行或储蓄集团相比，使用这种技术的人不会以更高的利率赔钱，而且，他们解决问题的速度更快。

④ M. S. Barr, J. K. Dokko and E. M. Feit, *Preferences for Banking and Payment Services among Low- and Moderate-income Households* (*Finance and Economics Discussion Series 2011-13*) (Washington, DC: Federal Reserve Board, Divisions of Research & Statistics and Monetary Affairs, 2011).

⑤ M. S. Barr, J. K. Dokko and E. M. Feit, *Preferences for Banking and Payment Services among Low- and Moderate-income Households* (*Finance and Economics Discussion Series 2011-13*) (Washington, DC: Federal Reserve Board, Divisions of Research & Statistics and Monetary Affairs, 2011); C. Choi, "Living with a Bank: Fees and Confusing Galore," *The Huffington Post*, October 4, 2010.

别是在快速增长的无分支银行领域，这是在现有的消费者保护之外。[①] 金融服务的日益分散，以及它们日益增长的复杂性，表明了对金融教育、指导和连接金融产品的替代方式的需求。

尽管存在这些挑战，但这些创新和其他创新表明，设计有益的产品和服务并将普惠金融扩展到普通家庭是可能的。这些创新还阐明了诸如可获得性、可负担性、在财务上有吸引力、易用性、安全性和可靠性等特征如何能够塑造高质量的金融产品和服务，并建立长期的金融稳定和发展机会。但金融服务创新本身并不能保证金融能力，人们还必须知道如何管理家庭财务决策，何时使用以及如何使用金融服务。只有将金融教育和指导与适当的金融服务相结合，才有助于构建金融能力。

第四节　金融能力的构建及其经验证据

一、金融能力：将金融素养与普惠金融联结起来

关于金融素养的支持论据是那些有知识、有技能的基金经理将能够做出明智的财务决策并改善财务行为（见图 2.1）。支持普惠金融的理由是获得适当和高质量的金融服务将增加金融机会（见图 2.2）。

图 2.3 将这些想法整合成一个金融能力的示意图。在一定普惠金融条件下金融知识和技能的综合影响产生了金融能力，从而产生了行动的能力

① 人们可能不理解费用，也可能对损失负责。例如，如果他们不及时报告错误，或者他们丢失了卡，就会造成损失。尽管联邦贸易委员会建议持卡人通过带回执的挂号信通知他们的金融机构（保留一份副本以备记录），但这一建议在许多家庭中很可能得不到重视。此外，许多家庭可能会置之不理。而且，60 天后几乎没有追索权。

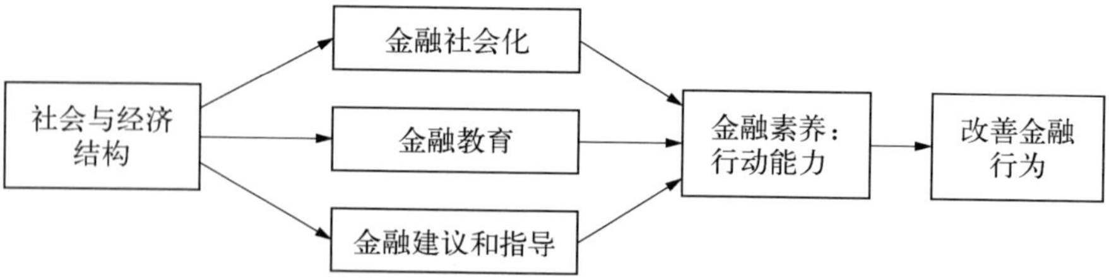

图 2.1 金融素养

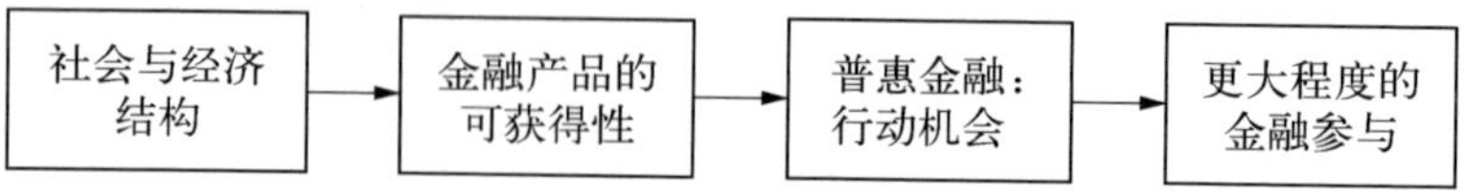

图 2.2 普惠金融

和行动的机会。[①] 经济上有能力的人能够举止得体，从他们的最大经济利益出发。个人行为并不总是必需的，有些事情是在没有个人行为的情况下发生的。例如，以雇主为基础的退休计划需要雇员签字，但此后，积累退休储蓄不需要个人的特殊行为（除了工作外）。金融能力反过来又有助于金融上更大的稳定性、福祉和未来发展的机会。

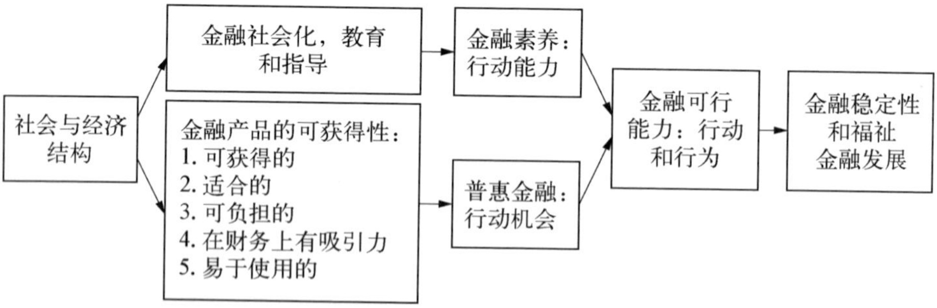

图 2.3 金融能力

① 我们本质上是利用机会"行动"而不是"表现"。没有个人行为，财务状况的改善可能会发生。例如，临时储蓄计划通常只需要一个"行为"（注册一个基于雇主的退休计划），但是积累是自动发生的，没有任何进一步的行为（自动转账和雇主匹配）。

为了说明这一点，我们来看一个例子。我们假设，朱厄尔（Jewell）[1]是一个16岁的年轻人，她在一家快餐店开始了第一份工作。与此同时，她还参加了一门高中金融教育课程，她在那里学习如何开设和管理一个有担保的支票账户，以及如何申请将工资直接转存进账户。当她去银行开立支票账户时，她还了解到一种特别的免费青年储蓄账户，这种账户只需要少量的初始存款，并为那些达到储蓄目标的账户提供奖金。[2] 因为朱厄尔最终想买房子，所以她开了一个储蓄账户，每月从支票账户自动转20美元到她的储蓄账户。在学校，她还学习和了解到了更高收益的储蓄工具。当她高中毕业进入社区大学时，她找到了一份薪水稍微高一点的工作。几年后，在她参加一个免费的购房者课程期间，她实现了自己的储蓄目标，把钱转到收益率更高的储蓄工具上，继续储蓄。虽然她不得不偶尔从自己的存款中拆借出一些钱，但经过十二年的储蓄，在她28岁的时候，她已经存够了房子的首付款和一些维修经费，还剩下一些钱以备不时之需。

在这个例子中，一个年轻人积极参与她的财务生活，学习和实践同时进行。金融知识和技能与普惠金融之间的这种相互作用是金融能力概念的核心。她利用从学校学到的知识，很早就和一家金融机构建立了积极的联系，获得了一种对资金管理的掌控感，并感到更有安全感，因为她的钱更安全了，而且她正在积累储蓄（金融福利）。因此她还避免了在她居住的社区中普遍存在的剥削性的替代金融服务。最后，她有足够的钱投资房子（金融发展）。此外，她觉得自己更能掌控自己的生活，这可能有助于她建立个人的

① 朱厄尔是作者和同事对低收入储户进行的定量采访的合成素描。
② 一些儿童发展账户（CDA）计划提供了这些激励措施。

适应力。我们很少有关于财务控制和幸福感的实证，尽管有一些证据表明理想的财务行为有助于整体幸福感①，也有证据表明债务与心理健康不良之间存在相关性，但因果关系尚不清楚。

随着时间的推移，反馈的效应可能会需要更多的学习（更高深的金融知识和技能），并使用更多有益的金融产品和服务（更多的普惠金融）、具有更强的金融能力。正如努斯鲍姆（2000）所写的那样，内在能力（在本研究中是指金融能力、知识和技能）和外部条件（获得有益的金融产品和服务）都很重要，但相互作用的方式使组合比各部分的总和更有效。

然而，根据这一模式，当金融教育和高质量金融产品不能同时获得时，其影响可能就不那么有效了——在某些情况下甚至是有害的。假设朱厄尔没有与她的雇主约定将她每月 20 美元的工资存入一个定期储蓄账户②，银行也不提供专门的青年储蓄账户。她偶尔用银行的自动取款机（ATM）取一些存款，③她很难追踪取款记录，由于她的余额低，银行也因为她的余额低而开始评估费用。当她意识到发生了什么时，她变得害怕和沮丧。她取出剩余的储蓄，关闭了账户。储蓄似乎是徒劳的，银行也不公平。相反，她把钱存在家里，而这样钱更有可能被花掉、借出或失窃。当她需要应急资金时，她会向发薪日贷款人求助，后者的利率如此之高，以至于她必须再申请一笔贷款来偿还第一笔贷款，这导致了问题债务和糟糕的信用评级，影响了她确

① J. Kim, E. T. Garman and B. Sorhaindo, "Relationships among Credit Counseling Clients' Financial Well-being, Financial Behaviors, Financial Stressor Events, and Health," *Financial Counseling and Planning* 14, no. 2(2003): 75 - 87.

② 甚至这项服务也可能不可用，许多低工资雇员无法获得直接存款。

③ 一些银行现在提供 ATM 取款保护，这样客户就不能从他们的账户中过度取款；尽管如此，许多银行还是会对低余额收取费用。

保获得良好利率的能力，甚至可能影响她找到工作或购买公寓的能力。更糟糕的是，这些经历让朱厄尔对金融机构产生了负面的看法，使她在未来获得最佳金融利益的能力下降。

不幸的是，如今第二种情况比第一种情况更为棘手。即使年轻人在高中上了金融教育课，他们的雇主也不太可能提供直接存款，年轻人也不太可能获得带有激励性的青年储蓄账户。经常使用替代金融产品的家长，可能无法帮助孩子掌握主流金融产品和服务。此外，年轻人可能不考虑长期储蓄，部分原因是他们的父母可能没有长期金融投资的经验。

财务能力不足的后果可能更加严重。近年来，信贷宽松、低收入和资金管理不善等因素导致中低收入家庭出现了严重的家庭财务问题。例如，许多低收入家庭为了追求"拥有住房的美国梦"，用次级贷款购买了房屋，随后失去了贷款抵押品（房产），或被抵押贷款所"淹没"[①]。即使有资格获得优惠贷款的财务高素养人群也在利用次级贷款，因为次贷的营销和目标重点就在低收入社区。仅在一年内（2009 年），一百万次贷债主中将近四分之三的案例都处于抵押房屋被没收的状态[②]。

这些例子表明，如果不将内在能力（金融知识和技能）与外部条件（金融产品和服务）联系起来，就会产生阿马蒂亚·森所说的限制个人能力的"不自由"[③]。实际上，这些例子代表了希望和未来感的丧失，以及家庭净资产普

---

① E. Annie, *Building Family and Economic Success: The High Cost of Being Poor*, Casey Foundation (AECF), 2005.

② Mortgage Bankers Association, *National Delinquency Survey*, *2009* (Washington, DC: Mortgage Bankers Association, 2010).

③ A. Sen, *Development as freedom* (New York: Anchor Books, 1999), p. 86.

遍的和悲剧性的损失。财务不稳定和损失有相关的负面心理成本，这对幸福有着重要的影响①。

幸运的是，在提高低收入家庭经济能力方面已经有了进展。第一个例子是，储蓄方面的创新将金融产品与金融教育结合起来，以增强那些过去基本上被排除在资产建设政策之外的家庭的财务能力②。个人发展账户（IDAs）和儿童发展账户（CDAs）使用激励（通常是 1∶1 或 2∶1 配款）来吸引储蓄，并帮助人们为投资目的建立资产③。IDAs 通常伴随着某种形式的金融教育。研究发现，低收入人群能够并且确实在为长期目标存钱，而且他们会对激励做出反应④。

第二个例子是来自纽约市的一个很有前景的方法，它将金融咨询整合到服务提供系统中⑤，并产生了一系列的银行产品和服务，包括简化的银行

① M. Taylor, S. Jenkins and A. Sacker, *Financial Capability and Wellbeing: Evidence from the BHPS* (Occasional Paper Series 34) (London: The Financial Services Authority, 2009).

② C. Howard, *The Hidden Welfare State: Tax Expenditures and Social Policy in the Welfare State* (Princeton, NJ: Princeton University Press, 1999); L. S. Seidman, "Assets and the Tax Code," in T. M. Shapiro and E. N. Wolff (eds.), *Assets for the Poor: The Benefits of Spreading Asset Ownership* (New York: Russell Sage Foundation, 2001), pp. 324 - 356; M. Sherraden, *Assets and the Poor: A New American Welfare Policy* (Armonk, NY: M. E. Sharpe, 1991); B. Woo, I. Rademacher and J. Meier, *Upside Down: The $400 Billion Federal Asset-building Budget* (Washington, DC: Corporation for Enterprise Development & The Annie E. Casey Foundation, 2010).

③ M. Sherraden, *Assets and the Poor: A New American Welfare Policy* (Armonk, NY: M. E. Sharpe, 1991).

④ M. Schreiner and M. Sherraden, *Can the Poor Save? Saving and Asset Building in Individual Development Accounts* (New Brunswick, NJ: Transaction, 2007).

⑤ M. Bloomberg and J. Mintz, *Municipal Financial Empowerment: A Super Vitamin for Public Programs*, The City of New York, Department of Consumer Affairs, Office of Economic Empowerment, 2011.

账户、储蓄账户，并伴有面向低收入社区开展的金融教育和咨询。在银行账户方面，SafeStart 银行的账户，是一个起始余额为 25 美元的储蓄账户，是一张没有透支额和月使用费的 ATM 卡[①]。在储蓄账户方面，“储蓄纽约”（SaveNYC），现在已经扩展到全国，被称为“储蓄美国”（SaveUSA），是一个带有激励性的配额储蓄计划，旨在鼓励中低收入纳税人的短期储蓄[②]。25 个金融赋能中心覆盖了纽约近一半的无银行账户家庭[③]。

二、关于金融能力的经验证据

关于金融能力的经验证据是有未来前景的，但还处于萌芽阶段。[④] 研究表明，虽然因果关系尚不清楚，但金融知识和积极的财务实践之间是具有相关性的。[⑤] 换句话说，大多数的研究都是对诸如账户、金融教育和支持等服务进行“捆绑式”研究，而没有单独分析它们各自独立的影响。然而，还是有一些关于金融能力的证据。例如，一项研究表明，金融产品的经验（银行账

① T. Fernholz, “Making Bank,” *The American Prospect*, June 21, no. 5(2010): 21; NYC Department of Consumer Affairs, *The $aveNYC Account: Innovation in Asset Building* (Research Brief), 2009, August.

② M. Bloomberg and J. Mintz, *Municipal Financial Empowerment: A Super Vitamin for Public Programs* (The City of New York, Department of Consumer Affairs, Office of Economic Empowerment, 2011).

③ F. Santos, “Giving Money-management Advice to Those Who Need it Most,” *New York Times*, 2011, March 29, A16.

④ C. Baker and D. Dylla, *Analyzing the Relationship between Account Ownership and Financial Education* (Washington, DC: New America Foundation, 2007).

⑤ M. Courchane and P. Zorn, “Consumer Literacy and Credit Worthiness,” Paper presented at the Federal Reserve System Conference, 2005; M. A. Hilgert, J. M. Hogarth and S. G. Beverly, “Household Financial Management: The Connection Between Knowledge and Behavior,” *Federal Reserve Bulletin* (July), 2003, pp. 309 - 322; C. Monticone, “How Much Does Wealth Matter in the Acquisition of Financial Literacy?” *Journal of Consumer Affairs* 44, no. 2(2010): 403 - 422.

户和投资方面）要比高中金融教育课程对（个体）投资知识产生更大的差异①。一项对只接受金融教育和接受金融教育加拥有个人发展账户（IDAs）的比较研究发现，后一种方式的参与者的金融知识平均水平明显更高，尽管这两组人都是低收入者，但在重要方面存在差异②。在印度和印度尼西亚进行的两项大型随机对照试验发现，与只接受过金融教育的人相比，获得小额补贴开设银行账户的人，具有更高的开户率和账户使用率③。另一项研究发现，在高中时期拥有储蓄账户的士兵们，其财务管理技能也更高。④ 然而，在联邦存款保险公司试点的小额贷款计划中，伴随储蓄和金融教育的产品，其违约率也更低，但有限的样本量和项目执行中的变化部分调和了这些结果⑤。

（一）以金融产品为主导

有些项目以提供金融产品为"主导"，但也包括金融教育。金融产品吸引了人们的兴趣，并且增加了教育的目的以提升理解和产品管理。例如，

---

① T. M. Peng, S. Bartholomae and J. J. Fox, et al., "The Impact of Personal Financial Education Delivered in High School and College Courses," *Journal of Family and Economic Issues* 28(2007): 265 - 285.

② S. G. Anderson, M. Zhan and J. Scott, "Targeting Financial Management Training at Low-income Audiences," *Journal of Consumer Affairs* 38, no. 1(2004): 167 - 177.

③ S. A. Cole, T. Sampson and B. Zia, "Prices or Knowledge? What Drives Demand for Financial Services in Emerging Markets?" *Journal of Finance* 66, no. 6(2011): 1933 - 1967.

④ C. Bell, D. Gorin and J. M. Hogarth, "Does Financial Education Affect Soldiers 'Financial Behaviors'?" Paper Presented at the 2009 Federal Reserve System, Community Affairs Research Conference, 2009, April.

⑤ R. A. Miller, S. Burhouse and L. Reynolds, et al., "A Template for Success: The FDIC's Small-dollar Loan Pilot Program," *FDIC Quarterly* 4, no. 2(2010): 28 - 41.

个人和儿童发展账户、大学储蓄计划、购房者计划、所得税准备、公共福利、工作、紧急援助和储蓄俱乐部关注产品推广，但有时也提供金融教育。有一些证据就表明，金融产品增加，财务教育干预后的效果会有所改善。例如，在 IDAs 中，金融教育（长达 10 小时）对开户和储蓄表现有独立的作用①。但另一项针对加拿大"学会存钱"的 IDAs 项目所做的随机研究发现，接受 15 小时财务管理培训和个案管理服务的小组，并不比只参加储蓄配额激励的小组储蓄的钱更多，尽管质性研究的结果表明可能是教育内容不够②。另一项鼓励低收入参与者开设银行账户的研究发现，那些不打算开设账户的人有很好的财务理由，这表明同时提供金融教育和金融服务的重要性③。英国一个大规模的配款储蓄项目"储蓄有门道"（Saving Gateway）发现，金融培训和建议的使用率很低（不同阶段从 8%～18%不等），在定性访谈中，参与者表示对此缺乏热情④。

以金融服务为导向的项目发现，提供金融教育并不能作为参与的吸引力。在旧金山银行发现"开设银行账户不是上（金融教育）课的动机"之后，该项目要求将金融教育与开户相脱离⑤。对联邦政府"优先账户计划"的评

① M. Schreiner and M. Sherraden, *Can the Poor Save? Saving and Asset Building in Individual Development Accounts* (New Brunswick, NJ: Transaction, 2007).

② N. Leckie, T. Shek-Wai Hui and D. Tattrie, et al., *Learning to Save, Saving to Learn: Learn Save Individual Development Accounts Project* (Ottawa: Social Research and Demonstration Corporation, 2004).

③ A. C. Lyons and E. Scherpf, "Moving from Unbanked to Banked: Evidence from the Money Smart Program," *Financial Services Review* 13, no. 3(2004): 215 - 231.

④ E. Kempson and A. Finney, *Saving in Lower-income Households: A Review of the Evidence* (Bristol: University of Bristol, Personal Finance Research Centre, 2009), p. 86.

⑤ L. Phillips and A. Stuhldreher, *Building Better Bank Ons: Top 10 Lessons from Bank on San Francisco* (Washington, DC: New America Foundation, 2011), p. 13.

估发现，很少有参与者接受免费教育服务，该计划旨在将低收入家庭纳入金融主流。一项评估向低收入参与者提供网上银行业务以及金融和计算机知识效果的研究发现，尽管实施挑战总体上降低了效率，但参与者被这项技术所吸引①。

（二）以金融教育为主导

其他项目以金融教育为主，但也提供金融产品或服务。这种体验式教育可以增加动机、注意力、重点和信息的吸收②。一些研究表明，即使是想象的产品也可能会使金融教育更加丰富有效③。例如，使用股票市场游戏的金融教育比说教方法有更好的结果④。芝加哥一个金融教育项目鼓励无银行账户的参与者开设银行账户。当有银行代表参与金融教育研讨会并提供银行账户时，参与者的接受率（以及其他补充银行产品的使用）明显高于那些参加无银行代表现身的研讨会的参与者⑤。一项关于旧金山金融教育项目

① L. J. Servon and R. Kaestner, "Consumer Financial Literacy and the Impact of Online Banking on the Financial Behavior of Lower-income Bank Customers," *Journal of Consumer Affairs* 42, no. 2(2008): 271 - 305.

② E. Johnson and M. S. Sherraden, "From Financial Literacy to Financial Capability among Youth," *Journal of Sociology and Social Welfare* 34, no. 3(2007): 119 - 145; B. O'Neill, "IDA Financial Education: Quantitative and Qualitative Impacts," Paper Presented at the Eastern Family Economics and Resource Management Association, 2006.

③ M. H. McCormick, *The Effectiveness of Youth Financial Education* (Washington, DC: New America Foundation. 2008); R. Russell, R. Brooks and A. Nair, *Evaluation of the Youth Financial Literacy Trial Program* (Melbourne, Australia: RMIT University, 2006).

④ L. Mandell, "Financial Literacy in High School," in A. Lusardi (eds.), *Overcoming the Saving Slump: How to Increase the Effectiveness of Financial Education and Saving Programs* (Chicago: University of Chicago Press, 2008), pp. 257 - 279.

⑤ M. Bertr, S. Mullainathan and E. Shafir, "A Behavioral-economics View of Poverty," *American Economic Review* 94, no. 2(2006): 419 - 423.

的调查报告显示，越来越多的人参与金融教育项目，这些项目还提供具有实际利益的激励措施①。例如，提供切实利益（如首付款援助）的购房者教育项目可能会吸引更多的低收入参与者，并鼓励他们参与金融教育或训练。

一些研究对金融教育与产品相结合提出了疑问。例如，刘易斯·曼德尔的研究发现，个人动机比拥有股票或信用卡更能在金融素养评估中带来良好表现②。一个青年储蓄账户和金融教育项目的定性研究发现，参与者将增加的金融知识归因于金融教育工作坊，而不是持有资产，但年轻人也表示不喜欢金融教育课程③。

未来的应用研究应侧重于了解金融教育、指导、金融产品和服务单独的和总体的作用。研究还应探讨，金融教育的方法和金融产品的不同是否会产生不同的效果。例如，提供金融教育和具有自动存款功能的储蓄账户可能比提供金融教育和配款的储蓄账户对储蓄的影响更大。我们需要做更多的工作来确定金融知识和技能、普惠金融以及金融稳定、福祉和金融发展的关键指标。研究还应该论证哪些因素对不同的经济弱势群体有效（如不同的人生阶段、性别、文化背景和风险认知）？什么对不同的人群有效？对这些问题的进一步澄清将产生更有效的政策和实践。

---

① L. Choi, "Financial Education in San Francisco: A Study of Local Practitioners, Service Gaps and Promising Practices," *San Francisco, CA: Federal Reserve Bank of San Francisco, Working Paper*, August, 2009.

② L. Mandell, *Financial Literacy: Are We Improving? Results of the 2004 National JumpStart Survey* (Washington, DC: Jumpstart Coalition, 2005); L. Mandell and L. S. Klein, "The Impact of Financial Literacy Education on Subsequent Financial Behavior," *Journal of Financial Counseling and Planning* 20, no. 1 (2009): 15 - 24.

③ E. Scanlon and D. Adams, "Do Assets Affect Well-being? Perceptions of Youth in a Matched Savings Program," *Journal of Social Service Research* 35(2009): 33 - 43.

三、建立金融能力的下一步

金融能力带来更稳定的财务状况和更明朗的财务未来。研究人员和从业人员开始了解如何在低收入和经济脆弱的家庭中建立金融能力。家庭还需要获得适合其情况的优质金融产品和服务。事实上，对于许多金融事务而言，获得服务权本来就是重要的。例如，一个人有稳定的收入，有一个退休账户（有雇主的贡献），有机会获得免费的银行服务和安全而廉价的保险，但在实现金融增能上还有很长的路要走。一位专业人士最近强调了其从工作中获得的影响："我（对金融）的无知没有被发现，也无关紧要，但我身处的丰富（金融）环境——与个人金融知识无关——能够为我提供良好的金融服务，具有可及性和包容性。"尽管如此，理论和经验证据表明，了解金融基础知识以及如何管理资金和做出最佳金融决策也是必不可少的；但如果仅仅单独开展金融教育和咨询，而缺乏获得优质金融服务的机会，那么其影响也将是有限的。

第三章　社会工作历史中的金融能力实践[①]

第一节　导　言

自 2008—2009 年经济衰退以来，社会工作者对提升案主金融能力(financial capability)的实践越来越感兴趣。[②] 在经济衰退期间，案主面临的许多问题并不新鲜。对于中等收入和低收入的美国人来说，在过去的几十年中，工资停滞和收入不稳定的现象有所加剧。然而，人们很少意识到，在当今的社会工作，案主所处的境况和社会工作发展历史早期存在相似之处。和 20 世纪初的穷人一样，21 世纪初的低收入人群用于食物上的花费占收入的比例要比中等收入或高收入人群高。家庭在食物预算上的压力导致成人和儿童的肥胖率日益上升，因此，人们呼吁应该在高中阶段增加有关金融素

① 本章曾刊发于 *Social Work* 61, no. 4(2016).

② J. Birkenmaier, M. Sherraden and J. Curle, *Financial Capability and Asset Development: Research, Education, Policy, and Practice* (New York: Oxford University Press, 2013).

养和家政经济学方面的教育。[①] 当社会工作者考虑开展提升案主金融能力的工作时，他们或许应当了解在社会工作专业发展的历史早期，社会工作者对提升案主金融能力所做过的尝试。

在社会工作专业发展历史的前半个世纪的大部分时间中，帮助案主改善财务状况是社会工作实践的重要组成部分。通常，帮助案主改善财务状况意味着培养其养成节俭的习惯，人们普遍认为节俭是资本主义社会成功的核心特质。社会工作者使用劝告、建议、教学及其他方法来传达此信息。后来，在进步时代，社会工作者对协助案主办理金融事务的理解大大扩展，他们使用的方法也更加多样。当前，社会工作者们又一次开始关注提升案主的金融能力，这些早期的努力可以为目前的实践带来积极的启示。

第二节　19 世纪后期

社会工作对节俭品质的强调可以追溯到 19 世纪后期。在当时，培养节俭的习惯是提升案主金融能力的核心实践要素。慈善工作者们认为既省钱又明智花钱的节俭能力，是穷人所需要获得的主要的，也许是最重要的美德。[②] 贫困源于缺乏远见，而节俭——明智地使用金钱和其他资源，再加上努力工作，能为摆脱贫困找到出路。在玛丽·里士满看来，节俭和勤奋不仅

① A. H. Lichtenstein and D. S. Ludwig, "Bring Back Home Economics Education," *JAMA* 303(2010): 1857 - 1858.

② M. E. Fairbank, "Habits of Thrift," in *Proceedings of the National Conference of Charities and Correction, at the Twenty-fourth Annual Session Held in Toronto Ontario* (Boston: George H. Ellis, 1897).

是“经济品质”，更是“包括品格在内所有社会美德得以建立的两个基础”。区别于挥霍和小气，节俭意味着未来取向、对他人的关心和对计划的平衡意识。里士满总结指出，“无论是从经济还是道德的原因出发，访问员都应当倡导节俭”①。

慈善工作者还认识到与案主建立积极关系的重要性。纽约慈善组织会社主任约瑟芬·肖·洛厄尔写道：“最好的帮助就是帮助人们自助。”“影响个人”乃是“提升（案主）体面、整洁、远见和道德标准中可资使用的主要方法”。访问员需要“熟识”穷人，并“须保持常规且持续不断的来往”。因为节俭可以避免负债，促进节俭被视为一种基础性的预防策略，友好访问员也因此在与慈善组织会社相关的项目中扮演关键角色。②

在促进储蓄和节俭的努力中，随着便士储蓄银行（Penny Savings Banks）、储蓄券和其他促进良好金钱管理手段的普及，慈善工作者的指导和示范变得越来越重要。储蓄银行和类似机构在鼓励节俭方面很有帮助。③大多数慈善组织会社都致力于促进鼓励穷人储蓄项目的发展，还有几个会社发起了小规模储蓄活动。④

19 世纪 90 年代，美国许多城市建立的睦邻之家使常驻社区的社会工作者能够通过日常互动和“社会学调查”（通常侧重于财务问题）了解居民的财

---

① M. E. Richmond, *Friendly Visiting among the Poor: A Handbook for Charity Workers* (New York: Macmillan, 1899).

②③ J. S. Lowell, *Public Relief and Private Charity* (New York: G. P. Putnam's Sons, 1884).

④ A. T. Scribner, "The Savings Society," in *Proceedings of the National Conference of Charities and Correction, at the Fourteenth Annual Session Held in Omaha, Neb* (Boston: George H. Ellis, 1887).

务困难。从一项关于睦邻之家居民的彩色编码地图中发现，霍尔馆的常驻工作者记录了“关于工资和国籍的情形”，它“生动反映了外国人因缺乏技能、疏忽及未能同化而需要支付的工资罚款”①。在其他地方也有类似的调查，如辛辛那提社会睦邻之家开展了有关典当的调查，匹兹堡的金斯利睦邻之家调查了邻里社区的食品消费，纽约学院睦邻之家开展了服装贸易中的工资调查。而护士睦邻之家（后来也被称为亨利街睦邻之家）则超越了调查范围，在家政经济学方面向居民们提供指导。②

第三节 进步时代

在20世纪的头十年里，慈善组织会社和睦邻之家都发展出了促进穷人节俭的新方法。随着美国城市化进程越来越复杂化，各种各样的金融选择逐渐增多，越来越多的慈善工作者和睦邻之家继续推动储蓄项目，并增加了提供给案主的指导。随着城市化进程的推进，新的存款方式和新的信贷来源出现了，其中一些由慈善组织赞助。③ 此外，20世纪初关

① J. C. Lathrop, “Hull House as A Laboratory of Sociological Investigation,” in *Proceedings of the National Conference of Charities and Correction*, *at the Twenty-first Annual Session Held in Nashville*, *Tenn* (Boston: George H. Ellis, 1894).

② Social Settlement Committee, “Report of the Social Settlement Committee,” in *Proceedings of the National Conference of Charities and Correction at the Twenty-third Annual Session Held in Grand Rapids*, *Mich* (Boston: George H. Ellis, 1896).

③ P. H. Stuart, “Social Workers and Financial Capability in the Profession's First Half-century,” in J. Birkenmaier, M. Sherraden and J. Curley (eds.), *Financial Capability and Asset Development: Research*, *Education*, *Policy*, *and Practice* (New York: Oxford University Press, 2013).

于人类营养的新科学知识和新的干预模式也丰富了社会工作者和案主的互动。

上述这些发展以及日益紧迫的对公共卫生的兴趣都促使人们关注金融能力。在20世纪初最积极发展公共卫生项目的倡导中，社会工作者在应对婴儿死亡率和诸如结核病、小儿麻痹症等传染病问题的运动中做出了突出贡献。在拥挤的城市地区，婴儿死亡率引起了越来越多的关注，而穷人的营养摄入问题，由于与婴儿死亡有密切关联，也得到了重视。① 与中等或高收入家庭相比，贫困家庭食物上的花费占收入的比例更大。② 因此，削减食品采购量成为家庭在困难时期减少开支的便捷途径，但这种做法常以健康为代价。尽管全面营养与儿童发展之间的关系在20世纪初就为人所知，但第一次世界大战时期许多应征入伍士兵的身体素质仍无法达到征兵要求，这就更加凸显了这一问题的严重性。③

一些睦邻之家的常驻工作者则专注于提升居民的金融能力，如华盛顿少数族裔社会睦邻之家支持储蓄券项目、家政班以及开展储蓄指导。④ 纽约

---

① J. C. Lathrop, "Income and Infant Mortality," *American Journal of Public Health* 9(1919): 270 - 274.

② F. Stern, "The Work of the Visiting Housekeeper," *Journal of Home Economics* 7 (1915): 175 - 179.

③ A. R. Ruis, "Children with Half-starved Bodies and the Assessment of Malnutrition in the United States, 1890 - 1940," *Bulletin of the History of Medicine* 87(2013): 378 - 406; J. C. Lathrop, "Hull House as A Laboratory of Sociological Investigation," in I. C. Barrows (ed.), *Proceedings of the National Conference of Charities and Correction at the Twenty-first Annual Session held in Nashville*, *Tenn* (Boston: George H. Ellis, 1894).

④ H. A. Curah, "Sarah Collins Fernandis and Her Hidden Work," in I. B. Carlton-LaNey(ed.), *African American Leadership: An Empowerment Tradition in Social Welfare History* (Washington DC: NASW Press, 2001).

格林尼治睦邻之家则为工作者出版了一份有关纽约州储蓄银行、贷款信息、借贷法规的指南。① 当家庭中的母亲生病时，亨利街睦邻之家还雇用访问管家，为家庭提供做饭、清洁以及家庭预算等援助来支持家庭。格林尼治睦邻之家在对居民区食物消费的调研基础上，专门聘请了一名访问员协助案主规划食品预算。②

纽约市的两个主要慈善组织会社都雇用了专门人员在家庭预算方面帮助案主。1906 年，纽约慈善组织会社的地区机构工作者卡罗琳·古德伊尔(Caroline Goodyear)报告了一份该机构对案主的家庭预算调查。她发现，尽管有许多“节俭管理的醒目例子”，但也存在很多“家务事中的粗心情况”，这表明有必要对母亲进行“市场消费、不同食物的比价以及可行的多样饮食等方面”的实践教育。调查还揭示了家庭饮食中的许多不足之处，古德伊尔建议对母亲进行教育，使其在购买食物时可以更物有所值。③ 同年，纽约贫困人口状况改善协会(New York Association for Improving the Condition of the Poor)雇用了一位开创性的家政经济学家——威尼弗雷德·吉布斯(Winifred Gibbs)。吉布斯④为该协会的案主提供烹饪知识，并根据她对贫困家庭开展的工作，开发出一套生活费预算，该协会也出版了吉布斯的课程

① E. W. Dinwiddie and M. Ferguson, *The Social Workers' Handbook* (New York: Greenwich House, 1913).

② R. A. Woods and A. J. Kennedy, *The Settlement Horizon: A National Estimate* (New York: Russell Sage Foundation, 1922).

③ C. Goodyear, "Household Budgets of the Poor: An Inquiry into the Dietary Standards and Habits of A Group of Tenement House Families in New York City," *Charities and the Commons* 16, no. 5(1906): 191 - 197.

④ W. S. Gibbs, "The Development of Home Economics in Social Work," *Journal of Home Economics* 8(1916): 68 - 74.

配套宣传册——《家庭正确饮食课程》①。

在进步时代，对婴儿高死亡率和收入不平等的日益关注也要求社会工作发展出新的方法。慈善组织会社和睦邻之家都致力于在家庭预算及被称为“家政”(Homemaking)的其他方面提供帮助。1911年，一群社会工作者和护士进一步呼吁建立“家政学校”，助力应对婴儿高死亡率的局面。②

第四节　家政经济学

家政经济学作为一个专业的起源，虽然与社会工作有很大差异，但与后者几乎同时期出现。社会工作源于国家慈善和民间慈善组织、睦邻之家、儿童保护运动，而家政经济学的起源是教育。从19世纪中叶开始，许多女性改革者，尤其是凯瑟琳・比彻(Catherine Beecher)提出，家务生活理应成为一个学习科目。③ 美国内战之后，女子学院开始设立家政管理的课程项目。新式男女同校的赠地大学(Land-Grant College)也提供家政管理的相关课程。伴随1862年《莫雷尔法案》的颁布以及对“农业和机械艺术”发展的指导意见的出台，赠地大学也开始为女性学生开发家政科学的课程项目。一些赠地

---

① W. S. Gibbs, *Lessons in the Proper Feeding of the Family* (New York: New York Association for Improving the Condition of the Poor, 1909).

② E. P. Crandall, "Report of the Section of Nursing and Social Work of the American Association for the Study and Prevention of Infant Mortality," *American Journal of Nursing* 12(1912): 330 - 335.

③ C. E. Beecher, *A Treatise on Domestic Economy for the Use of Young Ladies at Home and at School* (New York: Harper & Brothers, 1848); J. N. Burstyn, "Catherine Beecher and the Education of American Women," *New England Quarterly* 47(1974): 386 - 403.

大学也在19世纪后期提供拓展的农业课程，并同时开始为农场主妻子开设家政经济学方面的课程。

在20世纪的前十年，家政经济学家主要在大学与高中等教育机构工作。然而，在1914年建立推广服务合作社时，《史密斯-利弗法案》要求参与州在家政经济学和农业领域内提供更多的推广服务。随后，这一要求导致服务劳动中的性别分工后果：男性主导的县域机构提供农业推广服务，而女性为主的家务示范机构则专注于提供烹饪、服装和家政管理等的指导服务。

越来越多的家务示范机构帮助农场妇女管理家庭财务，并开拓生计活动以增加家庭收入。① 大多数家务示范机构的工作包括开展团体性的家政管理指导，例如，与俱乐部或有关机构对话、开设短期课程、开展展览或示范活动等。家务示范机构鼓励"制定预算和培养节俭习惯"，使用节约人力的工具以及进行提升家庭健康的实践。②

通过合作社推广计划，家政经济学家在与农村家庭的工作中获得了社区经验。在第一次世界大战期间，他们也为城市家庭提供这些服务。此外，他们所进行的有关食品价值的研究还在战争期间和战后的食品保护和粮食救济中发挥了重要作用。战后，家政经济学家很快在社会服务机构中找到了应有位置。沿袭该行业的教育课程起源，他们强调各种与家政有关的包括营养、衣物、家庭预算和室内设计在内的教育指导。家政经济学家的大部分时间用于指导案主如何购买和准备富含营养的食物，而有关家庭营养需

① K. R. Babbitt, "The Productive Farm Woman and the Extension Home Economist in New York State, 1920 - 1940," *Agricultural History* 67, no. 2(1993): 83 - 101.

② E. K. Adams, *Women Professional Workers: A Study Made for the Women's Educational and Industrial Union* (New York: MacMillan, 1921).

求和“家庭钱包”的研究为这些指导工作提供了基础①。

基于合作社推广计划中的经验，家政经济学家建议个案工作者采用新的做法：开发书面教育材料，以及利用小组来向案主传授有关营养和预算方面的知识。② 一些家政经济学家还将服务范围拓展到协助家庭综合预算计划的制定层面，如俄亥俄州克利夫兰联合慈善组织的家政学家海伦·汉切特(Helen Hanchette)与家庭一起制定预算，并为社会工作者开展的案主家庭预算服务提供建议。她还参加了一个针对年轻家庭的实验。这个包括三个小组、每组十人的研究实验由克利夫兰的一家共同储蓄银行赞助，参与者可加入预算、房屋装修、租房或拥有房屋、餐食计划和购买衣物等课程项目。不少银行的中等收入客户也可加入这一项目，他们所寻求的帮助“与慈善机构的服务对象(穷人)一直碰到的问题是相似的，不同之处只是收入差异而已”。汉切特基于个案的工作经验得出结论：“家政管理的问题其实是相互交织的。”这就需要从家庭预算方面来对案主提供帮助和干预。③

对中等收入和低收入家庭的家庭管理问题的相似性认识催生了一些创新性的方案。例如，有一项提案号召提供公共性的家政管理服务。克利夫

① W. S. Gibbs, “The Economic Value of the Visiting Dietician,” *Journal of Home Economics* 1(1990): 71 - 72.

② H. W. Hanchette, “Family Budget Planning,” in *Proceedings of the National Conference of Social Work at the Forty-sixth Annual Session Held in Atlantic City, New Jersey* (Chicago: Rogers & Hall, 1920); F. Nesbitt, “The Family Budget and its Supervision,” in *Proceedings of the National Conference of Social Work at the Forty-fifth Annual Session Held in Kansas City, Missouri* (Chicago: Rogers & Hall, 1919).

③ H. W. Hanchette, “Family Budget Planning,” in *Proceedings of the National Conference of Social Work at the Forty-sixth Annual Session Held in Atlantic City, New Jersey* (Chicago: Rogers & Hall, 1920).

兰基督教女青年会随即发起一个访问家政员的实验性计划。访问家政员与城市的各种社会机构和卫生机构一起工作，为其提供营养、健康和预算方面的帮助。基于该项目的成功经验，基督教女青年会的工作者们建议在城市管理中加入家政管理者服务的内容。类似项目在底特律和波士顿也开展起来，访问家政员为不同的社区机构开展工作。①

在这些工作中，账目表是一个重要的指导工具并日益变得详细而具体，它通常由访问家政员协助这个家庭中的母亲来完成。个案工作者则被要求在家庭工作中运用预算表，将其作为教育家庭成员谨慎消费和储蓄的手段。② 城市家政经济学家如同他们在以前家政示范机构中所工作的那样，对烹饪和家务工作提供指导，并在睦邻之家和公立学校中提供小组课程。③ 家政经济学家还参与制定用于确定救济家庭拨款的标准化预算。④ 第一次世界大战期间，红十字会开发了一种新的家庭服务，将家庭与军人联系起来。⑤此外，还有针对首次为中等收入家庭提供个案工作服务的家政工作者的培训，这些培训涉及社会工作和家政经济学两个方面的指导。⑥

---

① B. B. Bothwell, "Visiting Housekeeping Work in Detroit," *Journal of Home Economics* 6(1914): 6 - 11; R. Woods, "College Extension in Domestic Science," *Journal of Home Economics* 6(1914): 41 - 43.

② E. A. Winslow, *Budget Planning in Social Case Work* (New York: Charity Organization Society, Committee on Home Economics, 1919).

③ L. Gifford, "The Hiram House Model Cottage: A Social Settlement," *Journal of Home Economics* 7(1915): 185 - 188.

④ F. Nesbitt, *The Chicago Standard Budget for Dependent Families* (Chicago: Chicago Council of Social Agencies, 1920).

⑤ W. G. Jr Black, "Social Work in World War I: A Method Lost," *Social Service Review* 65(1991): 379 - 402.

⑥ P. R. Lee, "Training for the Home Service of the Red Cross," *Annals of the American Academy of Political and Social Science* 79(1918): 80 - 87.

第五节 20 世纪 20 年代

在 20 世纪 20 年代，城市地区各种家政经济学和营养相关服务业的发展促使许多社会工作机构尝试在个人和家庭工作中增加金融能力的部分。个人和家庭的个案工作基于对人与社会环境的理解，社会工作者和案主的互动被表述为“用心灵影响心灵的直接行动”以及“通过社会环境的间接行动”。[①] 直接行动包括前面提到的储蓄、预算和食物购买等主题的讨论和讲授；间接行动则包括在案主的社会环境中开发新的项目和服务，以改善其金融能力和营养，并将案主与这些新的服务相联结。

发展家庭预算的工作在 20 世纪 20 年代有所增加。联邦劳工统计局开始发布有关生活成本的估算，社会工作者和家政经济学家在其中发挥了重要的协助作用。[②] 有关研究表明，不仅仅是穷人，许多工人都很难赚取足够的收入，不断增加的研究也促发了关于最低工资立法、家庭津贴和其他增加家庭收入方式的运动。[③]

社会工作和家政经济学之间的联结在这一时期仍然十分紧密。社会工

① M. E. Richmond, *What is Social Case Work? An Introductory Description* (New York: Russell Sage Foundation, 1922).

② W. S. Gibbs, *The Minimum Cost of Living: A Study of Families of Limited Income in New York City* (New York: Macmillan, 1917); L. Houghteling, "The Budget of the Unskilled Laborer," *Social Service Review* 1(1927): 1 - 35.

③ S. P. Breckinridge, "The Home Responsibilities of Women Workers and the 'Equal Wage'," *Journal of Political Economy* 31 (1923): 521 - 543; H. L. Lurie, "Economic Stabilization of the Family: The Standard of Living," in *Proceedings of the National Conference of Social Work at the Fifty-fifth Annual Session Held in Memphis, Tennessee* (Chicago: University of Chicago Press, 1928).

作教育课程，如亚特兰大社会服务学院和西储大学应用社会科学学院的课程，把家政经济学纳入社会工作课程体系中。① 纽约慈善组织会社则赞助了一个为家政经济学家开设的、为期一个月的社会工作暑期课程。② 克利夫兰家庭个案工作机构——克利夫兰联合慈善机构——的一位主管，将社会工作者描述为在“评估证据、家政经济学和救济原则，以及对其他人和情境做外部调适”方面的权威。③ 后来成为城市协会成员的费城阿姆斯特朗协会，则把家政经济学指导纳入其社区俱乐部计划中。④

到了 20 世纪 20 年代中期，大多数慈善组织都变成了家庭福利机构。许多大型机构雇用了家政经济学家，一些公益机构也是如此。然而，家政经济学和社会工作在 20 世纪 20 年代也同时朝各自独立的方向发展。社会工作者更感兴趣于“用心灵影响心灵”以及个人，而家政学家则开始关注节省劳力的家务用具，以及改善营养的技术方法。⑤ 越来越多的家政经济学家在社会工作机构中担任顾问，就家庭预算问题，尤其是食物成本问题，向个案工

① E. F. Frazier, “Training colored social workers in the South,” *Journal of Social Forces* 1, no. 4(1923): 445 - 446.

② E. A. Winslow, “An Experiment in Socializing Home Economics Education,” *Journal of Home Economics* 12(1920): 26 - 28.

③ E. D. Lynde, “*The Place of Psychiatric Social Work in A General Case Work Agency*,” in *Proceedings of the National Conference of Social Work at the fifty-first Annual Session Held in Toronto*, *Ontario* (Chicago: University of Chicago Press, 1924).

④ T. F. Sabbath, “African Americans and Social Work in Philadelphia, Pennsylvania, 1900 - 1930,” in I. B. Carlton-LaNey (ed.), *African American Leadership: An Empowerment Tradition in Social Welfare History* (Washington, DC: NASW Press, 2001).

⑤ K. Latta, J. Longhofer and J. Floersch, et al., “Domestic Education and the Politics of Positivism: Rethinking the History of Home Economics,” *Culture and Agriculture* 15, no. 51 - 52(1995): 23 - 27; G. F. Marcus, “The Status of Social Case Work Today,” in H. R. Knight (ed.), *Proceedings of the National Conference of Social Work at the Sixty-sixth Annual Session Held in Montreal*, *Canada* (Chicago: University of Chicago Press, 1935).

作者提供建议。有时，顾问可能会与一个特别有问题的家庭一起工作，但这一职能后来越来越多地被分配给非专业的访问家政员，这些工作人员在家政经济学家的督导下开展工作。到了20世纪30年代中期，只有五分之一的家庭服务机构雇有一名家政经济学家。① 家庭个案工作者仍然关心案主的财务问题，但更多地从财务问题如何对家庭成员造成心理影响这一角度来看待这些问题。②

第六节　大萧条及以后

大萧条时期，社会工作专业从与家政经济学的合作中抽离。③ 到20世纪20年代末，"转变的心理学"——尽管被一些人称为"泛滥的精神病学"——使社会工作者的形象得以扭转，从以往被许多人视为泛泛而谈或者过时的道德主义中解脱出来。④ 尽管一些有影响力的个案工作者认为，应该

① L. Addis and E. Guilford, "Home Economics Service in Family Agencies," *Family* 18(1937): 16 - 19.

② E. Neustaedter, "The Integration of Economic and Psychological Factors in Family Case Work," in H. R. Knight (ed.), *Proceedings of the National Conference of Social Work at the Fifty-seventh Annual Session Held in Boston, Massachusetts* (Chicago: University of Chicago Press, 1931).

③ P. H. Stuart, "Social Workers and Financial Capability in the Profession's First Half-century," in J. Birkenmaier, M. Sherraden and J. Curley (eds.), *Financial Capability and Asset Development: Research, Education, Policy, and Practice* (New York: Oxford University Press, 2013).

④ G. F. Marcus, "The Status of Social Case Work Today," in H. R. Knight (eds.), *Proceedings of the National Conference of Social Work at the Sixty-sixth Annual Session Held in Montreal, Canada* (Chicago: University of Chicago Press, 1935); V. P. Robinson, *A Changing Psychology in Social Case Work* (Chapel Hill: University of North Carolina Press, 1930).

由案主的需求来决定治疗方法[①]，但社会工作者仍然越来越关注案主的心理问题，把家庭预算留给了家政顾问和访问家政员。

这一时期，公共社会服务的扩张确保了社会工作专业范围的扩展。作为一个新的联邦社会福利官方组织，美国公共福利协会促进了新公共服务中的专业标准的建立。然而在许多州，专业化仅限于州和县级的高级行政人员。公共社会工作的发展对于许多私营机构来说造成了二元分裂：公共机构应该负责那些"规模性的支持与保护"，而私营机构则着重于创新和实验。[②] 在一些代表性学者看来，个案工作本身反映了这种二分，如有人认为存在着两类个案工作，"一种倾向于越来越具有精神病学或者'临床'的特征，另一种则倾向于更'类别化'……与社区组织、公共福利以及行政联系更紧密"。[③] 有人认为，公共福利机构的个案工作者需要家政经济学的知识。[④]

家政经济学家则继续在社会工作机构中担当顾问。[⑤] 他们作为家庭预

① F. Hollis, "Environmental (indirect) Treatment as Determined by the Client's Needs," in *Differential Approach in Case Work Treatment* (New York: Family Welfare Association of America, 1936).

② S. Hollander, "A Layman Takes Stock of Public and Private Agency Functions," in *Proceedings of the National Conference of Social Work at the Sixty-fourth Annual Session Held in Indianapolis, Indiana* (Chicago: University of Chicago Press, 1937).

③ L. Feder, "Changing Emphasis in Professional Education," in *Proceedings of the National Conference of Social Work at the Sixty-fifth Annual Session Held in Seattle, Washington* (Chicago: University of Chicago Press, 1939).

④ G. Hamilton, "Case-work Responsibility in the Unemployment Relief Agency," in *Proceedings of the National Conference of Social Work at the Sixty-first Annual Session Held in Kansas City, Missouri* (Chicago: University of Chicago Press, 1934).

⑤ E. Guilford, "The Local Home Economics Association and Health and Welfare Agencies," *Journal of Home Economics* 31(1939): 680 - 684.

算专家督导家政员，为开展问题家庭工作的个案工作者提供顾问服务。[①] 然而在20世纪30年代末，一位开创性的家政经济学家可能会感叹，在年轻的专业人士看来，这项工作似乎仍然被视为“家政经济学的最新发展”。尽管存在明显需求，赫塞尔廷感叹道：“职业机会仍然……太少、太分散。”[②]

在对20世纪中叶社会福利状况的评估中，威伦斯基（Wilensky）和勒博（Lebeaux）鼓励家庭机构把重点放在年轻家庭的财务问题上。他们预测，以信贷方式购买、应对通货膨胀以及平衡工作和家庭的需求将给许多人带来挑战。[③] 在第二次世界大战期间，社会工作者已经意识到军人家庭的经济问题。[④] 但是，除了少数明显的例外，家政经济学家和社会工作者的紧密合作已经结束。

社会工作者对提升案主的金融能力感兴趣，可以从过去寻求好的模式，但是他们在应用这些经验时应该谨慎。早期慈善工作者和睦邻之家的工作人员秉持的理解和尊重案主的理念十分重要，但是许多早期家政经济学家的工作带有浓厚的文化帝国主义色彩。家政经济学依赖于对家庭的实证主义理解，这种理解固化了性别角色，几乎不允许有变化。[⑤] 即使社会工作者

---

① C. Dunphy, "The Home Economist in Social Welfare Work," *Journal of Home Economics* 37(1945): 490-492.

② M. M. Heseltine, "Home Economics in Social Welfare and Public Health," *Journal of Home Economics* 29(1937): 683-686.

③ H. L. Wilensky and C. N. Lebeaux, *Industrial Society and Social Welfare: The Impact of Industrialization on the Supply and Organization of Social Welfare Services in the United States* (New York: Russell Sage Foundation, 1958).

④ K. S. Weitzel, "Financial Problems in Soldiers' Families," *Marriage and Family Living* 5, no. 4(1943): 76-79.

⑤ K. Latta, J. Longhofer and J. Floersch, et al., "Domestic Education and the Politics of Positivism: Rethinking the History of Home Economics," *Culture and Agriculture* 15, no. 51-52(1995): 23-27.

和家政经济学家反对有关性别角色、移民、农村人口和少数族裔等的陈旧知识体系，他们通常也会固化既有的特权体系。当今的社会工作者需要专注于理解和尊重案主的重要性，并且必须继续谨记，“所有的最好的帮助就是助人自助”。①

① J. S. Lowell, *Public Relief and Private Charity* (New York: G. P. Putnam's Sons, 1884).

第四章　生命历程的贫困风险与资产建设[①]

第一节　研究背景

贫困与不平等是人类社会面临的共同挑战。中国的反贫困事业取得历史性成就，得益于改革开放后经济快速增长和中国政府自上而下有意识推动扶贫政策行动。尤其自启动坚决打赢脱贫攻坚战、实施精准扶贫方略以来，我国脱贫工作取得了决定性进展，为全面建成小康社会打下了坚实基础。“十四五”时期，我国反贫困战略将从消除绝对贫困转向缓解相对贫困，从保障贫困人口的基本生活转向更好地应对多维度的动态贫困与不平衡发展，这要求我们必须继续巩固脱贫成果，建立解决相对贫困问题的长效机制。

自改革开放以来，我国从开发式扶贫到精准脱贫的政策推进，体现了政府对贫困复杂性的更深入理解。脱贫攻坚行动不仅关注对贫困户的兜底保

---

① 本章曾刊发于《社会科学》2020 年第 11 期。

障，也更加强调贫困者的内生发展动力和发展能力，加强脱贫与乡村振兴、城乡一体化发展的结合。不过，在经济社会的新发展阶段，贫困和低收入人群面临的脆弱性更加多元，外部的社会系统风险可能与个体家庭的生命历程风险相互交织，为脱贫发展带来更多不确定。这就要求我们必须从静态的、群体性的贫困后果研究转向动态的、个体生命历程发展的贫困风险研究，并在此基础上积极调整与反贫困有关的政策与实践。

资产建设是伴随西方社会福利制度转型而产生的新的社会政策理念，对理解和应对动态的贫困风险问题有积极启示。资产是一种稳定的资源及其关联能力的聚合，储备各种资源以备不时之需可以说是原初的生存保障观念。在传统社会中，这一功能主要通过家族共同体的互助保护得以实现。在工业化时代，受到劳动力商品化的剧烈冲击，传统的家庭保护逐渐被社会保险和社会救济等制度性保障机制所取代。不过谢若登指出，工业化时代的福利制度具有很强的分化性，面向穷人的福利政策局限于满足其当下的消费和服务需求，往往形成负向的发展激励，无法抑制或消除贫困的再生①。随着全球化与信息化发展，劳动力市场更加灵活和多元，资本的收益率超过劳动收入增长率，社会财富分化问题日趋严重②。资产贫困同时与性别、种族、阶层等社会分化机制相互交织③，加剧了已有的社会不平等现象，可以说是当前许多西方国家社会矛盾的主要体现。资产建设研究者由此呼吁制定

① M. Sherraden, *Assets and the Poor: A New American Welfare Policy* (Armonk, New York: M. E. Sharpe, Inc, 1991).

② [法] 托马斯·皮凯蒂：《21 世纪资本论》，巴曙松等译，中信出版社，2014。

③ M. Oliver and T. Shapiro, *Black Wealth / White Wealth: A New Perspective on Racial Inequality* (New York: Routledge, 1995).

普适性的资产社会政策，激励穷人进行有形或无形的资产积累。研究者倡导运用具有创新性的政策干预，如个人发展账户、儿童发展账户以及金融社会工作服务等，促进穷人实现实质性的发展目标，包括住房拥有、教育获得、就业创业和社区发展等[1]。与资产建设相关的政策思想在我国社会转型期得到现实回应，在社会救助、儿童福利、住房保障等政策领域内也有较多探讨；资产建设理念还与金融社会工作相结合，在反贫困、青少年以及残疾人服务等领域内形成新的研究关注点[2]。

尽管既有研究揭示了资产拥有机会和能力能够带来积极的人生发展效应，但总体而言还缺乏对资产建设与生命历程变迁之间复杂关系的深入分析。研究者较多从"收入—资产"二分框架展开讨论，忽略了资产建设对个体和家庭生命历程累积性分化的影响，以及不同类型社会政策在应对贫困风险时的关联性。西方后工业化社会的发展，以及从 20 世纪中期逐渐开启的第二次人口转变进程，极大改变了个体和家庭的生命历程轨迹，是西方福利国家转型的主要推动因素。中国的经济社会转型迥异于西方国家，但"压缩现代性"的社会变迁也极大形塑了个体的生命历程特征[3]。一方面，经济

---

① M. Sherraden, "Asset-building Policy and Programs for the Poor," in T. Shapiro and E. Wolff (eds.), *Assets for the Poor: The Benefits of Spreading Asset Ownership* (New York: Russell Sage Foundation, 2001), pp. 302 - 322.

② 相关研究可参考：杨团、孙炳耀：《资产社会政策与中国社会保障体系重构》，《江苏社会科学》2005 年第 2 期；张和清、杨锡聪、古学斌：《优势视角下的农村社会工作：以能力建设和资产建立为核心的农村社会工作实践模式》，《社会学研究》2008 年第 6 期；王思斌：《金融增能：社会工作的服务领域和能力建设》，《社会建设》2019 年第 2 期；黄进、方舒、周晓春：《究竟何为金融社会工作：美国社会工作专业的思考和探索》，《社会工作与管理》2020 年第 2 期。

③ 张庆燮：《复合风险社会：压缩性现代性和韩国的风险秩序》，载谢立中、郑根埴主编《社会转型：中韩两国的考察》，社会科学文献出版社，2012，第 295—310 页。

发展与制度变革拓展了更加多元的个体发展机会，促进了城乡家庭资产的积累；另一方面，个体生命历程与社会变迁之间的交互影响也产生了累积性不平等后果，使贫困的发生具有越来越鲜活的生命印记①。在此背景下，社会政策无法只在贫困的下游进行补救式干预，而必须能够具有预防性和前瞻性，适应社会成员更为异质化的生命历程特征，这是资产建设相关政策与服务实践必须考虑的时代背景。本章尝试从生命历程的视角出发，解析资产建设理念的内涵，并结合我国社会转型与制度文化情境的特殊性，探讨资产建设对于未来反贫困政策及其实践发展的启示。

第二节　社会福利政策的生命历程转向

一、生命历程转变下的西方社会福利政策

生命历程的概念借鉴了发展心理学对人的生命发展阶段的分析，将个人的成长视为从出生到死亡不同年龄阶段的发展过程，包括幼儿期、青春期、成人期和老龄期等。朗特里最早对英国伦敦的贫困状况进行了系统分析，他关注到不同生命周期阶段呈 W 形态分布的贫困风险，即儿童期、初为父母期和老年期呈现出更高的贫困可能性。然而，早期贫困生命周期的研究并没有看到不同生命阶段的关联性，也没有看到个体生命历程与宏观社会历史、制度变迁等之间的影响关系②。

受到芝加哥学派的启发和影响，埃尔德（Elder）分析了美国大萧条时期儿童的生命历程，将重点放在特定危机历史情境中的家庭与群体行为上。

①②　徐静、徐永德：《生命历程理论视域下的老年贫困》，《社会学研究》2009 年第 6 期。

他认为,家庭乃是社会变迁和个体生命历程之间的最重要联结,家庭能够适应外部变迁的要求和期望,并采取相应的策略来应对危机①。随后的研究者引入年龄的概念,指出社会变迁源于个体年龄增长与社会结构变化之间无法保持同步,其中一个重要的原则是同期的更替②。美国 20 世纪 60 年代之后纵贯数据的发展为生命历程相关研究提供了很好的方法论基础。除了年龄之外,生命历程研究者还提出其他核心概念,如事件、轨迹、过渡等,生命历程既包括个体生命阶段的横向联结,也包括纵向个体生命轨迹所嵌入宏观社会历史发展的时间和空间③。从生命历程的视角看贫困,研究者要关注贫困发生的个体成长与发展的整体性脉络。贫困被视为伴随着连贯性生命历程发展、个体与外在结构性力量相互影响的累积劣势结果,初始的不平等与机会结构及历史处境相结合,共同影响人们在生命历程中积累资源的能力④。由于童年期与成年期是相连的,早期生活的不利境地可能带来贫困的代际传递,这一点尤其值得关注。已有的关于生命历程中累积劣势发生机制的经验研究为反贫困干预带来了积极启示。

欧洲大陆的生命历程研究与美国有一定差别,更加关注生命历程的制度建构,特别是福利国家对个体生命历程的形塑。以往对代际流动、年龄分化的研究常常忽略国家的角色,而生命历程的制度化视角将宏观的国家制度安排与过程和个体层面的生活历史动力联系起来。在现代福利国家中,个体的生命阶段特征界定着其获得福利权利的资格,教育、就业、社会保险

① [美] G. H. 埃尔德:《大萧条的孩子们》,田禾、马春华译,译林出版社,2002。

②④ D. Dannefer, "Aging as Intracohort Differentiation: Accentuation, the Matthew Effect, and the Life Course," *Sociological Forum*, no. 2(1987): 211 - 236.

③ 包蕾萍:《生命历程理论的时间观探析》,《社会学研究》2005 年第 4 期。

等都和个体的年龄及生命历程阶段转换息息相关。个体的生命历程发展由此体现出时间化、时序化、个体化等特征①。生命历程的制度化也改变了贫困发生的特征及其应对方案。在充分就业和性别分工稳定的生命历程中，贫困是暂时的，福利政策的目的是缓解短期性就业收入损失。然而，在20世纪80年代之后，后工业化的西方社会转型带来了新的社会风险，其中既包括经济层面全球化引起的劳动力市场变迁，也包括政治层面如民族国家权威下降，以及社会层面中女性主义兴起、生育率下降和文化多元化等②。贝克认为，风险是晚期现代性社会的基本特征，风险从制度性的管辖空间转移到个体性的个人决策领域，使个体直接暴露在风险全球化的处境中，并产生了新的不平等③。在这样的背景下，贫困不再是与工人阶级相伴随的特征，而成为更多人的生命历程经验，尤其是儿童、女性和单亲家庭等脆弱人群面临的更大的贫困风险。

风险社会的变迁对于制度化的生命历程带来巨大冲击，儿童阶段、成年阶段以及老年阶段之间的结构性界限都产生了“去制度化”的趋势。传统的社会保障机制也由此面临巨大挑战，福利国家被要求重建适应生命历程变迁的新社会保护机制。

20世纪后期，社会政策领域中的社会投资和社会发展理念兴起，更加强调社会政策的预防性和前瞻性，从综合的、被动的福利提供转向突出个体的

① M. Kohli, “The Institutionalization of the Life Course: Looking Back to Look Ahead,” *Research in Human Development* 4, no. 3/4(2007): 253 - 271.

② P. Taylor-Gooby, “Does Risk Society Erode Welfare State Solidarity?,” *Policy & Politics* 39, no. 2(2011): 147 - 161.

③ [德] 乌尔里希 · 贝克：《风险社会》，何博闻译，译林出版社，2004。

责任以及积极化，人生早期开端的社会投资被认为可以带来更加持续的社会保护。个人社会服务则发挥着风险管理的作用，协助脆弱人群应对不同生命阶段之间的过渡问题，加强生命历程的连贯性①。资产建设理念强调人生长期发展的福利效应，在很大程度上契合西方社会福利制度的生命历程与社会发展转向②。但由于面临全球风险社会的转型，西方国家生命历程个体化与制度化之间仍然关系紧张，不同国家资产社会政策及其效果也体现出很大差异。

二、资产建设与生命历程的风险应对

资产建设理念倡导福利政策从工业化时代的"收入—消费"转向"资产—发展"框架，促进穷人的长期社会发展，可以说是一种应对生命历程风险的积极福利观。基于相关研究及政策实践，资产建设对于生命历程社会保护的意义主要体现于其制度性、发展性及终身性三个层面的政策内涵。

首先，资产建设理念强调使穷人获得制度性的资产积累机会，从而扭转其累积劣势的结构化力量。许多研究指出，家庭资产拥有是一个重要的累积性分化机制，资产不平等进而加剧其他社会分化后果，包括健康、教育和职业获得的劣势。例如，基于美国家庭资产研究的数据也显示，资产拥有及

---

① 郑作彧、胡珊：《生命历程的制度化：欧陆生命历程研究的范式与方法》，《社会学研究》2018 年第 2 期。

② J. Midgley, "Assets in the Context of Welfare Theory: A Developmentalist Interpretation," *Social Development Issues* 25, no. 1/2(2003): 12 - 28.

其持续期影响不同年龄同期群的健康，会加剧累积劣势效应①。资产带来的贫困分化后果在很大程度上与社会福利政策有关，在家计审查的政策下，穷人常常面临着资产临界点的限制。资产社会政策并非不存在，如一些有关购房、土地出租、税收补贴等的政策，但很多政策具有排斥性，设有较高的进入门槛，穷人并不能从政策中广泛受益。收入维持性的救助政策强调救急救穷，但缺乏一个让穷人可以积累优势的结构机制。资产社会政策的意义不仅仅在于储蓄资产本身，更重要的是形成一个有机会积累资产的制度进入渠道，使穷人能够突破个人生命历程中的"瓶颈"，进而摆脱贫困恶性循环。资产建设研究者强调政策的制度主义后果。在传统的福利政策下，穷人好比是在一个规则不公平的赛场中参加比赛，失败结局早已注定。而以促进穷人资产发展为目标的制度创新主要是指通过导向性的政策、项目以及服务等，为穷人提供可及性、信息、激励、期待、限制以及安全保障等制度激励。例如，相关研究也指出，不同制度激励机制下的住房政策会带来迥异的家庭资产发展效应②。在现实世界中，资产建设的政策常常体现的是一个制度组合，通过实践中的政策与服务创新，以实现更好的反贫困成效。

其次，资产建设理念强调关注人生长期社会发展目标，而非仅仅是短期消费和福利满足。从阿马蒂亚·森的可行能力概念来看，资产比收入有

① M. D. Hayward and B. K. Gorman, "The Long Arm of Childhood: The Influence of Early-life Social Conditions on Men's Mortality," *Demography* 41, no. 1 (2004): 87 - 107.

② 李健正：《住房政策、住房自有与资产建设：东亚社会政策的一种新视角》，《公共行政评论》2010 年第 3 期。

更加充分的信息基础，可以作为个体功能性活动的重要维度①。早期贫困研究主要使用收入作为测量指标，但随着资产的引入，贫困的结构性和动态特征能够得到更好的反映。相对于收入贫困来说，资产贫困体现了时间性和发展性的维度，是一个分析长期贫困的有用概念。哈夫曼（Haveman）和沃尔夫（Wolff）将资产贫困界定为家庭缺乏充足的资产满足其困难时期的基本需要，"一定时期"一般被设定为三个月，以反映家庭资产对于收入缺失的缓冲作用②。在社会发展领域，资产的概念更加丰富，不仅包含金融资产，也包括对发展中国家更加适用的土地、牲畜、农业生产设施、生产工具等维度③。国际发展署与英国发展研究所提出的可持续生计框架，更以家户为单位纳入比较宽泛的自然资本、物质资本、金融资本、人力资本和社会资本五个类别④。将资产与生计策略联系起来能够帮助我们从个体、家庭生命历程的动态视角更好地理解贫困者的可行能力。同样，这里的资产积累所关注的并不是资产本身，而是从资产到可行能力与社会发展的转化。不过，如何识别不同类型资产的发展性特征也是干预研究的重要关注点。

最后，资产建设理念强调建构从人生早期阶段开始的终身性社会政策。

① A. Frediani, "Sen's Capability Approach as a Framework to the Practice of Development," *Development in Practice* 20, no. 2 (2010): 173 - 187.

② R. Haveman and E. N. Wolff, "The Concept and Measurement of Asset Poverty: Levels, Trends and Composition for the U. S. 1983 - 2001," *Journal of Economic Inequality* 2, no. 2 (2004): 145 - 169.

③ C. Moser, "The Asset Vulnerability Framework: Reassessing Urban Poverty Reduction Strategies," *World Development* 26, no. 1 (1998): 1 - 19.

④ I. Scoones, "Livelihoods Perspectives and Rural Development," *The Journal of Peasant Studies* 36, no. 1(2009): 171 - 196.

从生命历程发展的连续性来看，童年期与成年期相互关联，早期人生阶段的贫困会带来长期发展损害。与成年人贫困不同，儿童贫困具有与其特定年龄阶段相关联的需求特征。联合国儿童基金会倡导多维度儿童贫困的测量方法，从营养、健康、教育、社会参与、受保护等多个维度来测量儿童受剥夺的状况。儿童贫困的多维度特征使得单一性的政策干预往往收效不大，通过现金转移支付与社会服务等整合性的政策组合能够更好地发挥政策合力。在过去的二十年里，基于资产建设理念的儿童发展账户项目在许多国家和地区获得广泛应用，体现了跨越生命历程的整合干预特点。儿童发展账户是政府、家庭或社会服务机构为儿童设立的储蓄性或投资性的金融账户，以加强对儿童的经济保护，以及促进实现其长期发展目标，如大学教育、住房拥有和就业等[①]。儿童发展账户也常常与促进儿童发展的家庭服务、教育和金融能力干预结合起来。在理想情况下，儿童发展账户可以与大学教育储蓄、医疗保险、社会保险等相互关联，构成覆盖社会成员全生命历程的社会保护。

综上可见，资产建设并非着眼于回应短期的、暂时的贫困后果，而是在生命历程转变进程中，试图应对结构性的贫困风险，建立具有发展性的长期政策体系。不过，由于经济社会状况以及制度文化传统的差异，对于资产概念的理解、如何更好地整合资产社会政策与社会发展等问题还需要进一步深化研究。毫无疑问，资产社会政策及其实践并非万灵药，它仍然无法充分回应风险社会下日趋复杂化的社会发展挑战。但是，资产建设研究将资产/

① M. Sherraden, et al., "Universal and Progressive Child Development Accounts: A Policy Innovation to Reduce Educational Disparity," *Urban Education* 53, no. 6 (2018): 806 - 833.

财富不平等的问题带入社会政策领域,体现了对于新的全球化时期财富分配和风险分配的关注,对于推动建立更加包容、跨越生命历程的社会保护体系有积极意义。

第三节 中国社会变迁中的贫困风险与资产建设

一、变迁中的生命历程与贫困风险

个体的生命历程受到社会结构变迁的深刻影响。中国从计划体制到市场体制的转型极大形塑了社会成员的生命历程轨迹,也使得贫困的个体化与家庭化趋势更加凸显。家庭资产拥有对个体生命历程的累积性贫困分化越来越产生重要影响。

在我国的计划体制时期,个体的生命历程被卷入集体化的进程中。国家深度介入基层社会中,对传统家族组织、家族伦理进行全面的社会主义改造。单位制、人民公社等一方面作为社会控制的机制,另一方面也为个人和家庭提供了基本社会保障。较低的人口流动性以及总体性的社会结构特征,使得计划体制下的个体生命历程在较大程度上被制度化[①]。同时,低水平、广覆盖以及相对均等的社会福利供给在一定程度掩盖了贫困社会问题,个体家庭由于依附集体保障机制而缺乏累积资产的制度机会,国家的社会救助政策主要表现在对少部分困难人群如“五保户”或者自然灾难发生后的

① 周雪光:《国家与生活机遇:中国城市中的再分配与分层 1949—1994》,郝大海译,中国人民大学出版社,2015。

救济行动。

改革开放之后，伴随市场经济的发展以及去集体化的社会结构变迁，个体生命历程的选择自由度大大提高。城乡户籍制度的松动使得越来越多的农民可以通过进城务工获得收入，新的制度安排提供了不同类型个体的生活机遇，也导致了基于个体化的职业路径与获得机制的不平等后果①。而在家庭内部，年轻一代收入获得能力的增强带来家长权威的衰落和子女权力的增加，由此出现以"下行式的家庭主义"为特点的社会个体化进程②。进入21世纪以来，我国城乡人口流动趋势更加明显，工业化和城镇化的影响日益加深。与此同时，中国家庭与人口结构呈现双重变迁的特征，表现为家庭规模持续缩减、家庭结构趋于简化、少子化与老龄化并存等③。面对激烈竞争的劳动力市场以及医疗、教育和住房等的压力，家庭的工具性和情感性的支持都变得更为重要。在捆绑式的家庭福利体制下，家庭甚至可以被视为不确定风险社会中个体可以抓住的"最后一根稻草"④。这种"再家庭化"趋势也带来了分化性的风险后果，家庭成为个体应对外部不确定风险的依附，这对于家庭经济资源、发展策略和决策能力提出更高的要求，当缺乏外部各种资源支持时，脆弱的家庭往往面临很大的贫困风险。

在生命历程变迁的背景下，贫困轨迹呈现出较明显的个体化与家庭化

① 周雪光：《国家与生活机遇：中国城市中的再分配与分层 1949—1994》，郝大海译，中国人民大学出版社，2015。

② 阎云翔、杨雯琦：《社会自我主义：中国式亲密关系——中国北方农村的代际亲密关系与下行式家庭主义》，《探索与争鸣》2017 年第 7 期。

③ 胡湛、彭希哲：《中国当代家庭户变动的趋势分析——基于人口普查数据的考察》，《社会学研究》2014 年第 3 期。

④ 吴小英：《"去家庭化"还是"家庭化"：家庭论争背后的"政治正确"》，《河北学刊》2016 年第 5 期。

趋势，进而影响到我国扶贫政策的发展。改革开放以来，我国扶贫战略从区域扶贫开发、整村推进扶贫逐渐转向精准扶贫，各项扶贫措施要求更加精准地回应贫困户的需求，提升脱贫发展的能力。在这个意义上，反贫困政策一方面要通过“两不愁三保障”等措施实现贫困户救助兜底，另一方面还必须关注动态的贫困发生过程，尤其是脆弱人群的生命历程事件、轨迹以及过渡等可能带来的贫困风险。儿童/青少年期、成人期和老年期等不同生命阶段节点之间的转换是导致贫困风险的重要原因①。从童年期到成年期转换的贫困风险主要集中在教育和就业维度。我国农村义务教育、“两免一补”以及教育救助等措施的实施，在很大程度上减轻了贫困家庭的教育支出负担，有效降低了义务教育阶段的辍学率。但城乡教育发展的不平衡仍然比较明显，贫困边缘家庭的教育支出负担很重。例如，有研究发现，一些低收入家庭缺乏支持孩子接受更高程度教育的经济资源，子女教育成本常常导致家庭陷入支出型贫困的困境②。从教育到就业阶段的转换是另一个值得关注的问题，这主要体现在个体就业能力与劳动力市场之间如何更好地实现匹配。在信息化与后福特主义时代，非常态的雇用关系日益普遍，技术进步带来的工作不确定性增加。在青年人口中，就业能力不足、缺乏经济支持及就业保护等都可能影响劳动力市场参与率，以致出现“啃老”现象。此外，成年期到老年期的转换也容易带来贫困风险，主要表现在老年人退休之后收入减少，家庭成员关系、居住安排等的变化可能导致老人遭受经济剥削或经济

① C. Dewilde, “A Life-course Perspective on Social Exclusion and Poverty,” *The British Journal of Sociology* 54, no. 1(2003): 109 - 128.

② 左停、李世雄:《2020 年后中国农村贫困的类型、表现与应对路径》,《南京农业大学学报(社会科学版)》2020 年第 4 期。

滥用问题。在数字化与金融化日益加剧的时期，老年群体金融知识和技能的缺乏也可能使其面临金融排斥和财务风险，从而带来老年贫困①。

个体生命历程中的贫困经历具有不同的时间性形态，社会政策与社会服务在恰当时间(timing)中的干预能够获得更好的成效②。当然，个体和家庭并非被动地受到外部冲击影响，而是具有能动性，会通过各种选择性的策略来应对外部冲击。反贫困干预应强调如何激发个体与家庭的发展能力，协助其预防和化解生命历程中重要阶段的贫困风险。传统的反贫困干预主要指向突发性或暂时性的贫困，并没有很好地解决伴随生命历程变迁的延续性贫困问题③。从生命历程视角考察社会变迁对于贫困风险的影响，要求我们同时关注反贫困措施的及时性和持续性。例如，脱贫不稳定户和贫困边缘户需要获得及时帮扶，但同时还应建立解决其贫困问题、防止出现返贫现象的长效保护机制，“扶上马送一程”，动态跟进和监测家庭不同生命历程阶段可能遭遇到的贫困风险。此外，各项脱贫与社会保障措施还应当打破身份、地区和年龄阶段的政策接续等障碍，具备更大可及性与灵活性。在经济社会的不确定性变迁中，资产建设着眼于持续性与长远社会保护，其与兜底保障措施共同构成比较完整的反贫困政策体系。

二、中国制度文化情境下的资产建设及本土实践

在中国制度文化情境中讨论资产建设，我们还必须关注伴随生命历程

① 尹银、张琳：《金融社会工作为老服务：老年人的金融服务需求与应对》，《社会工作与管理》2020 年第 2 期。

② 包蕾萍：《生命历程理论的时间观探析》，《社会学研究》2005 年第 4 期。

③ 徐静、徐永德：《生命历程理论视域下的老年贫困》，《社会学研究》2009 年第 6 期。

变迁的社会政策特点，也要具有文化敏感性，这对于深化该领域的研究和本土实践有着重要意义。

在中国传统社会文化中，资产的意义在很大程度上体现在对民生和良好社会秩序的追求上。《管子・牧民》提出“仓廪实而知礼节，衣食足而知荣辱”。孟子也强调“有恒产者有恒心，无恒产者无恒心”，并提出“制民之产”的治理之道。在中国家本位的文化中，家庭是资产拥有与发展的基础。传统家庭是一个“同居共财”的社会单元，它具有家庭成员共同消费、收入一体以及共同居住等特征①。家长是家庭生产单位和事业的经营者，也是家庭财产的占有和支配者。基于代际伦理的财富转移是家庭财产延续的主要渠道，也是父权家长制再生产的过程②。家庭资产及其使用的方式还反映家庭不同生命周期的伦理责任，如完成子女教育与成婚、给老人养老送终、人情往来等，体现了一种“过日子”的家庭生活逻辑③。许多研究也指出，尽管经济社会变迁深刻影响着家庭形态和伦理，但家庭作为基础社会单位的地位并没有发生根本性改变，个体的生命历程也在很大程度上嵌入家庭主义的行动逻辑中。当前中国社会的多样化家庭主义特征仍然明显，父母子女在生命历程的不同阶段都呈现出相互依赖的代际共生模式，如父母在子女购房、置产等有关家庭的重要资产决策中有很强的参与感，代际具有一种协调

① 王跃生：《个体家庭、网络家庭和亲属圈家庭分析——历史与现实相结合的视角》，《开放时代》2010 年第 4 期。

② 王天夫、王飞、唐有财等：《土地集体化与农村传统大家庭的结构转型》，《中国社会科学》2015 年第 2 期。

③ 吴飞：《论“过日子”》，《社会学研究》2007 年第 6 期。

博弈的特殊团结关系等①。这都说明，中国社会文化情境中的资产建设并非纯然的个体行为，而更体现为以家庭关系为基础、家庭整体利益最大化的行动选择。这种家庭主义特征对于资产建设和金融社会工作等相关的干预实践有积极的启示，比如基于小额信贷模式的实践考察发现，地方性知识包括家庭性别观念、社区情理等都影响着农民对信贷项目的参与②。基于儿童发展账户的探索性研究也发现，以家庭为本的介入能够更好地带动代际互动以及家长对子女的教育投入③。从家庭关系网络的脉络来理解资产概念，我们会更加关注相关政策与实践运用中的文化敏感性。

从政策发展的维度上看，资产社会政策发展具有现实意义，但需要将救助保护与资产建设实现整合，通过创新性的政策设计来促进可持续性。近年来，资产不平等和资产贫困问题引起较多的关注。多个数据来源的研究发现，全国财产基尼系数已经大大超过了收入差距的基尼系数④，金融性资本、住房资产等逐渐成为居民家庭财富分化的重要构成，财产分配差距也日益成为影响社会不平等的潜在危险因素⑤。西方的经验表明，再分配取向的

① 计迎春：《社会转型情境下的中国本土家庭理论构建初探》，《妇女研究论丛》2019 年第 5 期；钟晓慧、何式凝：《协商式亲密关系：独生子女父母对家庭关系和孝道的期待》，《开放时代》2014 年第 1 期。

② 程士强：《制度移植何以失败？以陆村小额信贷组织移植“格莱珉”模式为例》，《社会学研究》2018 年第 4 期。

③ 邓锁：《资产建设与跨代干预：以“儿童发展账户”项目为例》，《社会建设》2018 年第 6 期。

④ 李实、万海远：《中国居民财产差距研究的回顾与展望》，《劳动经济研究》2015 年第 5 期。

⑤ 李凤、罗建东、路晓蒙等：《中国家庭资产状况、变动趋势及其影响因素》，《管理世界》2016 年第 2 期；魏万青、高伟：《经济发展特征、住房不平等与生活机会》，《社会学研究》2020 年第 4 期。

社会福利政策对于资产不平等并不能起到充分的调节作用，这需要出台或强化更多有利于资产发展的社会政策，包括：扩大住房公积金覆盖范围，加大对中低收入人群的住房保障力度；完善个人所得税减免政策；增强儿童津贴的普惠性等。我国精准脱贫行动也应更加重视增进贫困户的财产性收入积累，比如加强资产收益性扶贫的包容性，通过集体土地分红、旅游开发、光伏发电等促进贫困地区及贫困户的长期资产发展。此外，资产社会政策还需要与救助保护类政策更好地实现整合，“收入—资产”的二元划分并不能完全反映贫困的动态变化特征。在生命历程的变迁过程中，收入支持和资产发展之间并不存在一个清晰的边界。收入支持可以通过一定的政策激励转化为促进个体与家庭发展的资产；反过来，资产发展的能力和资产拥有也可以使穷人获得更加长远、稳定的社会保护。

在社会保障制度还有待完善的背景下，社会救助往往被当作一种首要的甚至唯一的反贫困政策工具，在实践中可以通过政策创新，将既有的救助保护与资产发展目标结合起来，如在人生早期阶段构建整合性的社会保护政策体系。近年来，国际劳工组织和联合国儿童基金会等也强调，反贫困应突破传统狭义的就业保障范畴，推动建立整合性的社会保护框架，以应对经济社会不确定性对于脆弱人群如儿童、残疾人以及非正式劳动者等的冲击。拉丁美洲和非洲等国家将收入转移支付与人力资本、资产建设等服务结合起来，通过有条件的现金转移支付、社区储蓄等不同手段，促进贫困儿童的教育、家庭就业技能提升以及社区发展等①。这些政策实践模式对于 2020

① A. Barrientos, “Social Protection and Poverty,” *International Journal of Social Welfare* 20, no. 3(2011): 240 - 249.

年之后我国的可持续反贫困行动也有一定的启示。面对日益复杂的风险社会，单一的反贫困社会保护项目往往难以实现家庭及儿童的长期脱贫发展，收入保护与资产发展之间的整合十分必要。

资产建设不仅仅停留在政策视角的分析，还会通过研究者和实务工作者的推动而具有很强的实践性。资产建设类的政策工具，如儿童发展账户、个人发展账户、社区为本的资产发展、金融社会工作教育等，强调实践中的模式总结，开发出适合社会工作者使用的工具指南。从过往的政策与服务实践来看，有效的资产建设项目需要一个多方参与的、持续性的制度机制，需要政府、社区、社会组织、金融机构以及贫困家庭等多方行动者的合作。不同制度文化背景下的实践模式也有较大差异，如儿童发展账户项目可能依托国家层面的儿童福利体系，也可能依托民间性的社会组织、社区基金会等“半正式化”平台。在华人文化地区的儿童发展账户实践中，还需要更多地考虑到家庭为本的服务介入方案。在日趋金融化的社会中，资产积累也与金融能力建设有紧密联系，如消除金融排斥、提升金融知识和技能等促进实现贫困者的就业参与、子女教育等发展目标。贫困问题与经济机会剥夺、金融能力缺乏等息息相关，社会工作在介入反贫困中需要触及服务对象的经济问题，这也使得社会工作教育有必要纳入有关资产建设、金融能力和社会发展等内容。近些年来，我国社会工作教育界积极地参与到国家脱贫攻坚的战略行动中，积累了许多有意义的反贫困实务经验，我们也期待有更多的基于实践证据的本土研究，以丰富资产建设领域的跨文化研究知识。

第四节　结论与启示

社会政策创新对于消减经济社会的不平等、促进建立解决贫困问题的可持续性机制十分重要。面对全球日益凸显的经济社会发展带来的不确定性，社会政策应特别关注社会系统与个体风险相互交织引发的贫困分化后果。政策目标不仅需要回应现时的贫困救助与服务需求，还应聚焦于如何提升个体家庭的发展能力，帮助他们更好地预防和应对生命历程发展中的贫困风险。我国改革开放以来的经济社会变迁同时也带来了更加异质化的个体生命历程特征，贫困发生的个体化与家庭化趋势日益明显，这要求我国反贫困社会政策的未来发展应更重视生命历程视角，强化对于脆弱人群更加动态的、具有未来取向的社会保护。

资产为本的社会政策体现了生命历程的取向，它强调资产是导致个体生命历程累积性分化的重要力量。这里的资产是一个复合型概念，包含了制度性、发展性和可持续性等多重政策内涵，资产积累的机会和能力并非完全个体性的，还会受到外部制度与政策环境的约束。因此，资产社会政策在预防和应对生命历程贫困风险中具有积极意义。然而，与资产建设相关的实践还必须考虑到我国社会转型和制度文化情境的特殊性。一方面，加强对贫困及贫困边缘群体的救助保护仍然是我国转型期的社会保障制度的基础，在重大公共卫生事件中采取的民生纾困政策对于脆弱人群生活保障尤其具有重要作用。但从长期来看，政策干预还应当致力于脆弱人群的可持续经济赋能，包括加强对其就业能力、住房拥有、金融资产以及人力资本等方面的社会投资。具有累进性的财税政策如个人所得税、房产税、遗产税等也有利于贫困家庭的长期资产积累。创新性的政策设计可以发挥短期与长期的反贫困作用。在这一层意义上，拓展传统社会救助政策的覆盖范围，构建有利于资产建设的整合型社会政策与服务体系是有必要的。另一方面，资产建设的政策实践还需要具有文化敏感性。在家庭伦理关系的脉络下，资产积累与家庭生命历程阶段的重要事件紧密联系，资产建设的干预需要更多地考虑到如代际互惠、家庭网络、社区支持等重要维度。

面对全球风险社会以及生命历程的变迁，西方福利国家的社会政策都处于转型的重要节点，如何更好地发挥社会政策、社会工作在促进社会保护与社会团结中的作用引起广泛关切。从生命历程的视角来看，每个人都可能在生命的不同发展阶段遭遇贫困风险，社会政策因而与所有社会成员息息相关。资产建设并非关于可见的资产本身，其实质上是促进可及、公正和可持续的社会政策体系，使得社会成员尤其是脆弱人群能够更好地抵御风险，增强个体、家庭和社会的韧性，这在后疫情时代的社会发展进程中尤其具有重要意义。

第五章　金融社会工作与反贫困

贫困是许多国家和社会都面临的共同问题。根据以收入为标准的定义，贫困往往表现为个人和家庭收入过低或没有充分的收入。各个国家和国际组织也制定了不同的测量贫困的收入标准。贫困和收入之间的这种近乎等同的密切关联，揭示了个体、家庭的贫困问题和“钱”的高度相关性。事实上，“钱”这个贫困的核心测量标准有着超越“收入”的内涵和范围。更一般性地说，贫困是和家计、金融和财务高度相关的。因此，在开展扶贫的工作、政策、项目和活动的过程中，比如在中国的脱贫攻坚战中，金融部门、金融系统，还有与金融服务相关的社会组织，也采用了金融服务的手段来解决贫困问题。从社会工作的角度来看，金融扶贫是以提升金融能力为基本方法的金融社会工作服务的重要组成部分。金融社会工作给如何开展扶贫与济贫服务提供了一个新的视角和思路。我们在这一章中简要介绍金融社会工作的定义、内容和工作范畴，并进一步阐述它与反贫困的关系。

第一节　什么是金融社会工作

随着社会金融化的趋势和广大人民对金融服务需求的日益增加，以及社会金融服务的迅速发展和金融科技的广泛使用，社会工作专业和社会服务界也增加了对金融社会工作（Financial Social Work）这一新领域的关注与探讨。金融社会工作是社会工作的一个实践领域，它通过扩展个体和家庭接受普惠金融（Financial Inclusion）的机会，提升其金融知识和技能，完善金融能力（Financial Capability）来增进金融福祉（Financial Well-being），促进金融健康（Financial Health）。①

金融社会工作服务是一个金融赋能的过程。在这里，"金融"有一个比较宽泛的含义，是指所有社会工作服务对象（主要是个体和家庭，也可以包括社区、组织和其他服务对象）中一切与钱、经济和金融资源有关的事务，包括收入、资产与财富、消费、信用、债务和金融风险等。这些与"钱"有关的事务往往和特定的金融服务或产品（比如金融风险与保险，资产与金融投资等）相联系。但是从社会工作的视角出发，金融社会工作不局限于具体的金融产品或服务，它着眼的是服务对象在处理与"钱"有关的事务、产品和服务上的能力，以及这种能力对实现金融福祉的重要性。

金融社会工作主要包括以下几个层面的内容：核心目标是个体和家庭

① M. S. Sherraden and J. Huang, "Financial Social Work," in C. Franklin (eds.), *Encyclopedia of Social Work* (New York: National Association of Social Workers Press and Oxford University Press, 2019)；黄进、方舒、周晓春：《究竟何为金融社会工作：美国社会工作专业的思考和探索》，《社会工作与管理》2020 年第 2 期。

的金融福祉与健康。金融社会工作服务通过改善家庭金融福祉与健康来实现个人和家庭的美好生活需求，金融社会工作的工作方法是通过改善服务对象的金融能力来实现个体和家庭的金融福祉与健康。金融社会工作服务还与其他专业社会工作服务紧密相关（社会工作服务的内部关系）。所有社会工作服务的最终目标都是实现服务对象的社会福祉（Social Well-being），满足他们对美好生活的需求①。帮助服务对象改善金融能力、福祉与健康，对实现其他社会工作服务的目标（比如家庭关系、精神健康、社区发展等）具有重大的推动作用。此外，金融社会工作服务与金融部门与机构（比如银行等）的服务也紧密相关（与其他专业的外部关系）。个体和家庭金融能力、福祉与健康的实现，依赖于一个完整和复杂的社会系统的支撑，包括社会政策和金融政策、金融机构和市场服务、工作单位福利、非营利组织提供的社会福利，以及家庭和朋友的非正式支持等。② 金融社会工作只是这一系统中的一个组成部分，需要和其他部分协调整合与融合，共同提升服务对象的金融能力与福祉。

总之，把金融社会工作作为一个新的工作领域提出来，其目的包括如下两个方面。一方面，梳理既有的社会工作专业与“钱”有关的实务与服务，使之理论化和系统化，成为专业社会工作服务体系中的有机部分。③许多社会工作既有的服务本来就是与服务对象的金融能力、福祉与健康高度

①③　M. S. Sherraden and J. Huang, “Financial Social Work,” in C. Franklin (eds.), *Encyclopedia of Social Work* (New York: National Association of Social Workers Press and Oxford University Press, 2019).

②　黄进：《论社会政策的金融化趋势及其理论意涵》，《金融与社会》2021 年第 2 辑；M. S. Sherraden、L. Johnson、黄进等：《金融导引：美国金融社会工作的微观实践基础》，《金融与社会》2022 年第 3 辑。

相关的，金融社会工作力图把它们放在一个完整的理论框架中看待。另一方面，面对社会金融化与金融科技化的趋势，金融社会工作也不断开辟新的专业方法、服务内容和工作场景。完善的金融社会工作服务和完整的支持个人实现金融福祉与金融健康的社会系统是避免个人和家庭陷入贫困的重要支持。

第二节　金融社会工作的基本理论框架

金融社会工作的定义包含相关的重要概念，如普惠金融（或金融机会）、金融知识与技能（或金融素养）、金融能力、金融福祉与金融健康等。金融社会工作的基本理论框架就是对这些概念间关系的阐述。①

普惠金融。从金融市场和金融机构的角度出发，普惠金融通常是指立足机会平等要求和商业可持续原则，以可负担的成本为有金融服务需求的社会各阶层和群体提供适当、有效的金融服务。在平等的基础上为所有的群体提供有效的金融服务是普惠金融的最根本要求。这样一个普惠金融的定义通常是从金融机构的服务供应的视角出发的。对于金融社会工作而言，普惠金融的本质更在于从服务对象的角度（而不是供应者的角度），强调所有的个体和家庭享有平等的金融机会和金融可及性，是实现个体和家庭

---

① M. S. Sherraden and J. Huang, "Financial Social Work," in C. Franklin (eds.), *Encyclopedia of Social Work* (New York: National Association of Social Workers Press and Oxford University Press, 2019)；黄进、方舒、周晓春：《究竟何为金融社会工作：美国社会工作专业的思考和探索》，《社会工作与管理》2020 年第 2 期。

经济金融福祉与健康的重要条件和保障。[①] 因此，金融社会工作从个体和家庭的视角出发，最广泛地界定普惠金融：它指所有个体和家庭都能享有基本的经济金融资源（不管这些资源是通过金融机构或者其他渠道和方式实现），接受可信赖的、合适的、有益的金融服务（包括金融教育和培训），并从使用这些资源和服务的过程中获得经济发展、金融福祉与金融健康。要实现普惠金融，提供最充分的金融机会，除了市场上金融系统的努力，提供各种各样的金融服务与产品以外，还需要政府和政策以及社会服务机制的全面配套和共同发展。

金融知识与技能。金融知识和技能是金融素养的最核心组成部分，它们是个体在处理金融事务、做出金融决策时的内在能力。对这种个体内在能力的描述，有时候也延伸到个体的金融意识、金融价值、金融态度，甚至早期金融社会化的过程。[②]

金融能力。金融能力是指个体既拥有外在的金融机会（普惠金融），又拥有内在的金融知识和技能，通过金融机会和金融知识与技能的相互作用和支持，做出正确的金融决策，采取有益的金融行动，为实现金融福祉与金融健康奠定基础。[③]金融能力是普惠金融和金融知识与技能的综合，因此实现金融能力不是仅靠个体和家庭的努力和行动就能达到的，更需要完善外部的金融环境与机会。改善服务对象的金融能力是金融社会工作的基本工作方法和服务内容，具体包括三个基本策略：一是创造和增加服务对象接受

① 黄进：《论社会政策的金融化趋势及其理论意涵》，《金融与社会》2021 年第 2 辑。

②③ M. S. Sherraden and J. Huang, "Financial Social Work," in C. Franklin (eds.), *Encyclopedia of Social Work* (New York: National Association of Social Workers Press and Oxford University Press, 2019).

合适、有益的金融服务的机会，实现普惠金融；二是增加服务对象的金融知识和技能；三是通过机会和技能的充分互动帮助服务对象实现有益的金融行为、决策和行动。① 遵循社会工作的“人在环境中”的理念，金融社会工作强调这三个策略的整体性、综合性，并不仅仅单向地聚焦于改变服务对象的金融知识和技能。充分的金融服务机会给个体提供了运用他们的金融知识和技能的条件，是实现金融能力的基础。

金融福祉与金融健康。社会工作服务的最终目标是实现人类的社会福祉，而金融福祉与金融健康是社会福祉的一个重要组成部分。金融福祉与健康是一个跨学科的概念，包括社会工作、政策分析、家庭经济学、消费经济学、幸福研究等，都在力图阐述它的内涵，它通常是指个体和家庭处于免于为家庭经济金融事务担心焦虑的状况。② 美国消费者金融保护局指出，金融福祉应该包含四个组成部分：(1) 具有对日常家计金融(比如支付房租水电等日常开销)的充分控制，能够满足基本生活需求；(2) 具有一定的金融自由享受生活(比如可以适当享受非日常需求的爱好)；(3) 具有抵抗短期金融风险的能力(比如失业)；(4) 具有实现长期金融发展目标的能力(比如为购房、创业和退休积累资产)。金融健康则是一个新兴的，但是和金融福祉有近似内涵的一个概念。例如，联合国资本发展基金指出金融健康包括个体金融安全、金融自由和金融控制。在这里，金融安全对应金融福祉的(1)和(4)，

① M. S. Sherraden and J. Huang, “Financial capability,” in C. Franklin (eds.), *Encyclopedia of Social Work* (New York: National Association of Social Workers Press and Oxford University Press, 2019).

② Consumer Finance Protection Bureau, *Financial well-being: The goal of financial education* [*Report*], 2015.

金融自由对应(2),金融控制对应(3)。金融社会工作强调实现金融福祉需要注重的五个功能,包括收入维持、资产建设、消费管理、信用建设、风险防护。个体和家庭需要通过金融能力,保障这五个方面的金融功能,实现金融福祉与金融健康。

上述四个概念之间的关系大致呈现在金融能力的理论框架中(见图5.1)。[①] 普惠金融(或者包容性的金融机会)和金融知识与技能(或者金融素养)是金融能力必不可少的、促成金融福祉与金融健康两个重要组成部分,二者的叠加能产生额外的正面效应。金融机会是个体和家庭应用金融知识和技能的基本前提条件,消除贫困和经济金融不平等的基础首先在于提供平等包容的金融机会。

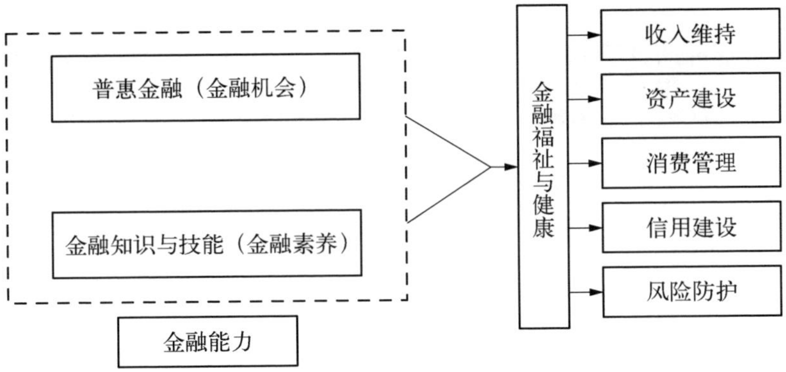

图 5.1　金融能力的理论框架

① M. S. Sherraden and J. Huang, "Financial Social Work," in C. Franklin (eds.), *Encyclopedia of Social Work* (New York: National Association of Social Workers Press and Oxford University Press, 2019).

第三节　金融社会工作的贫困观与金融扶贫

金融社会工作以增强服务对象的金融能力、福祉和健康为宗旨，又与各种各样的金融服务和产品密切相关，它为我们如何看待贫困问题提供了一个新的视角和思路。根据金融社会工作的定义，解决贫困问题、帮助个体和家庭脱离贫困的境况，是金融社会工作的重要工作任务。但是，从金融社会工作的角度看，贫困不仅限于传统的以收入为基础的定义，不仅意味着个体和家庭的收入不足；更重要的是，贫困被视为金融福祉与金融健康的对立面，是个体和家庭缺乏金融福祉与金融健康的一种表现。以美国消费者金融保护局的金融福祉的概念为例，以收入为基础的贫困只代表了金融福祉四个组成部分的第一个——个体和家庭能否满足基本的经济金融和消费需求。从金融社会工作的理论框架出发，贫困的根源是由于个体和家庭缺乏金融机会、知识和技能，从而无法保证实现金融福祉与金融健康。从这个意义上来看，我们可以把图 5.1 的金融能力的理论框架重新呈现为一个关于贫困的一般性的框架（见图 5.2）。

因此，个体和家庭的贫困，不仅仅在于收入和消费的不充分，也在于其他金融功能的不健全，包括资产建设、信用建设和金融风险防护等。不同个体和家庭的贫困，可能表现出不同金融功能和金融福祉的缺失，具有不同的特点，比如有的是低收入，有的是高风险。但是个体和家庭在不同的金融功能上的完善是相互影响、相互促进的。例如，资产和信用建设都有利于个体和家庭的收入维持和风险防护。因此，为了确保脱贫的长期有效性，我们不

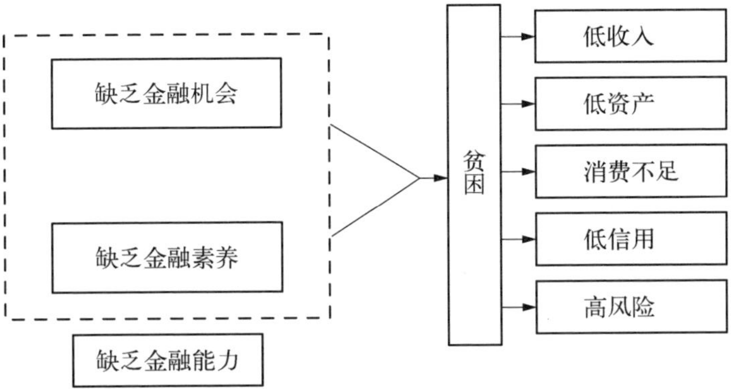

图 5.2　金融能力与贫困

仅需要聚焦于收入的提高，同时还应强调其他金融功能的完善及其和收入的互动。根据金融能力的理论框架，解决贫困问题的措施很大程度在于增加个体和家庭的金融机会、知识和技能，完善他们的金融功能，才能消除贫困，实现金融福祉。从这个意义上来看，金融社会工作把以收入为基础的贫困观拓展到了一个以金融福祉与金融能力为基础的贫困观（见图 5.3）。

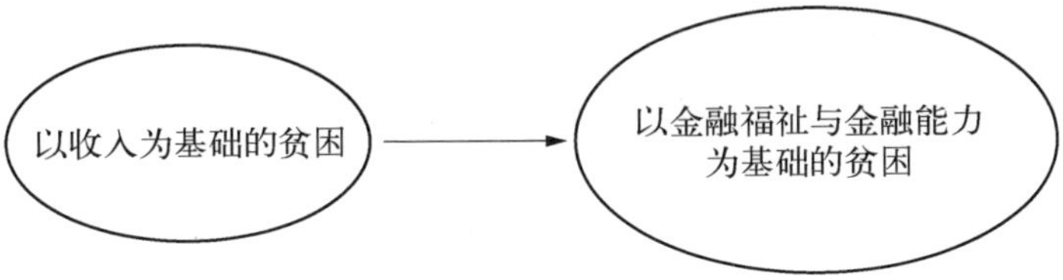

图 5.3　金融社会工作的贫困观

基于金融社会工作的贫困定义为脱贫政策与实践提供了一个更广阔的领域。从这一角度出发，在脱贫攻坚中所采纳的各种各样的金融扶贫的工作和举措都可以放在金融能力的理论框架中思考与检验。

金融扶贫一直是实现减贫的一种重要形式，是指通过金融工具和金融手段有针对性地向贫困人群投放各种金融服务产品，包括信贷、保险等，发挥金融杠杆的作用，创造更多的致富机会，帮助贫困人群脱贫。自 20 世纪 80 年代与国际组织合作开展小额信贷服务以来，中国的金融扶贫工作在过去几年的“精准扶贫”和“脱贫攻坚战”中迅速发展，初步形成了以政府为主导、金融服务机构全面参与、使用多样的财政和货币工具、自上而下的制度化的体系。金融扶贫也在实践中涌现出了许多适合各地实际情况的、多样化的工作模式。

大量的研究文献对中国不同的金融扶贫方法进行了描述和研究，比如企业＋、产业＋、合作社＋、互联网＋等各种模式。在多样的扶贫模式之中，小额信贷仍然是金融扶贫最主要的金融工具。中央政府在开展“精准扶贫”和“脱贫攻坚战”的过程中，明确界定了扶贫小额信贷产品的政策要点，包括以建档立卡的贫困户为对象，只能用于发展生产的用途，贷款产品以“5 万元以下、三年期以内、免担保免抵押、基准利率放贷、财政贴息、县建风险补偿金”为特点，简化申请手续，完善风险化解机制等。根据中国人民银行发布的《中国普惠金融指标分析报告（2021 年）》，2021 年年末，全国脱贫人口贷款余额为 9 141 亿元，同比增长 16％，全年增加 1 260 亿元；脱贫人口贷款覆盖面达 28.2％，比 2020 年年末高 0.4 个百分点。同时，2021 年年末，农户生产经营贷款余额为 6.84 万亿元，同比增长 14.1％，增速比 2020 年年末高 2.6 个百分点。

虽然在实施“精准扶贫”和“脱贫攻坚战”的过程中，金融扶贫发展出了多样的形式与内容，这一轮的金融扶贫体系化从根本上是根据 2016 年七部门（中国人民银行、发展改革委、财政部、银监会、保监会、证监会和扶贫办）

共同颁发的《关于金融助推脱贫攻坚的实施意见》(以下简称《实施意见》)进行统筹规划的。《实施意见》以及后续的相关政策把金融扶贫置于脱贫攻坚、普惠金融和乡村振兴的战略背景中,同时强调金融扶贫不是单独和孤立于其他扶贫策略和目标之外的,要服务于脱贫攻坚多元化的融资需求,包括对接贫困地区发展规划、对接特色产业、对接贫困人口就业就学、对接贫困人口易地搬迁和对接重点项目与重点区域的发展。这些对融资需求对接的明确要求有助于确定金融扶贫的方向,是在实践中产生各种各样的、类似于“信贷＋产业＋农户”等具体模式的基础。金融或信贷服务在这种对接的过程中,不仅起到了满足融资需求的作用,更加重要的是,通过金融生态的改善,对贫困地区的产业生态和发展生态起到了杠杆撬动和引导作用。此外,《实施意见》确定了多项推进金融扶贫的措施,包括改善贫困地区的金融服务基础设施和组织建设、改善贫困地区的金融支付体系、加强农村信用体系建设、增强贫困家庭金融知识和技能的普及、拓展金融科技的使用、增加金融扶贫服务产品的创新(比如信贷和保险)、加强货币和财政工具对金融扶贫的支持,等等。这些措施都成为这一轮金融扶贫工作的重要特征,在宏观层面上,最大限度地改变了贫困个体和家庭所遭遇的缺乏金融机会的问题。

此外,2021 年 7 月,中国人民银行牵头印发《关于金融支持巩固拓展脱贫攻坚成果 全面推进乡村振兴的意见》,明确金融支持巩固拓展脱贫攻坚成果同乡村振兴有效衔接的总体要求、重点领域和主要举措,提出加大对重点领域的金融资源投入、丰富服务乡村振兴的金融产品体系的一揽子举措,要求严格落实“四个不摘”要求,确保对脱贫地区和脱贫人口的金融支持力度总体稳定，切实巩固好脱贫攻坚成果，逐步向全面推进乡村振兴平稳过渡。

金融社会工作把所有这些金融扶贫的内容、形式和发展都看作扶贫目标的一部分，而不只是促进贫困家庭增加收入的手段。缺乏金融服务、知识、技能和各种金融功能本身就是贫困的表现和组成部分。为了实现长期的脱贫和金融福祉，个体金融能力和金融功能的改善甚至比短期收入的增长更重要。这种把金融能力的提高和金融功能的完善当作扶贫目标的一部分而强调金融扶贫的长效性提出了如下的问题：通过金融扶贫而改善的贫困地区的金融服务基础设施和网络能够成为长期和持续有效的农村金融服务环境吗？贫困地区和贫困人群的金融排斥现象改善和解决了吗？贫困家庭能够对通过金融扶贫开创的各种信贷和融资资源具有长期的可及性吗？因此，金融社会工作更强调金融扶贫的制度化和体系化的建设。即使在消除绝对收入贫困之后，这些制度和体系仍然应该是贫困地区金融服务环境中的重要组成部分，而不应该因为家庭收入的改善而削弱个体和家庭金融能力的长期、持续的建设。

从金融社会工作的视角出发，在金融扶贫的过程中，大部分策略和措施都是聚焦于贫困个体和家庭的金融机会的改善，具体包括上述改善贫困地区的金融服务基础设施和组织建设、改善贫困地区的金融支付体系、加强农村信用体系建设、拓展金融科技的使用、增强金融扶贫服务产品的创新性（比如信贷和保险）、加强货币和财政工具对金融扶贫的支持力度，等等。虽然金融扶贫也通过相关的教育活动（比如农村金融夜校）扩充贫困个体和家庭的金融知识，提高金融技能，但是金融扶贫的核心在于改变贫困人群不平等的金融机会。另外，当前金融扶贫的路径——从信贷（信用建设）和保险

(风险防护)到收入增长——充分说明了个体不同金融功能之间的互相促进和影响。

第四节 金融社会工作的实践范畴与扶贫服务

从金融能力和金融福祉的贫困观出发,金融扶贫可以说是最大、最重要和最有意义的扶贫实践。除了这样的金融扶贫实践以外,根据上述金融社会工作的定义和理论框架,我们还可以进一步确定金融社会工作其他扶贫济困的实践范畴。对于每一个家庭金融功能(收入维持、资产建设、消费管理、信用建设和风险保护),社会工作者都可以从改善金融机会、改善金融知识与技能,或者同时改善二者的角度出发,帮助服务对象提高金融能力,从而达到消除贫困和实现金融福祉与金融健康的目标。在具体的金融社会工作服务中,我们还可以进一步从不同的维度考察具体的金融社会工作服务,比如:这些金融社会工作的服务是微观、中观、还是宏观?它们针对什么样的人群?指向的是不同生命阶段的经济金融需求吗?处于什么样的社会工作场景和环境?使用的是什么样的专业金融社会工作方法?根据这些不同的维度,我们可以列举一些金融社会工作关于贫困问题的具体实践。

关于金融福祉的五个功能。比如,在低收入的问题上,社会工作者可以针对贫困的智障残疾人的实际情况,提供专门的就业项目服务(庇护工场就业和融合性就业)和就业模式的政策;在消费不足的问题上,社会工作者可以以社区社会工作站为基地,为低收入的老年人链接社区外的社会福利资源，包括住房、食品、医疗等公共服务，提供合适的消费补助；在金融保护的问题上，社会工作者可以为遭受气候变迁、环境污染和自然灾害影响的少数民族贫困村民提供农业小额保险服务避免风险；社会工作者也可以为贫困居民提供信息、教育、培训和行为干预来预防和避免金融诈骗对他们的侵害。

关于金融能力的两个组成部分。在改善金融机会和实现普惠金融方面，如果金融机构已经针对贫困农户提供了额外信贷服务，金融社会工作者可以针对服务对象开展金融知识和技能的培训，帮助他们更好地使用这些信贷资金；社会工作者建立了与低收入服务对象相互信任的专业关系，更可能了解服务对象的真实金融需求，以及在接入这些服务的过程中服务对象可能面临的障碍和挑战。如上所述，中国的金融扶贫工作已经初步形成了以政府为主导、金融服务机构全面参与、使用多样的财政和货币工具、自上而下的制度化的体系。在从解决绝对贫困到相对贫困的过程中，通过金融社会工作的实践，在地的社会工作者具有很大的潜力促成金融扶贫体系的长期化和长效化。

关于宏观、中观和微观的金融社会工作服务。微观层面，个案服务的例子可以是帮助低收入家庭申请符合资格的各种社会福利项目（最低生活保障、营养餐、公共住房等）；中观层面，金融社会工作可以在社区中为低收入家庭的农村留守和困境儿童建立“儿童发展账户”的服务项目；宏观层面，金融社会工作可以建议、倡导和协助政府部门推出专门针对贫困大学生的信贷保护政策。

关于不同人群的金融社会工作服务。例如，在美国，由于法律身份的问题，贫困的性少数夫妻在享受社会福利（比如以家庭为基础的公共健康保险和工作单位福利）和家庭财产的安排方面会面临法律和政策的障碍和挑战。

没有全国统筹的、以省和地区为单位的社会保障制度则会对流动性强的工人在享受社会保障的权利时造成政策挑战。金融社会工作服务需要对不同贫困人群的需求进行有针对性的服务与干预。

关于不同生命阶段对金融社工服务的需求。比如，贫困青少年和儿童可能很难获得一个充分和完整的生命早期金融社会化服务，包括金融知识的学习、基本金融技能的掌握和基本的金融服务的介入，这会增加他们成年后陷入贫困的风险。贫困大学生在脱离家庭进入大学校园后，可能面临着缺少金融资源、缺乏金融管理能力与不合适的金融产品的诱惑，面临着高金融风险。老年人则需要平衡退休资产的积累和消费的关系。

关于不同社会工作干预方法的实践。对于贫困家庭面临的多样的金融事务，可以采用个案管理的方式，由社会工作者帮助了解家庭的需求，并为家庭导航，探寻各种可用的资源。在贫困农村开展的服务，社区动员与参与(比如农业合作社)是一种可行的办法。金融督导(Financial Coaching)可以用来帮助遭遇家暴的农村女性培养经济独立性。金融诊疗(Financial Therapy)可以针对因赌致贫的服务对象开展服务，改变他们与金钱的关系与行为。①

关于不同工作场景的实践。可以由金融社会工作者引介可信可靠的金融机构入驻社区青少年服务中心开展青少年金融能力建设活动；在农村的金融机构，可以由已经扎根社区且和服务对象建立信任关系的在地社会工作者提供信息服务。医院社会工作者可以为贫困患者提供专门的资源、信

① M. S. Sherraden、L. Johnson、黄进等：《金融导引：美国金融社会工作的微观实践基础》，《金融与社会》2022 年第 3 辑。

息、工具和方法，以解决医疗费用困难的问题。

在现实服务中，上述这些维度经常会是交叉混合的。例如，许多服务不仅能改善金融机会，也能扩充金融知识，提高金融技能。有一些服务可能适用于不同人群和多个场景。以上列举的扶贫济困服务显然不是所有可能的金融社会工作的实践，本书的其他章节还提供了一些更为具体的实践模式的研究和考察。这些例子虽然提供了非常具象的扶贫济困的金融社会工作，却也有把金融社会工作服务碎片化的危险。因此，在开展具体工作的过程中，我们不应该背离一般性的金融能力与金融福祉的理论框架。另一个值得注意的地方是，这些具体的扶贫济困金融社会工作范畴远超出金融机构的一般性金融产品与服务，这是因为金融社会工作的"金融"含义比较宽泛，指所有与社会工作服务对象的钱、经济和金融资源有关的事务。

第五节　金融社会工作在金融扶贫中的功能角色

截至 2020 年年底，中国打赢了脱贫攻坚战，历史性地解决了绝对贫困问题，为全球减贫事业做出了重大贡献。然而这并不意味着反贫困任务的结束，中国政府随后明确提出要持续巩固拓展脱贫攻坚成果、建立解决相对贫困的长效机制的全新战略目标。2020 年 12 月 16 日，《中共中央 国务院关于实现巩固拓展脱贫攻坚成果同乡村振兴有效衔接的意见》明确提出，要进一步巩固拓展脱贫攻坚成果，接续推动脱贫地区发展和全面乡村振兴。这标志着中国反贫困任务进入了新的实践阶段。

概而论之，在巩固拓展脱贫攻坚成果同乡村振兴有效衔接的背景下，我国的反贫困工作将主要发生四个方面的转变。第一，从整体区域性的反贫困方式向以个体和家庭为主要对象的精细化反贫困方式转变，主要目标是更长久地提升个体和家庭的生计状况和内生能力，对帮扶服务的精细性和持续性也有较高的要求。第二，从解决生存问题的绝对贫困治理向解决发展问题的相对贫困治理转变，要求需要从人力资本、社会支持网络、风险管理能力、资源和机会分配等多维角度，提升弱势群体和低收入群体的发展能力，拓展其获取发展所需资源的机会，这是一个长期的、动态的反贫困和发展支持过程。第三，从减缓贫困向预防贫困转变，实施常态化帮扶的同时激励有劳动能力的低收入人口勤劳致富，进而从根本上预防贫困。第四，从脱贫攻坚向巩固拓展脱贫攻坚成果同乡村振兴有效衔接的系统性任务转变，这需要系统性的反贫困措施加以应对，如提升农民的人力资本、发展乡村特色产业、加强农村文化建设和创新乡村社区治理等，降低农户的贫困脆弱性，预防和减缓农村地区的贫困现象。这四个方面的转变，都可以从金融社会工作的扶贫策略出发进行解释。

在脱贫攻坚阶段，金融扶贫在助力产业发展、提高居民收入、减缓贫困方面发挥了重要作用，但同时在落地和执行过程中也遇到了一些现实问题，存在着一些先天不足。在新的时代背景下，我国的金融扶贫也将会面临诸多挑战，比如，如何测量评估和精准识别贫困者、如何开展金融扶贫的成效评估、如何提升金融扶贫的效果及可持续性等。由于金融社会工作独特的贫困观与金融扶贫存在密切联系，金融社会工作坚持的价值理念契合金融扶贫的理念，金融社会工作拥有独特的理论视角可以丰富金融扶贫的实践视野，金融社会工作拥有的科学的方法和技巧也可以增强金融扶贫的工作实效，因此金融社会工作也可以在金融扶贫中承担重要的角色，帮助金融扶贫应对面临的主要挑战。

第一，测量评估和精准识别服务对象。

随着从消除绝对贫困向减缓相对贫困、预防返贫困的转变，我国未来反贫困中贫困测量和对象识别的难度也将必然增加。这是因为：首先，过去绝对贫困的测量维度主要是 2 300 元收入线的单一指标，识别起来相对简单，相对贫困的测量和识别相对而言难度更大，因为“其指标与绝对贫困不同，具有复杂性、多维性、相对性和强波动性”。[①] 其次，后脱贫时代区域性整体贫困基本解决，剩下的是分散的困难群体和低收入群体，这些经济脆弱群体既存在于原来的深度贫困地区，也存在于非贫困地区[②]，整个区域或群体的大规模识别越来越少。最后，预防返贫困是一项动态的系统工程，需要对脆弱的个体或家庭的生活和生产情况进行系统性、动态性测量检测。以上一系列新问题、新任务对贫困的测量和识别提出了更高的要求。社会工作作为天然地与人打交道的专业，专业人员具备较强的人际沟通能力、环境观察与分析能力和反思批判意识，在测量评估和精准识别贫困人群方面具有独特优势。

具体来说，金融社会工作可运用质性和量化相结合的方法评估考察对象，保障评估的结果更加客观、翔实和科学。在质性方法方面，金融社会工作可以使用深度访谈、直接观察和小组座谈等方法，了解评估对象的社会支

① 解安、侯启缘：《中国相对贫困多维指标建构——基于国际比较视角》，《河北学刊》2021 年第 1 期。

② 谭江华：《后脱贫时代推动金融扶贫高质量发展研究》，《理论探讨》2021 年第 1 期。

持、人际交往、社会参与、生活质量、精神面貌、发展抱负和能力，以及对未来期望等方面的情况。在量化方法方面，设计结构合理的量表和问卷可以测量评估对象的收入和支出、固定资产、家庭人口及结构、受教育程度等方面的情况。这两种研究方法的结合，“不仅考察了对象的客观因素也考察了对象的主观因素”①；而且这两种方法得出的评估结果相互补充和印证，在动态评估过程中，评估结果能够在更大程度上反映现实情况。

所以，随着反贫困方式和内容的转变，今后政府或金融机构需要开发出测量相对贫困、家庭经济脆弱性的多维度指标体系，即使由于探索初期这些指标可能比较粗略，但是社会工作者可在实际操作中细化指标使其更具有操作性，还可以根据实践的经验及发现的问题，为测量标准的完善和细化提供建设性意见，并主动参与普惠金融实施反贫困的动态评估和精准识别。

第二，提升服务对象金融能力。

服务对象的金融能力直接影响普惠金融服务的有效使用和金融扶贫的实际效果。部分研究也发现，由于一些地区贫困者金融知识与技能的匮乏，因而普惠金融服务出现供大于求的现象，贫困者对其使用并不充分。为了提升金融扶贫的效果和可持续性，金融社会工作者需要提升服务对象的金融能力，使其能够合理地选择和使用适合自己或家庭实际情况的普惠金融服务。

金融能力提升的对象主要有户主、妇女、儿童、青少年和老年人，面对不同的对象人群，可开展实施不同形式和内容的金融教育活动。在设计和规

① 高飞、向德平：《专业社会工作参与精准扶贫的可能性与可及性》，《社会工作》2016 年第 3 期。

划金融教育活动之前，金融社会工作者可以通过访谈、观察和问卷调查等方法客观地评估目标人群的金融知识与技能、金融机会等现实情况，然后根据评估的结果确定金融教育的内容。

在正式实施过程中，金融社会工作开展金融能力提升和教育的内容主要包括如下几个方面：一是传递信贷知识，为服务对象提供安全信贷渠道、信贷的流程、如何保护个人信息、如何维护自己的合法权益等方面的信息和知识，使他们知道如何获得安全的、适合的信贷服务和融资产品，同时也能增强他们自我权益保护的意识。二是传递理财知识，包括讲解理财规划的重要性，如何做理财规划、介绍理财的方法、介绍和分析各种风险等级的金融产品、介绍农业保险和商业保险等，使服务对象逐渐增强健康理财的意识和能力。三是增强金融安全意识，讲解和展示常见的金融欺诈手段、金融欺诈套路以及防范金融欺诈的方法等内容，使服务对象增强防范金融风险的意识和能力，从而避免掉入金融欺诈的陷阱。四是提升信用管理意识，介绍信用的重要性以及如何保护自己的信用，培养服务对象的诚信意识和信用保护意识。五是增强风险管理能力，通过生动的案例来介绍生产生活中的各类风险。当然，一方面，金融教育的形式要多样化、生动化和趣味化，通过小组工作、沙龙或讲座的组织形式以及视频、场景化和现实案例的展现形式，增强金融教育的吸引力和效果；另一方面，金融教育的开展是一项系统化的工作，必要时，金融社会工作者需要链接金融机构、非政府组织的资源，促使各服务主体共同参与、凝聚发力。

第三，协助开发针对服务对象需求的金融产品和服务。

目前，脱贫地区某些特定人群对金融服务的需求日益呈现出规模化、多层次、综合化的特点，更应从脱贫地区当地人口的现实需求出发，切实为其设计更具针对性、适配性的金融产品和服务。而且金融社会工作者往往更多从微观角度出发，分析脱贫地区某些特定人群如脱贫人口、易返贫致贫人口和农村低收入人口的需求及行为特征，并通过一定的合作渠道开展倡导性的政策呼吁，为金融机构设计针对这些人群需求的金融产品和服务提供建设性意见。

例如，资产建设项目就是金融社会工作较有可能为脱贫人口、低收入人群设立的政策项目。在金融社会工作理论框架中，资产建设作为一种偏宏观政策倡导和中观项目实践的具体政策设置，在全球很多国家和地区业已形成了丰富的经验。大体来说，资产建设是由政府主导设置、金融机构实际操作运行，并由财政资金通过向特殊人群进行转移性补贴的形式，帮助低收入群体、经济脆弱人群构建个人和家庭财富长期积累的渠道，对今后开展相对贫困治理和全面推进乡村振兴都具有很强的借鉴意义，也需要金融机构参与其中并与社会工作开展深度服务合作。

总之，随着我国脱贫攻坚战的全面胜利，今后的反贫困工作必将经历深刻转型，而作为巩固拓展脱贫攻坚成果、全面推进乡村振兴进程中的重要参与力量，金融扶贫需要不断提升服务成效，为此，前述列举的金融社会工作服务都可以整合到金融扶贫实践中。金融社会工作需要扎根社区，联结金融服务与社区居民，测量评估和精准识别服务对象，开展金融能力教育提升活动、增强农村人力资本，以及协助开发针对农民需求的金融产品和服务，从而促进普惠金融更加高效地实现反贫困的目标。

总之，在实施“精准扶贫”和“脱贫攻坚战”的过程中，中国的金融扶贫已经实现了初步制度化和体系化的发展。金融扶贫工作给金融社会工作的发展提供了广阔的机会，金融社会工作也可以在金融扶贫中承担重要的角色，帮助金融扶贫解决面临的主要挑战。如果说前期的金融扶贫的初步体系化是建立在政府主导的作用之上的，那么，金融社会工作和金融扶贫的结合，或者说社会服务部门和金融部门的结合可能对未来金融扶贫的长期扎根和长效性有重要帮助。这种结合在未来的可持续减贫和乡村振兴方面值得期待！

第六章　金融能力与社会工作的服务领域[①]

第一节　金融社会需要对贫困群体实现金融增能

当今世界，在经济全球化和全球竞争大势下，在数字金融技术的推动下，不同形式的金融活动已深入政府、企业、家庭和广大人民的生活。已有学者指出，我们已经进入“金融社会”[②]。根据一般的金融学知识，金融是对现有资源进行重新整合，以实现价值和利润的等效流通，是实现从储蓄到投资的过程。金融具有价值的流动性，它指向的未来具有不确定性，因而也就具有风险性。行为金融学将金融学、心理学、人类学等结合起来，力图揭示金融市场的非理性行为和决策规律，研究投资者的心理与行为对证券市场的价格决定及其变动的影响。金融学是现代经济学的一个热点，但很少关

① 本章曾刊发于《社会建设》2019 年第 2 期。
② 丁大卫：《新金融宣言——金融洪荒时代的混沌钟》，中国华侨出版社，2010。

注投资者禀赋、投资盈亏尤其是投资失败后的社会影响。这是学科之间的差异，我们不能苛求。

既然金融行为已经不可避免地渗透进人们经济社会生活的各个方面，那么研究社会中下层特别是困难群体的金融能力，研究金融能力低下者特别是贫困群体的主动或被迫的投资行为，尽量减少金融行为对他们造成的负面影响就是必要的，这也是社会工作面临的一个新课题。金融社会工作的出现正是适应了这种需要，并成为社会工作的新的实务领域。华盛顿大学（圣路易斯）的谢若登教授等学者在这方面做了积极的推动工作。他曾将金融资本的研究与关于穷人的资产建设理论相联系，指出金融资本是指金钱的储蓄或投入的作用。① 在金融社会工作方面，他提出了穷人和弱者的"金融能力"与"金融增能"问题，为这一领域的实务发展和理论研究奠定了基础。②

金融活动的收益与风险并存。对于贫困群体来说，一旦他们的金融判断有误，投资失利，可能会引发严重的家庭危机，甚至会导致社会问题，这是社会学和社会工作应该关注的。党的十九大提出，新时代面临着"人民日益增长的美好生活需要和不平衡不充分的发展之间的矛盾"，而不平等的市场机会、贫困群体金融能力的匮乏可能使这些矛盾加剧。金融领域的伦理是市场伦理，而不是社会伦理。在金融自由主义高歌猛进、贫困群体变得越来越畏缩的情况下，为了尽量不使贫困群体的处境变得更差，提高其金融能力，降低他们的金融风险是十分必要的。对于贫困群体进行增能，是弥补市

① ［美］迈克尔·谢若登：《资产与穷人：一项新的美国福利政策》，高鉴国译，商务印书馆，2005。

② 邓锁：《社会发展、金融能力与社会工作参与反贫困》，《中国社会工作》2018 年第 28 期。

场的社会道德缺失的一种手段，是用社会因素尽可能降低金融市场对贫困群体可能造成的冲击。

第二节　社会工作提升贫困群体金融能力的可能领域

社会工作最基本的服务领域是社会救助，主要负责救助服务和为服务对象的增能。在活跃且充满风险的金融领域，社会工作者面对进入金融市场的贫困群体，不仅要给予物质帮助(金钱及资金替代物)，更需要提升他们的金融能力。谢若登指出，金融能力是指个体能够获得的金融知识和金融机会以增进金融福祉，增加生活机会的能力，提升金融能力主要包括技能和机会两方面。技能方面主要关注个体具备的金融知识、技巧、信息以及动机等，这是个体所拥有的参与金融活动的分析性能力；机会层面需要关注的是个体发挥金融技能的外部条件，包括与个体金融福祉相关的制度环境，如安全的金融信贷产品和服务的可及性等。可以说，谢若登对金融能力的界定是清晰准确的，也具有指导意义。

谢若登在演讲中提出要对中等收入群体和贫困群体进行金融增能，这或许是出于增进更广大人群的金融福祉的目的。但是当谈到社会工作介入金融领域时，我们还是要对上述对象做一些区分，因为中等收入群体与低收入群体或贫困群体所遇到的金融问题还是有差别的。从社会结构的角度看，中等收入群体的经济实力稍强一些，其受教育程度较高，掌握的金融知识较多，对金融政策的了解比较充分，心智状态也较好一些；而低收入群体或贫困群体的经济实力较差，金融知识不足，参与金融活动的能力较弱。因此，金融市场对后者所形成的压力要大得多，这些群体常常经不起金融市场上的任何波动。

在讨论对贫困群体进行金融增能的时候，我们把社会因素、文化因素和心理因素考虑在内是有意义的。行为金融学多是从金融行为的主体着眼的。金融活动常常表现为个体的或代表某种群体的行动，分析影响个体参与金融活动的动机和经济因素是重要的。如果把金融活动看作个人与正式或非正式金融机构的互动，看作会产生社会后果的行为，那么把社会因素、文化因素和心理因素考虑在内，分析社会工作如何增强贫困群体的金融能力是必要的。社会工作的介入领域可能包括帮助贫困人士参与金融活动并获利、帮助其参与金融活动并减少损失、帮助其避免参与可能受损的金融活动等方面。社会工作者的这些活动主要不是以自身的金融知识和经验告知服务群体，而是根据需要动用多种“资源”增进服务对象的判断力和获得金融福祉的能力。换句话说，所谓增强贫困群体的金融能力，既包括帮助其参与金融活动并试图获利的活动的能力，也包括帮助其规避可能带来较大风险的金融活动的能力。这种金融增能并不局限于社会工作者个人经验与服务对象的互动，还必须分析经济形势、经济结构、社会心理以及服务对象的经济能力和心理的承受、感受能力等。

第三节　社会工作增强贫困群体金融能力的主要方面

社会工作者增强贫困群体金融能力的作用可能是多元的，具体地说，可以在以下几个方面发挥作用。

提高贫困对象的金融投资能力。对于投资者特别是对于资金不足、生活并不宽裕的贫困群体来说，金融能力不但包括将自己的“闲钱”投向金融市场的能力，而且包括他们在投资方面的“心智品质”①，即金融投资理性。行为金融学研究投资者的“非理性行为”，对于并不富裕的贫困群体来说，因为他们无法承受金融投资的亏损，在是否进行金融投资和投资量、投资方向上便会踌躇不决或产生从众心理。社会工作者可作为局外人在这方面向有投资愿望的贫困者提供咨询和可能的帮助。一般说来，社会工作者也可能缺乏金融投资的能力，但是作为从事金融社会工作的专业人士，应该具备一定的金融知识和理性，从而为服务对象提供可能的帮助。

促进服务对象获得更多金融福祉。谢若登在金融能力方面强调机会判断和金融技术，这对已经投资的贫困群体来说十分重要。金融社会工作的服务对象既包括贫困者，也包括社会经济地位较低的老年群体，不管是资金短缺还是缺乏判断和反应能力，这群人在金融投资方面的能力都是较弱的。我们看到不少老年人不得已将自己的养老金投向金融市场，又因为能力不足而被套牢或亏本的情况。社会工作者可以通过向这些贫弱群体传授基础的金融知识和操作技术，帮助他们实现盈利或减少亏损。这是比较关键且实用性强的服务。

服务对象金融活动失败后的心理抚慰和心理支持。金融活动有盈有亏，但对于贫困群体来说，他们在心理上是难以承受亏损的。在贫困群体金融投资失败之后，社会工作者可以对他们进行心理抚慰，给予他们心理上的

① 丁大卫：《新金融宣言——金融洪荒时代的混沌钟》，中国华侨出版社，2010。

支持，避免因为投资失败而引发不幸事件。

协助贫困群体分析金融市场风险，支持其不参与某种金融活动。市场有风险，投资要谨慎。在投资大潮中，贫困者应该加倍小心和谨慎，毕竟对他们来说，金融投资失败可能会使他们“伤筋动骨”。因此，社会工作者不是反对贫困者进行金融投资，而是要帮助其根据自己的生活状况和处境进行理性投资。

促进金融机构的社会责任感。不管是从经济学角度还是从社会福利角度来看，金融机构不应该唯利是图，而应该承担基本的社会责任，例如对金融产品负责、不发布虚假信息、不言而无信、不设计和发售劣质产品等。贫困者、老年群体的金融能力较差，他们更可能受到伤害。社会工作者可以促进金融机构在发布信息等方面为贫困群体、老年群体提供平等的机会。

促进发布优先吸收贫困群体投资的优惠政策。国家会因为经济、社会的建设而融资，有些建设项目可能回报率稍高或比较安全。社会工作者可以在这方面发挥作用，使有能力、有意愿的贫困群体和老年群体获得优先投资的机会，这是社会工作者的政策倡导作用。

第四节　社会工作者在金融增能方面的能力建设

金融社会工作是一个全新的领域，给社会工作带来机会和挑战。社会工作者向来以为贫弱群体提供物质上的帮助和社会关系的支持为主，在金融知识领域内，特别是帮助能力较弱者从事金融活动方面的知识相对缺乏。

对前文所说的贫困群体在金融投资方面可能遇到的问题，社会工作者应该有能力帮助他们，即自身需要提升金融能力。除了一般性的社会工作知识和技能之外，金融社会工作者还必须具备较丰富的金融知识，包括关于金融机构、融资项目方面的知识，熟练掌握金融技能（包括适用于贫困者、老年群体参与金融活动的技能），从而为贫困、老年群体提供可行的、有效的帮助。另外，金融社会工作者还必须具备经济发展、金融政策方面的知识，从而为服务对象提供全面的支持。

还有一点必须说明的是，金融社会工作者必须明白和认真履行自己的职责。金融社会工作者可以扮演多种角色，但是不应该成为贫困群体进行金融投资的经纪人，不能成为该金融投资的利益相关者。当然，在此问题上，社会工作者也不是价值无关者，这里的价值是指需避免让贫困的投资者因机会不公而受损。如果社会工作者完全不关心贫困投资者金融活动的盈亏，那么其介入金融领域就是不必要的。说到这里，金融社会工作者要坚持的第一原则是参与金融活动的贫困者的自决原则。社会工作者所提供的是投资者们可以共享的金融资讯，进而帮助贫困者增强自身的金融能力。

下编

本书下编介绍资产建设领域具有代表性的反贫困政策与服务实践。邓锁、吴玉玲将资产建设与反贫困置于聚焦儿童的社会保护框架中，比较了儿童反贫困的不同政策模式，提出确立儿童优先的可持续反贫困战略。儿童发展账户提供了人生早期阶段的资产建设制度机会，是一项具有创新性的反贫困社会政策。黄进和邹莉详细介绍和分析了儿童发展账户的基本理念、制度要素及政策效果。亓迪围绕儿童发展账户的反贫困成效进行了系统评价研究。金融能力是解决贫困问题的一种新思路。方舒、王艺霏基于全国性的抽样调查数据，考察了金融机会和金融素养的反贫困效应及对相对贫困治理的启示。周晓春等基于金融能力的概念框架和案例资料，分析了青年金融风险事件的特点和成因，提出促进青年金融能力建设的对策建议。金敏超、袁易卿对金融素养进行系统综述，讨论了社会工作在脆弱人群金融素养提升中的角色。在本书最后一章结语中，迈克尔·谢若登和玛格丽特·谢若登从应用社会研究的特征及实践案例出发，提出持续推动涵盖资产建设、普惠金融和社会发展等的生产性研究议程。本编为资产建设视角的反贫困社会工作提供了有意义的研究证据，对未来发展有积极启示。

第七章　聚焦儿童的社会保护政策与可持续反贫困[①]

第一节　研究背景

我国的脱贫攻坚战在2020年全面收官，但是贫困作为人类永恒存在的问题并不会消失。在经济和社会发展新的历史阶段，我们需要更加深入地理解贫困与发展的动态关系及其变迁特征。党的十九届四中全会要求坚决打赢脱贫攻坚战，巩固脱贫攻坚成果，建立解决相对贫困的长效机制。这意味着未来的反贫困战略重点将从绝对贫困转向相对贫困，从解决贫困人口的基本生活保障转向更加多维度的动态贫困与不平衡发展问题。毋庸讳言，一些贫困对象或贫困边缘人口仍然面临着较大的返贫风险，这既可能来自自身发展能力和条件的不足，也与全球化背景下经济社会运行的不确定性给城乡家庭带来的社会风险有关，如重大公共卫生或自然灾害等事件的发生使部分脆弱人群面临较大生产、生活困境，加大了脱贫的

① 本章曾刊发于《浙江工商大学学报》2020年第6期，收录入本书时有少量修改。

难度。反贫困干预除了回应贫困对象当下的急迫生活需求，还应当致力于降低经济社会相互交织的脆弱性与风险，加强基础公共服务体系及社会保障制度建设，从“脱贫”行动转向“防贫”行动，更好地实现反贫困的可持续性。

阻断代际贫困传递是我国脱贫攻坚战的主要目标之一。依托大扶贫的工作格局，脱贫攻坚将发展教育、儿童大病救助以及留守困境儿童关爱保护等工作放在重要地位，各项儿童反贫困措施极大促进了贫困地区及家庭儿童的生存发展水平。但在“后脱贫攻坚”与“后疫情”时代，社会风险变迁将对城乡儿童发展产生持续甚至更大的影响，反贫困政策还应指向如何更好地预防和回应儿童及其家庭所面临的脆弱性，通过更加整合与系统的儿童反贫困措施贡献于国家整体反贫困战略。儿童贫困具有特殊性，人生早期阶段的贫困将可能产生生命历程发展的累积劣势效应，长远地影响与制约反贫困目标的实现。社会政策强调儿童优先，儿童反贫困被视为实现儿童权利及反贫困发展的前提，也是我国经济社会可持续发展的战略要求。

社会政策领域中的社会保护理念强调生命历程中的风险预防和积极社会干预，对于聚焦儿童的反贫困策略发展有很好的借鉴意义。社会保护是一种应对贫困与困境的政策框架与机制，可以被理解为一系列应对收入贫困、经济冲击和社会困境的公共与个人行动。自 21 世纪初以来，社会政策领域中的社会保护框架获得日益广泛的国际共识。国际劳工组织、联合国儿童基金会和世界银行等国际机构大力倡导社会保护理念，尤其关注如何通过聚焦儿童的社会保护政策框架更加积极地预防和应对贫困挑战。

在联合国2030年可持续发展议程中，消除包括儿童群体在内的多维度贫困和建立适当的社会保护体系被作为首要目标。社会保护体现了全民保障的理念，但又超越了传统的社会保障框架。儿童作为依赖性的社会公民，常常被排除在传统社会保障制度如社会保险体系之外。社会保护受到社会发展视角的影响，将传统的儿童福利政策与更广泛的社会发展议题结合起来，关注贫困儿童及其家庭的脆弱性，强调人力资本建设与社会投资的创新性政策实践。改革开放以来，我国社会保障制度越来越朝向增进全民福祉的目标发展①。党的十九大报告指出，要按照“兜底线、织密网、建机制”的要求建立多层次的社会保障体系，也体现了鲜明的全民社会保护理念②。

作为社会保障制度的重要部分，我国儿童福利制度在过去十年里有了很大发展，困境儿童政策覆盖范围逐渐扩大，儿童福利治理水平明显提升。然而，在经济社会发展的新阶段，儿童生命历程的风险和儿童贫困问题将会以更加复杂的形态表现出来，儿童福利、保护与反贫困发展策略之间还需要实现更好的结合。笔者认为，2020年之后我国迫切需要确立儿童优先的可持续反贫困战略，进一步推动反贫困与儿童福利政策各项措施的整合，完善具有内在一致性的儿童反贫困政策体系。结合脱贫攻坚及儿童福利制度发展的进程，本章尝试从社会保护视角出发探讨儿童优先的可持续反贫困战略的意义、内涵和政策路径。

---

① 郑功成：《中国社会保障70年发展(1949—2019)：回顾与展望》，《中国人民大学学报》2019年第5期。

② 唐钧：《社会保护的国际共识和中国经验》，《国家行政学院学报》2018年第3期。

第二节　社会保护与儿童反贫困的政策模式比较

一、社会保护政策理念的渊源

社会保护概念与西方伴随工业化与市场化所产生的国家福利思想有紧密联系。波兰尼将社会保护视为应对市场脱嵌的一种反向社会运动机制①。欧洲工业化早期的“保护性国家”(Protective State)理念就是一种基于宗教和慈善伦理的集体保障形态，而国家以税收支持的保险体制的产生则标志着从保护性国家到福利国家的转型。社会保护理念在其宽泛意义上是俾斯麦和贝弗里奇模式的结合，通过缴费和非缴费机制的结合来实现对边缘人群的保障。在这个意义上，社会保护概念比狭义的社会保障概念内涵更为广泛，也可以被视为一种“大社会保障”。20 世纪后期以来，西方国家的劳动力市场与社会结构面临剧烈转型，福利政策的性别主义假设受到怀疑，以正式就业为基础的社会保障范式面临挑战，社会福利政策需要能够覆盖新的社会风险。而对于许多发展中国家来说，由于正规劳动力市场发展不健全，因而非正式劳动者面临着很大贫困威胁。社会保护的概念对受到劳动力市场排斥的人群福利来说有突出意义。

社会保护的兴起还受到社会发展理念的深刻影响。米吉利将社会保护范式与传统的社会保障范式进行了区分。他认为，后者主要基于西方福利

① ［匈牙利］卡尔·波兰尼：《大转型：我们时代的政治与经济起源》，冯钢、刘阳译，浙江人民出版社，2007。

国家制度的法定体制，而前者与社会发展的理念具有一致性，强调政府、家庭和社区等在反贫困干预中的角色①。同时，社会保护视贫困者为发展能动者，而不是被动的福利接受者，贫困者可以实现积极的社会经济参与，从而为增长和发展做贡献。社会保护并非仅提供收入维持，而是要进行积极的社会干预，同时发挥着"社会安全网"和"跳板"的功能②。与传统社会救助的补救性、下游干预不同，社会保护更加关注个体及其家庭的脆弱性和贫困风险，强调对贫困的预防和上游干预③。脆弱性不仅包括经济层面，也包括社会层面，如不公正的政策或制度带来的贫困后果。因此，有效的反贫困措施不应当只是暂时的收入维持或"经济保护"，而应当是通过综合的、具有内在一致性的持续干预，以支持贫困者更好地应对风险，突破或转化困境条件的限制。社会保护还强调整体性干预和多方主体参与。尽管政府在社会保护政策中居于主导性地位，但广泛的社会力量参与能够推动建立更加全面和立体的社会保护框架。相较于传统的社会保障范式，社会保护更具包容性，它强调自上而下和自下而上视角的结合，其中不仅包括政府制定和提供的社会福利政策项目，也包括由社会组织等非国家部门与非正式系统提供的各类现金转移、培训与服务等。

社会保护正在成为实现联合国可持续发展目标的主要社会政策理念。

---

① Midgley J., "Social Development and Social Protection: New Opportunities and Challenges," *Development Southern Africa* 30, no. 1(2013): 2-12.

② 顾昕：《从社会安全网到社会风险管理：社会保护视野中社会救助的创新》，《社会科学研究》2015 年第 6 期。

③ 尚晓援：《中国社会保护体制改革研究》，中国劳动出版社，2007；徐月宾、刘凤芹、张秀兰：《中国农村反贫困政策的反思——从社会救助向社会保护转变》，《中国社会科学》2007 年第 3 期。

近年来，世界银行、国际劳工组织、联合国儿童基金会等国际机构进行全球倡导，将社会保护作为国家反贫困策略的一个核心要素，尤其面向发展中国家倡导推动建立社会保护政策框架。2012年，国际劳工大会通过了《关于国家社会保护底线的建议书》。社会保护底线强调政府须确保社会成员获得基本服务（如教育、健康、社会服务等）的责任，以及通过确保基本层次的社会转移支付（以现金或实物的形式）来促进这种可及性的实现。随着国际机构的倡导及不同国家和地区政府的响应，社会保护实际上正在逐渐取代传统的社会保障成为新的国际共识①。许多发展中国家开始社会保护相关的政策实践，社会保护不再被看作消除经济危机的短期手段，而日益被视为一项长期的社会政策发展趋势。2020年新冠疫情揭示了缺乏普适性和充分社会保护情形下，外部的系统冲击可能对社会经济造成的严重后果。国际劳工组织呼吁加快建立社会保护体系，促进就业稳定性，包括提高医疗服务可及性、促进社会转移支付、推动体面劳动等措施。尤其是强调通过缴费或非缴费的创新性社会政策保护非正规经济部门的劳动者，并增强各类政策的可持续性。

社会保护的政策理念对我国社会保障制度的发展完善有积极启示。改革开放以来，我国社会保障体系建设有了长足进步，贫困脆弱人群应对外部冲击的能力显著增强②。但是，伴随着经济结构与社会人口变迁，新的就业形态、就业模式不断涌现，我国仍然有较大比例的就业人员，如个体就业人员、外来务工群体以及新型平台经济就业人员等，游离于正规的就业保护和

① 唐钧：《社会保护的国际共识和中国经验》，《国家行政学院学报》2018年第3期。
② 郑功成：《中国社会保障70年发展（1949—2019）：回顾与展望》，《中国人民大学学报》2019年第5期。

社会保障体系之外。城乡人口流动与家庭功能弱化也使得困境儿童、残疾人和老年人等脆弱人群在经济安全和服务保障上面临急迫需求。在新冠疫情的影响下，研究者也指出我国需要从传统基于雇佣关系的就业保护向以居民为基础的全民社会保障模式转变，以更好地实现稳就业和保民生的政策效果①。社会保护作为新的政策范式容纳了多样化、多层次的保护方式，在我国社会保障制度建设和反贫困进程中需要得到更大重视②，也是新的历史时期儿童福利制度建设的重要方向③。不过，已有的关于社会保护的讨论还停留在理念层面，对社会保护框架如何更好地与儿童反贫困及福利政策发展相结合还缺乏较深入的讨论。

二、社会保护与儿童反贫困的政策实践

在许多国家和地区的政策实践中，儿童反贫困是社会保护框架的核心内容。聚焦于儿童的社会保护策略强调儿童贫困的特殊性。成年人可能暂时陷入贫困，但儿童贫困则可能影响到其一生的发展，即便是短时期的营养不良也可能导致其身体和智力发育的迟缓，对未来长期发展造成损害④。儿童贫困特点对反贫困政策的成效及可持续性有长远影响。

---

① 王震：《新冠肺炎疫情冲击下的就业保护与社会保障》，《经济纵横》2020 年第 1 期。

② 唐钧：《社会保护的国际共识和中国经验》，《国家行政学院学报》2018 年第 3 期；顾昕：《从社会安全网到社会风险管理：社会保护视野中社会救助的创新》，《社会科学研究》2015 年第 6 期。

③ 李迎生、袁小平：《新时期儿童社会保护体系建设：背景、挑战与展望》，《社会建设》2014 年第 1 期。

④ C. Harper, R. Marcus and K. Moore, "Enduring Poverty and the Conditions of Childhood: Life Course and Intergenerational Poverty Transmissions," *World Development* 31, no. 3(2003): 535 - 554.

社会保护被视为应对多维度儿童贫困与剥夺的重要策略。以多维度儿童贫困测量为基础，联合国儿童基金会于 2009 年发布有关儿童敏感的社会保护联合声明。根据该声明，儿童敏感的社会保护策略能够解决儿童的长期贫困、社会排斥，以及避免那些能够对儿童生命历程能力与机会产生不可逆转影响的冲击，从而有利于保护儿童的权利。由于儿童及其照顾者的困境是多重的，经常交错发生，且不同的生活阶段其困境与风险也有差异性，因而儿童敏感的社会保护策略强调，整合干预才能达到最好效果。整合的儿童敏感社会保护包括社会转移、社会保险、社会服务以及政策、立法与制度安排等，涵盖了保护性、预防性、提升性和社会转化性等举措。

据统计，世界上仍然有接近三分之二的儿童没有获得稳定的社会保护，大部分来自发展中国家①。而在全球化与工业化发展的新历史时期，无论是西方发达国家还是发展中国家，儿童都面临着更大的脆弱性和贫困风险。在联合国等国际机构与组织的大力推动下，很多发展中国家积极推动建立儿童敏感的社会保护项目，其中既包括直接回应儿童需求和提升儿童发展的特定政策与项目，也包括推动一般性的社会保护项目具有儿童敏感性，确保项目设计执行对于儿童的积极影响最大化和消极影响最小化。2020 年的新冠疫情对于全球儿童的安全、福祉和未来发展都产生了重大影响，更加凸显了社会保护在回应儿童贫困上的重要意义。联合国儿童基金会也呼吁全球社会采取行动，强化具有冲击—回应性的社会保护体系建设，指出面向儿

① ILO, *World Social Protection Report 2017 - 2019* (Geneva: International Labour Organization, 2017).

童反贫困的社会保护除了现金转移支付之外，还应包括医疗照顾的普遍可及性、家庭友好的政策与雇主保护，以及确保儿童获得必要的服务支持等。社会保护在具体实践中包括了多样化的政策或项目，其中，有条件现金转移支付、儿童发展账户和普惠儿童津贴可以说是三类比较具有代表性的转移支付类政策模式。

儿童社会保护干预中最具有代表性的政策实践是拉丁美洲、非洲、东南亚的一些国家和地区所实施的有条件现金转移支付（Conditional Cash Transfers，CCT）项目。CCT 项目是一种以人力资本提升或其他社会服务为条件导向的非缴费现金补贴，其目的是打破贫困代际传递，倡导家庭为子女的健康和教育等进行更多的投资[①]。比较典型的 CCT 项目包括墨西哥的“机会”项目、巴西的“家庭”计划和南非的儿童支持津贴等。针对 CCT 项目已有许多评估性研究，对于儿童反贫困来说，CCT 项目的独特优势尤其体现在三个方面。第一，它强调在儿童生命历程重要时间点上的干预，以产生最大的影响效果。如在早期儿童发展阶段进行干预，以促进母婴健康及儿童认知水平的提升；在基础教育阶段干预，以降低儿童的辍学率等。第二，它强调面向母亲的转移支付，以促进家庭内资源的更好分配以及对儿童人力资本的投资，同时有助于提升女性在家庭中的地位。第三，日益强调现金转移支付与更广泛的社会服务之间的整合，以发挥整合性的社会保护作用。如智利的“团结”（Solidario）计划将技能训练、社会救助、学校贷款、家庭暴力受害者服务等支持性服务融合起来，进行整体性的评估，使需求、资源和服

① 阿尔弗雷多·萨德-费洛、田磊：《超越新自由主义的社会政策：从“有条件现金转移支付计划”到“益贫式增长”》，《高校马克思主义理论研究》2018 年第 2 期。

务可以协调匹配。这一计划最大的特点是，通过社会工作者与贫困家庭密切接触，提供具有针对性的社会服务，现金转移支付是为了激励受益者更好地利用社会工作所提供的服务①。类似的整合性计划也在其他国家和地区得到越来越广泛的倡导与实施。

基于CCT项目政策实践的评估发现了积极的儿童反贫困成效。除了减少赤贫和缩小贫困缺口之外，CCT项目还有助于促进儿童和家庭成员的健康、营养状况和儿童教育发展等②。不过，既有研究对CCT项目也存在批评，如有研究者认为，CCT项目仍然体现了一种柔性的新自由主义，其干预不足以增加穷人的发展能力并挑战贫困的再生产；项目的条件性瞄准机制可能带来漏损和较高的行政成本等③。中国并没有较大规模的有条件转移支付扶贫项目，联合国儿童基金会曾与政府部门合作，在我国云南、四川、甘肃等省合作开展过类似的CCT项目，目的是通过有条件的现金转移支付，提高妇女儿童对妇幼保健服务的使用率，提升妇女儿童的健康水平。近年来，研究者也尝试通过随机试验干预，考察CCT项目对于提升贫困地区青少年高中入学率的作用④。在中国面向相对贫困的转变进程中，CCT项目理念及其运行模式对儿童反贫困的适用性值得更进一步的探索。

---

① A. Fiszbein and N. Schady, *Conditional Cash Transfers: Reducing Present and Future Poverty* (The World Bank Publications, 2009).

② 郑秉文、于环：《拉丁美洲“增长性贫困”检验及其应对措施与绩效》，《经济社会体制比较》2018年第4期。

③ 阿尔弗雷多·萨德-费洛、田磊：《超越新自由主义的社会政策：从“有条件现金转移支付计划”到“益贫式增长”》，《高校马克思主义理论研究》2018年第2期。

④ 易红梅、何婧、张林秀：《有条件的现金转移支付承诺对贫困学生高中完成情况的影响研究》，《北京大学教育评论》2019年第2期。

儿童发展账户项目(CDA)可以被视为另一种面向贫困儿童及其家庭的社会保护干预模式。儿童发展账户基于资产为本的社会政策理念,强调资产拥有能够带来更加积极的社会心理等福利效应,以及相对于传统收入支持政策而言更好的反贫困效果。通过为儿童设立补贴性的储蓄/资产账户,儿童发展账户有利于促进贫困儿童及其家庭的资产积累,实现儿童的长期发展目标如大学教育、住房拥有以及职业发展等。在过去二十年里,儿童发展账户在美国、英国、以色列、新加坡、韩国等国家和中国香港地区得到实践,其中以色列、新加坡建立了全覆盖、普惠性的儿童发展账户政策体系。尽管在不同社会文化情境中儿童发展账户的运行模式仍然有较多差异,干预研究显示这一政策实践带来了积极的反贫困成效,包括家庭资产积累的增加、父母和儿童自身教育期望的提高、亲职行为的改善、儿童社会情感的良好发展等①。在制度设计上,儿童发展账户政策强调全生命周期、普惠性、进步性(对脆弱群体的额外支持)、发展性、持续性等核心要素②。不过,在家庭伦理取向的华人文化地区,儿童发展账户项目常常与家庭支持、儿童福利等社会服务整合,以产生更好的家庭跨代干预效果③。儿童发展账户是一项具有未来取向的社会投资政策,通过适当的政策设计,能够帮助儿童和家庭更好地面对生命历程中的贫困风险,对我国可持续的儿童反贫困政策发展

① V. Loke and M. Sherraden, "Building Assets from Birth: A Global Comparison of Child Development Account Policies," *International Journal of Social Welfare* 18, no. 2(2009): 119 - 129.

② M. Sherraden, M. Clancy and Y. Nam, et al., "Universal and Progressive Child Development Accounts: A Policy Innovation to Reduce Educational Disparity," *Urban Education* 53, no. 6(2018): 806 - 833.

③ 邓锁:《资产建设与跨代干预:以"儿童发展账户"项目为例》,《社会建设》2018 年第 6 期。

有积极的启示。

最后，普惠儿童津贴（UCG）是社会保护体系中更具基础性和广泛性的政策类别。针对有孩子家庭发放的儿童津贴或者家庭津贴是西方福利国家最常采用的社会政策工具，如普适性的儿童津贴/家庭津贴制度是《贝弗里奇报告》(1942)中福利国家三个支柱之一①。从儿童反贫困的角度来看，现金津贴能够支付家庭抚养子女的费用、确保儿童获得基本的生活保障。当然，不同国家和地区儿童津贴的给付方式和财政来源等都有较大差异，包括公共税收、社会保险、社会救助等不同的给付渠道。不过总的来说，儿童津贴的非缴费、非家计审查等制度特征得到广泛接受。儿童津贴对于反贫困有积极的作用。一方面，多个孩子的家庭往往容易陷入贫困，儿童津贴直接发放给有孩子的家庭，具有较好的瞄准性；另一方面，儿童津贴反映了一种尊重儿童权利和投资未来的社会理念，且不像其他救助政策那样容易降低就业动机。此外，儿童津贴还有支持家庭照顾、鼓励生育、提高妇女地位等的政策效果②。近年来，受到全民基本收入（Universal Basic Income，UBI）理念的影响，普惠儿童津贴或者无条件现金转移支付获得更多重视，体现了在新社会风险条件下，“国家—家庭—儿童”的新社会契约理念③。表 9.1 对于这三种模式的覆盖范围、政策内容、传递机制、财政支持、政策成效进行了简要对照。

---

① 丁建定、李薇：《西方国家家庭补贴制度的发展与改革》，《苏州大学学报》2013 年第 1 期。

② A. Leira, *Working Parents and the Welfare State* (Cambridge: Cambridge University Press, 2002).

③ M. Wyness, “Children, Family and the State: Revisiting Public and Private Realms,” *Sociology* 48, no. 1(2013): 59 - 74.

表 9.1 聚焦儿童的社会保护政策模式对比

	有条件现金转移支付（CCT）	儿童发展账户（CDA）	普惠儿童津贴（UCG）
覆盖范围	• 强瞄准性和条件性 • 覆盖面较小	• 一定瞄准性和包容性 • 覆盖面中等	• 面向所有儿童群体 • 覆盖面较大
政策内容	• 现金转移支付与发展性社会服务的结合 • 具有较高的综合性	• 资产积累与金融教育的结合 • 具有一定程度的综合性	• 以现金补贴为主，也会强调儿童的年龄或出生顺序的差异 • 综合性程度较低
传递机制	• 公共部门为主的政策实践 • 具有较高的多元性	• 政府主导责任，但也鼓励金融和私营部门的参与 • 具有较高的多元性	• 作为一项制度化的国家福利政策，以及人口政策 • 具有较低的多元性
财政支持	• 责任共担以及人力资本回报 • 较低的财政压力	• 资产建设以及长期社会发展目标 • 财政压力中等	• 非缴费，财政投入依赖性较高 • 财政压力较大
政策成效	• 减贫目标聚焦，并致力实现长期减贫 • 能够降低短期儿童与家庭的特定脆弱性；减贫的可持续性等	• 生命历程的资产积累，致力实现长期减贫 • 减贫的可持续性较高，但对降低当下脆弱性的成效并不显著	• 增加儿童福利权利，减轻家庭养育孩子的压力 • 降低短期的儿童与家庭脆弱性；有较高减贫可持续性

这三类模式有各自的政策特点，也体现了背后福利意识形态和政策运行机制的差异。如普惠儿童津贴体现了儿童养育是全社会的责任，关心作为整体的儿童福祉而非特定的儿童群体，但是普惠儿童津贴也给国家财政带来一定压力，需要更大范围的社会共识。有条件现金转移支付项目强调对穷人的瞄准性，项目关注人力资本导向的社会投资，能够带来更好的政治经济平衡。不过，在实践中也存在对于值得帮助者的价值评判，一些惩罚性的条件限制可能带来污名化后果。儿童发展账户强调个体终身发展的金融

能力与资产建设，在社会金融化的变迁进程中获得越来越多的政策关注，儿童发展账户还可以作为一个整合普惠金融与社会工作服务的中介机制。然而，作为一种发展取向的政策干预，资产建设项目常常也与短期收入支持类项目间存在张力。总体来说，儿童反贫困的社会保护政策强调经济保护仍然是儿童及其家庭发展的重要基础，但政策干预并不仅限于现金转移支付，这需要一个可以更好回应多维度儿童贫困的干预机制，将现金支持、儿童及其家庭服务、社区发展、资产建设等目标整合起来。

第三节　儿童贫困与城乡社会变迁下的反贫困挑战

一、脱贫攻坚进程中的儿童反贫困

社会保护理念重视儿童优先的反贫困干预，强调回应儿童遭受剥夺、暴力或伤害的贫困根源问题，对我国反贫困工作开展和儿童福利制度发展有积极启示。改革开放以来，我国的反贫困事业大致经历了救济式扶贫、开发式扶贫到精准扶贫等不同发展阶段，越来越强调通过社会保障、社会服务和贫困治理等综合的、多元的扶贫方式来实现脱贫目标，贫困地区及家庭的儿童从各项扶贫行动中广泛受益。除了一般性的扶贫措施，政府陆续出台了专门针对贫困儿童的扶贫政策措施。例如，《中国农村扶贫开发纲要（2011—2020 年）》要求将妇女、儿童的扶贫行动纳入脱贫工作的整体规划中，并在同等条件下体现优先性；国务院出台的《国家贫困地区儿童发展规划（2014—2020 年）》则重点围绕健康和教育两个儿童发展的核心领域，要求实施包括新生儿出生健康、儿童营养改善、儿童卫生医疗保健、儿童教育保障、特殊困难儿童教育和关爱等措施。教育是阻断贫困代际传递的治本之策，发展教育是脱贫攻坚“五个一批”的重要组成部分。反贫困行动特别强调教育资源向贫困地区、基础教育倾斜，包括支持乡村教师、支持职业教育和学前教育服务体系建设等。2018 年，教育部和国务院扶贫办专门印发《深度贫困地区教育脱贫攻坚实施方案（2018—2020 年）》，要求加大力度补齐“三区三州”深度贫困地区的教育短板，提升其教育总体发展水平，保障各教育阶段贫困学生的教育资助等。值得一提的是，社会力量积极参与到儿童反贫困工作中。如国际扶贫中心与联合国儿童基金会从 2015 年开始在湖北省四个片区开展儿童多维度贫困状况干预。许多社会组织、社会工作力量广泛参与到儿童反贫困工作中，在留守儿童、困境儿童等的关爱保护服务中发挥了积极作用。

中国的儿童福利制度建设与脱贫攻坚行动协同推进，强化了对于困境儿童的政策和服务托底。党的十九大报告对于农村困境儿童、留守儿童给予特别的关注，提出要加强社会保障体系建设，建立健全留守儿童、妇女和老人等关爱保护体系，以及解决幼有所育、学有所教、弱有所扶等民生问题的短板。在具体政策层面，2016 年之后，国务院、民政部等先后发布了一系列文件，要求加强困境儿童的保障工作。关于事实无人抚养儿童、残疾儿童康复救助等政策意见也陆续出台，进一步扩大了困境儿童的救助范围。2019 年，伴随新一轮政府机构的改革，民政部成立了儿童福利司，全国城乡社区儿童福利的工作队伍和工作体系日益健全。可以看出，在国家整体的脱贫攻坚战略目标下，我国儿童福利服务的内涵逐渐扩大，保障的内容从基本生存需求向教育、医疗、康复等儿童发展性需求拓展，适度普惠的儿童福利制度建设已形成共识。中国的儿童反贫困是脱贫攻坚战略的重要组成部分，儿童反贫困并非仅仅是对特定儿童群体的生存保障，也是迈向儿童多维度反贫困的社会保护体系建设的重要进程。儿童反贫困的各项措施提升了儿童的生存发展水平，是脱贫攻坚目标顺利实现的基础。

然而，还必须看到，随着反贫困重点从绝对贫困到相对贫困的转变，2020 年之后我国的儿童反贫困事业仍然面临着很大挑战。这些挑战既来自如何在反贫困策略中更好地体现儿童视角，也包括能否整合和加强儿童社会保护体系建设，应对城乡人口与家庭变迁对儿童发展可能带来的风险，这些是可持续反贫困需要关注的重要议题。

二、社会风险变迁与儿童反贫困的挑战

伴随着经济社会的深化发展，贫困状况体现了更加广泛及多元化的特征。儿童生存发展的依赖性使其更容易受到家庭以及外部环境风险的影响，这些风险的来源既包括经济层面，如家庭在生计发展中所遭遇到的外部冲击；也包括社会层面，如与社会制度文化变迁及社会排斥相伴随的风险。2020 年以后从绝对贫困到相对贫困的转变，要求我们重视经济与社会剥夺相互交织所带来的儿童贫困风险，通过更为综合、多元的路径巩固和强化反贫困的成效。

在城乡人口与社会变迁的背景下，许多家庭面临着生计发展与家庭照顾之间的矛盾，并由此带来儿童监护的风险与困境，这是可持续反贫困需要重点关注的问题。改革开放之后，与城乡人口流动相伴随的拆分型生产

体制[①]，使农民家庭的生产与再生产功能在时间和空间上分割，青壮年劳动力在城市打工获得工资收入，而家庭再生产如子女抚育和老人照顾等功能依然在农村完成。农民的生计结构的选择体现了其生存安全理性，尽管家庭小心翼翼地试图维持着生计和照顾之间的艰难平衡，然而在现实情况下这一分工结构却是十分脆弱的，留守儿童、妇女、老人等面临困境，体现了这一分工所造成的后果[②]。在发展主义的扶贫开发模式下，脱贫被简单地理解为市场逻辑下的经济理性行为，儿童抚育等家庭照顾问题常常被忽略。而随着扶贫工作的深化与精细化，社会工作者需要更多地考虑贫困者的家庭、社区等关系情境，儿童敏感的脱贫发展应当作为可持续反贫困评估的重要维度。比如，研究者在江西与安徽等地的调研发现，一些反贫困措施鼓励贫困户外出打工，但并没有对留守儿童的监护照顾进行合理安排，贫困家庭尤其面临着照顾儿童、老人等方面的沉重负担，可能带来"照顾—贫困"的循环，增加返贫的风险。儿童敏感的反贫困策略亟须加强对脆弱家庭的照顾支持，包括对监护困境儿童的服务介入。在经济社会发展新的风险时期，儿童的脆弱性将会以更加复杂的形态表现出来。可以说，困境儿童问题也是一个社会发展问题，需要在城乡一体化发展的脉络下思考、重构国家与家庭之间的儿童照顾责任分担机制。

儿童生命历程的发展还面临着机会剥夺与不平等的风险，这种风险来自贫困儿童生命发展的累积劣势以及社会机制在应对代际风险传递上的不足。朗特里最早讨论到不同生命周期阶段的贫困风险。例如，他指出儿童

① 沈原：《社会转型与工人阶级的再形成》，《社会学研究》2006 年第 2 期。

② 叶敬忠：《农村留守人口研究：基本立场、认识误区与理论转向》，《人口研究》2019 年第 2 期。

期、初为父母期和老年期有更高的贫困可能性，但早期贫困生命周期理论忽视了不同生命阶段的关联性及其与宏观社会历史和制度之间的相互影响①。个体和家庭的生命历程与社会变迁有着紧密的联系，生命历程中的重要事件，不同发展阶段的转化、过渡以及轨迹等都需要放在与外部社会历史环境相互关联的情境中考量②。中国的改革开放与人口流动极大地重塑了社会成员的生命历程，儿童成长的生命轨迹更加个体化、异质化，日益体现出个体鲜明的传记化生活体验特征。个体生命历程中的风险具有累积效应，童年期的处境对于个体生活机会有很大的影响，人生早期发展的劣势可能带来教育、职业和收入等长远的影响后果。而外部的社会机制可能加剧这种不平等效应。例如，日趋竞争化和市场化的教育制度可能使得低收入家庭面临更大的发展劣势；信息化社会的发展可能加大城乡儿童之间的数字化差距等。

以消除绝对贫困为目标的脱贫攻坚战略聚焦于儿童及其家庭的基本生活保障，对于贫困儿童的成长和发展具有重要意义，但在朝向相对贫困的转变中，社会风险的变迁将给儿童反贫困工作带来更大挑战。既有的反贫困政策聚焦于兜底性的“社会安全网”建设，在回应多维度儿童贫困的问题上仍然有较大不足。一方面，既有的反贫困政策还在很大程度上运用以成年人为中心的视角，这在反贫困干预中可能会表现为忽略儿童的需要和动机、忽视儿童的自我决定权及其优势能力等。另一方面，尽管贫困家庭及困境儿童可以获得一定的社会救助，缓解收入贫困的问题，但是现金补贴往往未

① 徐静、徐永德：《生命历程理论视域下的老年贫困》，《社会学研究》2009 年第 6 期。
② 郑作彧、胡珊：《生命历程的制度化：欧陆生命历程研究的范式与方法》，《社会学研究》2018 年第 2 期。

能充分考虑到家庭内部分配的问题，家庭可支配收入的增加不一定充分转化为儿童教育、医疗和发展机会的增加。如研究所指出的，脆弱家庭难以有足够的缓冲资源来降低冲击所带来的负面影响，当低收入家庭面临因病大额医疗支出时，子代的教育发展机会往往被挤占①。相对于成年期贫困来说，儿童反贫困更加需要被重视并得到更大的投入，可持续反贫困需要儿童敏感的整体性干预策略，更多地考虑到与儿童生命历程发展相适应的反贫困方案。只有在维护儿童权利和回应其多维度需求基础上的反贫困策略才是可持续和有意义的。

第四节　构建儿童优先的反贫困政策体系

社会保护代表了一种从狭义社会保障到全民社会福祉的新的社会政策理念，其中儿童福祉被视为社会保护政策应当优先关注的内容。1990 年召开的联合国世界儿童问题首脑会议首次明确提出了儿童优先战略。2000 年的《联合国千年宣言》和 2015 年后发展议程都再次强调，投资儿童应当成为各个国家首要考虑的工作。儿童优先应当以消除儿童贫困为基本目标，并体现在国家财政支出和政策制度建设上。我国既有的儿童反贫困政策尽管发挥了重要的作用，但仍然比较碎片化，不同政策及部门在儿童反贫困工作中还难以形成合力，尤其是应对多维度儿童贫困问题还需要形成一个更加整体性的政策策略。笔者认为，2020 年之后，我国应当确立儿童优先的可

① 左停、李世雄：《2020 年后中国农村贫困的类型、表现与应对路径》，《南京农业大学学报(社会科学版)》2020 年第 4 期。

持续反贫困战略，基于社会保护理念，加快构建儿童优先的反贫困政策体系。

首先，确立消除多维度儿童贫困的政策目标。儿童优先的可持续反贫困政策规划的基本目标应当是消除各种形式的儿童贫困。传统研究对于儿童贫困的测量是以儿童所生活的家庭收入为指标的。收入贫困假定家庭内的资源分配是均等的，可以根据家庭每个成员的需要进行回应，但忽略了儿童生命历程中特定的、年龄敏感的发展需求，包括如食物、安全饮用水、卫生设施、健康、住所、教育和信息获取等方面的经济和社会剥夺的消除。尽管我国脱贫攻坚行动使得贫困儿童广泛受益，但一些地区和一些脆弱儿童仍然受到多维度贫困的影响。一些基于家户调查数据的研究也发现，我国儿童贫困发生率要显著超过老年人口贫困发生率，家庭应对贫困的策略、福利政策的公平性和可及性等问题都可能增加儿童陷入贫困的概率①。随着我国反贫困战略从消除绝对贫困到缓解相对贫困的转变，反贫困政策行动将更加关注多维度的贫困风险以及动态性贫困治理，促进城乡融合发展以及基本公共服务的均等化。在这一过程中，纳入儿童视角的反贫困理念十分重要。出台或强化更加综合性的儿童反贫困干预措施，降低儿童多维度的贫困发生率应当成为可持续反贫困的重要目标。

其次，推动实施基础普惠的儿童津贴政策。作为一项转移支付的社会

① X. Wang, L. Zhou and X. Shang, "Child Poverty in Rural China: Multidimensional Perspective," *Asia Social Work and Policy Review* 9, no. 2(2015): 109 - 124; D. Qi and Y. Wu, "The Extent and Risk Factors of Child Poverty in Urban China-What Can Be Done for Realizing the Chinese Government Goal of Eradicating Poverty before 2020," *Children and Youth Services Review* 63(2016): 74 - 82.

保护政策，儿童津贴对于可持续反贫困有十分重要的意义，也应该成为我国儿童福利制度建设的重要方向。随着我国适度普惠儿童福利制度建设的深化，孤儿、受艾滋病影响的儿童、事实无人抚养的儿童以及部分残疾儿童等逐渐被纳入专门的津贴范畴，但总体而言，当前的困境儿童津贴仍然仅基于基本生活保障的补偿理念，且覆盖范围很有限，在应对脆弱儿童及其家庭贫困风险上的政策效果不足。2020 年之后，面临人口结构与家庭变迁的现实，有必要进一步扩大儿童福利覆盖面，增强儿童津贴政策的基础普惠性。普惠儿童津贴政策是对儿童的基本社会保护，反映了保障儿童权利与投资儿童的社会共识，消除儿童贫困和促进儿童发展，不仅是家庭的责任，也是国家与社会发展的共同目标。当然在具体政策实践中，普惠儿童津贴政策可以采取渐进、多元的制度设计，如可借鉴整合性的有条件转移支付、儿童发展账户等形式，使儿童津贴发挥更好的瞄准效应，促进儿童和家庭的人力资本建设与其他发展目标的实现。此外，我国也可以借鉴亚洲其他国家如日本、韩国、泰国等的经验，实践分年龄类别逐步推进的儿童津贴政策。

再次，实施支持家庭的儿童发展政策。儿童贫困并不仅仅关乎儿童，儿童的生活与家庭息息相关，儿童与家庭的贫困风险相互交织。脆弱的家庭常常面临着生计发展和儿童照顾之间的冲突，应当通过不同的福利服务传递，对家庭的儿童抚育提供更多的支持。儿童贫困问题在一定程度上折射出了家庭政策的不足或缺位。支持家庭的假设是儿童伤害、虐待或忽视等问题源于家庭功能失调或能力不足，政策与服务干预应当朝向为抚育儿童的家庭提供更好的支持，国家和家庭之间需要建立伙伴关系。儿童敏感的社会保护不仅关注儿童本身的需求与服务，同时也关注家庭以及照顾者的需求与服务，譬如提供儿童发展所需的营养，为贫困儿童和最边缘儿童提供具有质量保障的基本服务，支持家庭与照顾者在儿童照顾方面的角色①。支持家庭的政策可以体现在经济、时间和服务等不同的维度，比如增加育儿津贴、延长生育假期、提供亲职教育服务等，尤其应当重视对于农村贫困地区的母婴健康、儿童抚育和早期儿童发展等持续性支持。

最后，加强整合联动的基层儿童救助保护服务体系建设。我国民政儿童福利的工作体系已经基本形成，实现城乡社区儿童之家全覆盖并配备相应的儿童主任，但在儿童福利服务体系传递的末梢，还存在多部门合作和专业化不足等问题。儿童工作涉及民政、教育、公安、卫生、司法以及人民团体等不同的部门组织，在基层儿童福利服务传递中，还常常存在着部门分割、资源重叠等问题。未来应当进一步强化以儿童最大利益为中心的跨部门、跨组织服务协作机制，在有条件的地方建立儿童服务平台，整合资源，建立跨部门的顺畅服务转介体系，织牢织密儿童救助保护服务的安全网。

儿童反贫困政策关注最为困难的儿童和家庭，但强调脆弱性的多维度特征，致力于减少和消除多维度的儿童剥夺状况。反贫困政策发展的目标是让儿童在其生命历程中获得稳定且可持续的社会保护，尤其是在儿童成长和发展的重要节点给予及时而适当的政策支持。基于儿童权利的基本原则，每一个儿童都应获得不低于底线的社会保护，包括基本生活需求的满足和基础公共服务如教育、医疗与社会服务的可及性等，但儿童反贫困还应当

---

① R. Jawad, "A New Era for Social Protection Analysis in LMICs? A Critical Social Policy Perspective from the Middle East and North Africa Region (MENA)," *World Development* 123(2019): 1 - 15.

具有发展性和未来取向，通过构建积极的政策和服务干预，促进儿童人力资本发展，实现更加长远的社会保护。

第五节　结论与启示

社会保护是一种发展性的儿童福利与保护取向，它强调回应儿童遭受剥夺、暴力或伤害的贫困根源问题，促进儿童及其生存发展环境的改善。通过具有儿童敏感性的反贫困政策与项目的介入，社会保护干预致力于预防和减少儿童生命历程中的经济性与社会性风险，强化儿童获得保护与发展的个体、家庭和系统能力。在社会发展的意义上，社会保护框架具有更大包容性，不限于传统的法定社会保障体制范畴，还包括多元参与的反贫困策略，强调发挥反贫困方式的“挤入”而非“挤出”效应。社会保护应当是转化性的，强调童年期所处的系统改变，包括对于家庭、社区和不平等社会机制等的干预，是面向儿童的包容性社会发展策略。

投资儿童以及减少儿童贫困现象是可持续经济与社会发展的前提。2020 年之后，我国的反贫困重点将聚焦于建立解决相对贫困的长效机制，而这需要更加关注贫困的动态变化特征与贫困风险，确立儿童优先的可持续反贫困战略。反贫困措施需要考虑并积极应对社会风险变迁对儿童的影响，社会保护的理念与实践对于儿童优先的反贫困路径有重要意义。在城乡人口与家庭变迁的背景下，贫困地区及家庭的儿童仍然面临着发展的脆弱性，儿童的发展困境难以通过传统的核心家庭、家庭网络与社区共同体得到摆脱，需要强化社会政策与服务的支持。致力于阻断代际风险传递的干预也是机会平等政策，从教育、健康以及职业发展等不同层面为贫困儿童提供更加积极平等的发展机会。可持续反贫困还应与加强儿童福利制度建设协同推进，对于儿童的社会保护应当超越狭义的社会安全网，通过积极的社会干预协助儿童及其家庭打破贫困代际循环。

儿童优先的可持续反贫困战略坚持儿童权利的基本原则，强调整体性的社会保护干预，致力于构建具有内在一致性和整合性的反贫困政策体系，包括确立消除多维度儿童贫困的基本政策目标、实施基础普惠的儿童津贴政策、实施支持家庭的儿童发展政策、强化基层儿童福利服务体系建设等核心内容。未来，儿童反贫困和儿童发展仍然是我国儿童工作的重要任务，加强儿童社会保护体系建设还需要政府与社会力量的合作及更有力的推动。

第八章　儿童发展账户：终身投资型的反贫困政策

第一节　什么是儿童发展账户政策？

儿童发展账户是一项以资产为本的社会政策(Asset-based Social Policy)，它通过建立津贴资助型的投资或储蓄账户，来动员政府与社会，帮助和鼓励父母与家庭，为孩子生命历程中重要的和长期的发展需求积累经济和金融资产[①]。这个一般性定义，既界定了儿童发展账户政策的目标和手段，也给具体的政策设计和制定提供了广泛的空间。最理想的儿童发展账户设计应该具有普遍性(每一个儿童都拥有)、进步性(弱势群体获得更多的津贴和资助)和终身性(从一出生就开始建立和使用)。这种普遍和进步的儿童发展账户政策是以收入救助为主的传统社会济贫政策的一个补充(见

① M. Sherraden, *Assets and the Poor: A New American Welfare Policy* (Armonk, NY: M. E. Sharpe, 1991); M. Sherraden, "Asset Building Research and Policy: Pathways, Progress, and Potential of a Social Innovation," in R. Cramer and T. R. W. Shanks (eds.), *The Assets Perspective* (New York: Palgrave Macmillan, 2014).

图 8. 1)，因为收入救助的社会政策往往聚焦贫困家庭当期的消费与物质福利，而确保贫困家庭长期脱离绝对贫困并改变相对贫困的状况，还需要可持续再生的经济能力。儿童发展账户的政策模式最早在《资产与贫困》①一书中被提出，目前已经被许多国家和地区作为一项具体社会福利政策而采用。

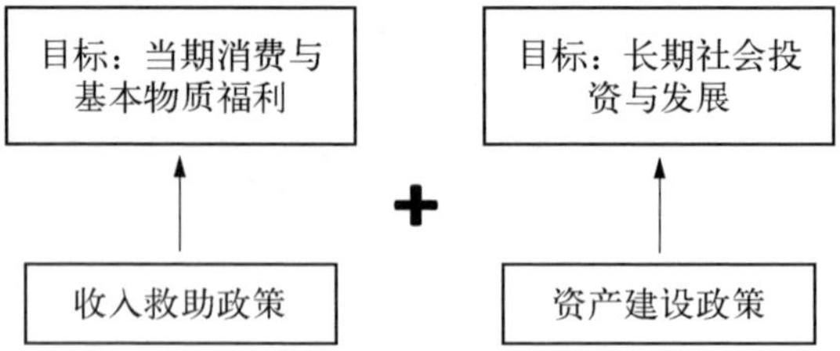

图 8.1　社会政策目标与范式示意图

儿童发展账户政策的制定与实施需要许多制度性、系统性和技术性的安排与设计。例如，儿童发展账户中的资产要实现什么样的个体发展目标(是高等教育、健康、创业、房产，还是退休保障)？使用什么样的金融产品和工具来帮助家庭实现资产建设(是储蓄还是投资账户，是市场上已有的产品还是公共部门新创设的产品)？儿童发展账户的拥有者如何使用这些金融工具？政府公共部门与社会公益部门又是如何对弱势家庭进行资助的？其他公共与社会服务如何与儿童发展账户进行互动与整合？以美国俄克拉何马州(Oklahoma)开展的儿童发展账户政策实验为例(见图 8. 2)，鉴于美国高等教育学费昂贵，这一实验以帮助家庭为孩子的高等教育进行经济准备为长期目标，使用美国联邦政府和金融部门在 20 世纪 90 年代末期创设的、

① M. Sherraden, *Assets and the Poor: A New American Welfare Policy* (Armonk, NY: M. E. Sharpe, 1991).

以对个人有税收优惠的529所大学教育储蓄账户为实施平台，为参与家庭提供了第一笔“种子”资金（1 000美元），并给低收入家庭提供额外的配对资金。当然，这只是儿童发展账户政策设计的一个例子和一种具体形式。

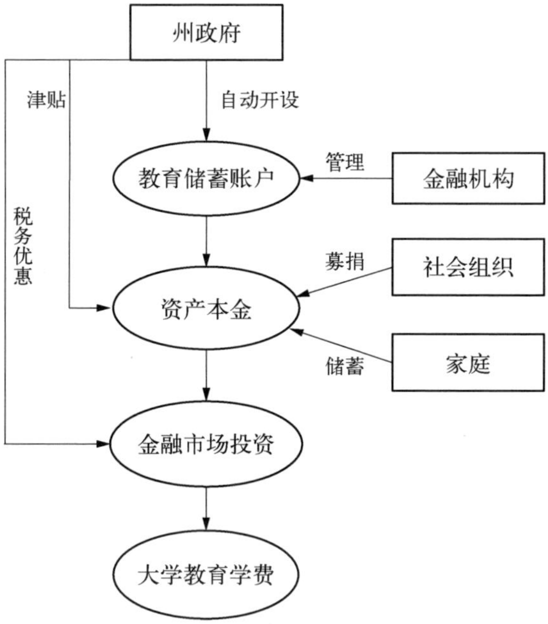

图8.2　美国各州儿童发展账户政策示意图

过去二十五年的国际经验显示，儿童发展账户的政策和项目可以在不同的社会和文化背景中实践。比如，有的儿童发展账户项目是由非营利社会服务组织创办，专门针对组织自身的服务对象；有的则是创立在学校内，为学生提供服务；还有的则是由金融机构来操作。儿童发展账户的主办者或实施者性质各不相同，在实践中仍然需要多方面、各类型的服务机构共同协作。比如，由非营利社会服务组织创办的儿童发展账户项目可能是建立在银行的储蓄账户上、以学校为基地开展服务的，因此仍然需要金融机构和其他机构（比如学校）的配合。

除了在基层和社区具体实践的儿童发展账户项目外，许多儿童发展账户是由不同级别的政府通过一般性的公共政策推行的。例如，在美国，有市政府、郡政府或者是州政府制定的儿童发展账户政策。其他国家，包括新加坡、以色列、英国、加拿大、韩国等也制定和实施了一般性的儿童发展账户政策。在此需要认识到"项目"和"政策"的不同。许多社会政策最终是通过具体的"项目"才能够达到目标，在这个意义上"政策"和"项目"是一致的。但是，由基层和社会组织发起的单个的儿童发展账户项目，如果没有上升到更高层级的一般性公共政策，它只是一种具体的服务内容，离实现儿童发展账户尽可能服务大多数儿童长期发展的普遍性目标，还有很大的距离。从这个角度分析，为了实现所有儿童都拥有发展账户的目标，我们把政策策略看作比单个和具体的儿童发展账户项目更重要的未来发展方向。

第二节　儿童发展账户作为资产建设的政策工具

儿童发展账户作为一种新的社会政策概念，是在以资产为本的政策框架中提出的，是实现资产建设的一种工具，也是以资产为本的社会政策的一个特例。这在儿童发展账户的目标设定与实施手段等设计中可以体现出来。儿童发展账户鼓励政府、社会和家庭一起为儿童未来的教育、健康、房产、创业、退休保障积累资产。一方面，积累在账户中的经济金融资源本身是资产建设的体现；另一方面，规划这些资金的用途，把它们限制在有助于未来产生收益和有助于个体长期综合发展的人力资本和金融资本上，也是资产建设的另外一种体现。换言之，个体和家庭通过儿童发展账户所累积的经济金融资源，不会被消耗在日常的生活用度（比如食物与衣物）中，而可以成为生命历程中永续的、可以带来收益的资产。

正是从资产建设的需要出发，“终身性”成为儿童发展账户的一个重要特征。资产的累积是一个长期的过程，为了发挥资产积累的“复利”的作用，儿童发展账户开始得越早、持续时间越长，累积的资产数量就越大。同时，个体在生命历程中面临着许多需要使用这些累积资产的关键时刻，包括求学、就业、创业、成家、置产、疾病、退休等，只有终身性的儿童发展账户才能确保这些需求得到保障。因此，儿童发展账户并不是只针对儿童这个群体，它指的是开始于生命早期阶段的、服务终身的、服务所有人的资产建设社会政策。

为什么资产建设是社会政策的重要目标呢？或者说，为什么需要以资产为本的社会政策呢？难道传统的以收入救助为主要目标的政策不够充分吗？收入是最典型、最常用的衡量个体和家庭经济金融福祉的反贫困指标。许多社会政策，包括反贫困政策都以收入为评价标准。这是因为人的消费被当作经济福祉的直接表现，而收入则是满足消费需求的最直接经济来源，因此收入往往“等同”于经济福祉。但是，从收入这一单一维度来衡量贫困和经济福祉是不充分的。即使从消费角度看，常规的收入不能够满足人们不规律的或者大型的支出（比如一般家庭的月收入不足以支付房产的首付按揭）；人们在面临特殊困难或经济危机（比如失业、疾病或残疾、公共健康危机）时，也有可能失去收入而不得不依赖于其他资源。资产作为累积下来的经济资源，从侧面说明个体和家庭的金融福祉是由多种因素决定的，补充了仅用收入代表金融福祉的不足。资产的一个功能在于满足人们在特殊困难时期的消费需求。对于一般家庭，资产往往会投资到能够带来未来收益的项目中：子女的长期教育、购房置产、创业成家，都可能让家庭动用超过平时收入的、长期累积的经济资产。

因此，从社会政策的目标来看，收入补助和资产建设都是重要的，它们相互支持、相互补充。但收入和资产的不同功用，在某种程度上反映了政策在解决社会问题上对“果”或“因”的不同侧重：低收入是贫困的外在表现，缺乏摆脱贫困的资产和资源，是造成贫困的原因。另外，收入与资产的不同，也反映了社会政策对“消费”或“发展”的不同侧重。收入救助型的政策，如果针对特殊的人群，或设有额外的获取补助的条件（比如不能有超过一定额度的家庭资产），往往是“剩余型”福利制度的体现，强调社会政策的底线安全网作用，认为政策应该在家庭和市场系统失灵之后才进行补充性的干预。以资产为本的社会政策，反映的是“发展型”或“投资型”社会政策。后者把帮助所有个体积累发展资产，将投资个体的知识、技能与能力看作社会政策必须具备的一项重要职责和功能。在这样的视角下，社会政策应该是社会结构中常规化的，与家庭和市场平行的，甚至是前置的预防性存在。以资产建设为代表的“发展型”和“投资型”社会政策，力图通过政策的制度化努力，帮助所有个体实现家庭、社会和经济生活各方面的成功。因此，儿童发展账户强调普遍性，希望包容所有的个体。

资产建设的社会政策不仅认识到资产对个人与家庭金融福祉的重要性，更重要的是，它强调个人与家庭的资产积累不完全由个人行为（比如储蓄行为)决定。对美国社会政策的分析表明,虽然个人的储蓄行为对资产积累有重要贡献,但公共部门通过税收优惠等形式,对非低收入家庭的资产积累提供了大量扶持和帮助。因为资产积累在现实中并不完全是个人努力的结果,这为政策干预提供了空间。非低收入家庭的资产积累行为往往受到公共政策的鼓励、引导与帮助,但是低收入家庭被不平等地排斥在这些政策之外。从公平性的角度来看,所有的个体——包括低收入的个体与家庭——都应该被纳入资产建设的社会政策中;并且,贫困的家庭应该获得更优惠的资助。从这个意义上来说,资产建设的社会政策不仅强调普遍性,而且为低收入和弱势家庭提供额外的资产积累补助。总之,在认识到资产对个体发展的重要贡献的基础上,资产建设的社会政策强调的是系统制定的公共政策对个体和家庭资产积累的重要干预。它的政策目标是通过政府、社会和个人的共同努力来实现个体的资产积累。推动更高的储蓄率和改善个体的储蓄行为,并不是资产建设社会政策的根本目标,它只是实现资产建设的方法之一。这一政策对于低储蓄率的国家,例如美国,可能有推动资产建设的特殊意义,但对于高储蓄率的国家也具有重要的意义:它帮助我们区别个人储蓄与资产的不同,即储蓄只是实现资产建设的一种形式;帮助我们思考政府和社会在帮助个体和家庭累积资产的过程中应该承担什么样的责任;也帮助我们思考个体和家庭的金融资产应该如何与特定的长期发展目标建立紧密的正向联系。

儿童发展账户政策正是本着以上这些原则设立的,它考虑到资产对个体发展的长期正向作用,强调除了个人的储蓄积累,社会政策对资产建设也具有重要的干预效果,提倡进行普遍性、进步性和终身性的资产建设。

第三节　儿童发展账户推动金融能力发展

儿童发展账户与资产建设的讨论，呈现了社会政策在“贫困与发展”这一重要议题上从“收入”向“资产”标的拓展的一种思考。如果说从“收入”到“资产”的拓展丰富了社会政策关于经济福祉的内涵和指标，让我们认识到“收入”本身不是一个充分的经济福祉的指标，那么一个同样重要的问题是，“收入”与“资产”一起是否能够充分代表后工业信息社会中一般家庭的经济福祉的状况和需要呢？

在资产建设社会政策的基础上，特别是在2007年全球金融危机之后，我们对社会政策的经济福祉的目标有了更深入的研究。在一定程度上，经济福祉的内涵和指标已经从“收入”和“资产”拓展到更一般性的“金融”。我们对金融的理解通常是和金融产业、金融部门、金融机构、金融服务，甚至宏观的货币与金融政策联系在一起，似乎与贫困家庭和弱势群体不太相关，和社会政策的联系也不甚紧密。在这里，从个体和家庭经济福祉的角度出发，关于“金融”的微观层面定义，是指个体和家庭中一切与钱和家计有关的事务、行为和管理。每一个家庭都要处理日常的生活消费，改善和提高收入，开展储蓄和投资，建立可靠的信用，预防可能的风险，这些都是与钱和家计有关的“金融”事务。在社会金融化的条件下，这些金融事务涉及日常生活的方方面面，又具有不同的功能和目标，大致可以归纳成五大类：消费、收入、资产与投资、信用与债务、保险与金融保护。在现代社会中，一个家庭要全面实现经济福祉，几乎无可避免地要在这五个方面获得充分的金融资源与服务，并制定合理的金融策略。这五大类别的金融事务相互影响，需要综合统筹地看待。

比如，一个贫困家庭可能因为炫耀性消费影响其他生活用度，年轻的大学生可能因为消费过高而产生消费债务问题，一些投资者在互联网 P2P 平台上投入的资金可能是从亲戚朋友中筹借的，老年人可能因为缺乏金融知识而遭遇金融欺诈，受次贷危机影响的很多家庭往往使用了不合理的债务产品购置房产，等等。因此，从个人和家庭的角度来看，为了实现经济福祉，人们必须合理使用金融工具，做出正确的金融决策。从社会政策的角度来看，为了促进实现个人和家庭的经济福祉，必须保证所有个人和家庭有公平合理的机会，通过市场和公共政策接受这五个类别的金融服务，获得对正确金融决策的支持。因此，社会政策服务个人和家庭经济福祉的目标可以从“收入”与“资产”进一步拓展到更一般性的“金融”范畴(见图 8.3)。

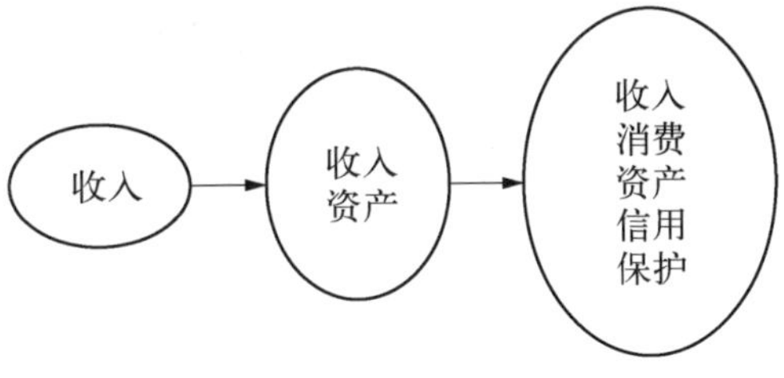

图 8.3　社会政策追求个体和家庭的经济金融福祉的内涵

在现实生活中我们可以观察到，越是贫困、弱势的群体，能接受的金融服务的类别越少。贫困家庭在接受的金融服务方面有更狭窄的“带宽”，这恰恰是贫困或缺乏经济福祉的表现，是这些群体缺少接受这些服务机会的表现，但这并不意味着他们不需要这些服务。这种不平等的金融服务现状也是社会政策对“金融”干预的理由。这种社会政策与服务对家庭，特别是贫困与弱势家庭的“金融”干预，可以看作对其金融能力的积极推进与完善。

儿童发展账户通过给家庭提供津贴资助型投资或储蓄账户，给所有的家庭，特别是低收入和弱势群体家庭的资产积累提供了金融机会和政策工具。根据上述关于家庭日常金融事务的简单分类，如果把资产积累当作金融能力建设的一个组成部分，儿童发展账户显然具有推动金融能力发展的意义。更重要的是，美国的一项研究和实践发现，儿童发展账户对金融能力的推动不局限于资产积累。例如，美国俄克拉何马州儿童发展账户政策的实验研究发现，实验组中有儿童发展账户的家庭有更多机会获得其他金融服务，包括银行储蓄账户、退休养老账户和汽车购买贷款。这种从儿童发展账户到其他金融服务的“外溢”作用，很可能通过以下几个因素产生。第一，通过使用儿童发展账户，参与家庭认识到金融服务对家庭经济福祉的积极作用，因而拓展了使用的金融服务类别。第二，在儿童发展账户的实践和使用过程中，个体的金融知识和技能得到训练，因而更有能力使用不同的金融服务与产品。第三，许多儿童发展账户项目把金融教育、社会政策收入救助资格评估、与家计金融有关的服务都融合进来，促进提升参与家庭的金融能力。目前，许多儿童发展账户也把推动金融能力的发展作为政策的目标之一。这种广义的金融能力的建设有助于贫困家庭的长期经济发展。

第四节　儿童发展账户政策和反贫困的关系

以上我们把儿童发展账户放在收入、资产，以及更广泛的金融能力的框架中考虑，简述儿童发展账户促进资产建设与金融能力的潜力。美国和其他国家的儿童发展账户政策的实践与研究也提供了有效的经验证据以支持这些理论假设。儿童发展账户对金融能力与资产建设的促进，对个体和家庭的贫困状况有影响，也对如何思考、制定和实行反贫困政策有特殊的意义。事实上，这些影响和意义已经隐含在上面的陈述和讨论之中。在这一部分，我们更加直接、清晰地阐述儿童发展账户和反贫困的关系。

第一，对于贫困，儿童发展账户不着眼于在短期内解决因贫困导致的当期收入和消费匮乏的问题，而聚集于长期发展所需的资产建设（见图 8.2）。当然，这并不意味着针对贫困人群的消费帮助和收入补助政策是不重要的。儿童发展账户建立在已经实施的社会安全网之上。这种安排体现出在解决绝对贫困、消除贫困的一些直接后果之后，儿童发展账户对消除长期贫困的根源以及应对个体发展需求的重要意义。儿童发展账户的目的不是在短期内增加贫困家庭的收入或满足其基本需求。

第二，儿童发展账户强调通过增能性和发展性的政策措施（也就是促进资产建设与金融能力）来找到造成贫困的根本原因。显然，造成贫困的原因是多样的和复杂的，儿童发展账户不可能同时解决所有问题。它把金融资产的积累作为政策的切入点和着手点，以资产建设的方式和路径影响参与者的态度、行为和心理状态，并进一步影响和改变其他造成贫困的原因（比如教育、健康、就业等）。

第三，儿童发展账户强调反贫困政策的长期性。个体在生命历程中的各个阶段都可能遭遇贫困的风险。资产和金融能力的建设也是长期的、累积的和递进的效果。只有长期的、稳定的政策才能够达到这个目标。

第四，儿童发展账户力图阻隔贫困的代际传递。这个特点与贫困的长期性类似，但也有不同。一些传统的收入救助政策以家庭为单位，以收入为标的。以家庭为单位的济贫政策建立在家庭这一社会结构之上，充分利用了家庭内部的互相支持与合作，有利于政策的操作和效率。但是，它可能也有忽略家庭内部成员的关系与互动、资源的分配不均和成员的需求不同等缺陷。特别是当收入作为反贫困的主要目标时，儿童在解决贫困问题中的角色就更容易被忽视，因为他们不是家庭收入的创造者。这种忽视在某种程度上是贫困代际传递的部分原因，因为儿童改变贫困的能力没有在当前济贫政策的范围内得到充分发展。在这一点上，儿童发展账户选择了儿童为主要对象，聚焦于发展儿童能力以带动整个家庭的跨代际发展。

第五，以收入救助为主的济贫政策有时候会引起政策制定者和社会公众对贫困者长期依赖收入救助的担心。儿童发展账户对于累积的资产特别是由政府和社会补助的资产有专门用途的限制，这些资产不能被用于日常生活的消费。在这样的情况下，儿童发展账户以及其他以资产为本的社会政策，通过细致的政策设计和实施，可以充分激励个体和家庭对未来抱有期望和努力，最终帮助他们脱贫。

这些关于儿童发展账户与反贫困关系的讨论，也对一般性扶贫政策有一些启发。正如上文中提到的，社会政策的一个重要目标是帮助个体和家庭实现经济福祉，收入匮乏问题只是贫困和缺乏经济福祉的表现，是经济福祉的负面指标。从社会工作增能的方法和优势观点的角度出发，在绝对的收入贫困被逐步消除之后，以一个从正面定义的经济福祉（如资产建设和金融能力）作为个人发展和政策发展的目标，可能更有助于个体和家庭的长期发展。

第五节　国际儿童发展账户发展概述

多个国家和地区已经创建、实施了不同类型的儿童发展账户的政策和项目。在这一部分，我们简要介绍在中国以外的一些国家政策实施的基本情况。

一、新加坡

新加坡有着世界范围内最完整、最综合的儿童发展账户政策。这是因为，区别于西方福利国家典型的“剩余型”社会政策，新加坡主要社会政策的基本理念，一直是帮助个体和家庭累积资产，从而实现家庭和经济生活的可持续发展。这种理念的代表是新加坡的中央公积金制度。在新加坡资产建设的社会政策体系中，有四项是针对儿童和青少年时期的。

2001 年，新加坡政府通过了《儿童发展共同储蓄法》。该政策除了促进儿童发展以外，也希望创造一个有利于养育孩子的社会环境，提高生育率。政策包括一系列支持家庭养育孩子的措施（如父母产假），也制定了《儿童发展共同储蓄方案》（或称为《新生儿奖励方案》）。《儿童发展共同储蓄方案》自施行以来，已经过了几轮修订。目前，该方案包括两个组成部分。第一，在家庭的第一和第二个小孩出生时，政府提供给每个新生婴儿 8 000 新加坡元的津贴。家庭的第三及之后的新生儿的出生津贴提高到 10 000 新加坡元。这些津贴会在小孩出生后分五次转入父母指定的账户中。第二，政府自动给每个新生儿在银行开设一个 0～13 岁儿童发展账户，父母、亲戚或朋友可以给小孩在儿童发展账户中投入储蓄资金，并且会收到政府一比一的配对资助（直至儿童13岁）。对于第一和第二个出生的小孩，政府提供的最高的配对资助限制是3 000新加坡元。对于第三和第四个出生的小孩，最高配额增加到9 000新加坡元；对于第五个及之后出生的小孩，最高的配额增加到15 000新加坡元。除了存款配额，政府也会根据财政状况提供额外的年度津贴。例如，2015年，所有6岁以下的小孩都在0～13岁儿童发展账户中收到了额外的300或600新加坡元的津贴；具体数额取决于家庭的经济状况，经济状况较好的家庭获取的数额较少。0～13岁儿童发展账户中的资金可以用于儿童在该阶段内和与人力资本相关的教育、医疗、健康等各种开支。0～13岁儿童发展账户中的资产结余在13岁后就会被转入另外一个儿童发展账户——高等教育账户中。

新加坡于1993年通过的《新加坡教育基金方案》（也称《教育储蓄方案》）建立了世界上第一个普遍性的儿童发展账户。为了改善7～16岁的儿童和青少年的教育机会和受教育程度，新加坡政府在每一个儿童成长到7岁时，自动给他们开设一个教育储蓄账户，并在账户中存入年度津贴，帮助家庭承担教育相关的支出。例如，在2015年，小学阶段的学生享受新加坡教育基金200新加坡元，中学阶段享受教育基金240新加坡元。从2019年开始，年度津贴增加到小学生230新加坡元和中学生290新加坡元。此外，政府在资金许可的情况下，有时候会提供额外的年度津贴。例如，2015年，新加坡政府给每一个教育储蓄账户提供了额外的150新加坡元的补助。教育储蓄账户中的资金每年可以获得2.5%的利息回报。新加坡政府在这一政策通过时，成立了一笔55亿元的专项基金，这一基金的投资回报是《教育储蓄方案》中政府年度津贴的资金来源。教育储蓄账户中的资金可以被用来支付儿童在学校的相关费用以及其他课后教育的费用。例如，2016 年，所有账户总计有 3 000 万新加坡元用于支付在学校的相关费用，另外有 3 500 万新加坡元用于支付课后教育费用。如果教育储蓄账户的户头达到 17 岁或户头已经完成中学教育，账户中的余额就会转入高等教育账户。2016 年，共有 2 500 万新加坡元转入高等教育账户。扣除所有的支付费用和转入高等教育的费用，2017 年 3 月，36 万名新加坡中小学生的教育储蓄账户结余近 3 亿新加坡元。教育储蓄账户政策的一个特点和上述《儿童发展共同储蓄方案》不同，这个教育储蓄账户只能接受政府的津贴，它不能够接受家长或其他人针对儿童教育的其他存款和储蓄。

2008 年，新加坡政府为了鼓励家庭帮助孩子完成高等教育，制定了高等教育储蓄账户政策。高等教育储蓄账户除了承接上述的 0～13 岁儿童发展账户和教育储蓄账户的结余，也积极鼓励家长在高等教育储蓄账户中为孩子的大学教育存储。如果家庭在 0～13 岁儿童发展账户中的配对限额没有用完，那么仍然可以在高等教育储蓄账户中使用。同时，政府根据财政的实际情况，提供额外的年度津贴。例如，2015 年，所有 17～20 岁的高等教育储蓄账户户头收到额外的 250 或 500 新加坡元的津贴；具体的津贴数额取决于家庭的经济状况，经济状况较好的家庭收到较少的数额。高等教育储蓄账户中的资产每年可以获得 2.5%的利息回报，可以用于和高等教育相关的支出。2016—2017 年，总共有 225 150 名账户的拥有者从高等教育储蓄账户中提取了近 8 700 万新加坡元用于高等教育。截至 2017 年 3 月，所有高等教育储蓄账户的结余是 15 亿新加坡元。到了高等教育储蓄账户拥有者 30 岁时，账户中的结存会自动转到个人的中央公积金账户。

新加坡政府关于儿童发展账户的最新政策于 2013 年施行，这个新的儿童发展账户帮助家庭筹备儿童医疗健康费用。医疗储蓄账户是新加坡中央公积金的一个组成部分，由政府自动为每一个新生婴儿开设。从 2015 年开始，政府给每一个新开的医疗储蓄账户存入 4 000 新加坡元，可以支付 21 年的基本大病医疗保险。

如果把新加坡多项儿童发展账户政策(《儿童发展共同储蓄方案》、教育储蓄账户、高等教育储蓄账户和医疗储蓄账户)统合起来看，新加坡已经发展出了综合的(主要针对人的发展的教育和医疗)、普遍的(所有的儿童都可以参与)、自出生始的(包括《儿童发展共同储蓄方案》和医疗储蓄账户)和累进的(低收入家庭有更高的补助)儿童发展账户政策。由于这些儿童发展账户最终和新加坡中央公积金联系在一起，因而是终身的。最理想的儿童发展账户政策能够把多个政策项目都整合在一个账户上，有助于提高政策的统一性和效率。

二、以色列

以色列在 2017 年实施了全国性儿童发展账户政策，称为“为每一个小孩储蓄”项目。从 2017 年开始，在原有的儿童津贴政策的基础上，政府给每一个 18 岁以下的和 2017 年之后出生的以色列公民提供一个由这项政策制定推行的投资账户，并存入 50 谢克尔(以色列货币)；同时，政策允许账户拥有者的父母每个月从儿童津贴政策中再存入 50 谢克尔。到小孩 18 岁生日的时候，他们会在账户中收到一笔 500 谢克尔的津贴。对于儿童发展账户中的资金，家长可以选择进行储蓄或投资。银行储蓄具有较低的风险，但是回报也较低。如果家长选择投资，儿童发展账户提供低风险、中风险和高风险三种不同类别的投资。在家庭参与这项政策的初始6个月，如果家长没有主动选择如何安排儿童发展账户中的资金，根据账户拥有者的年龄，15～18岁的会自动选择银行储蓄，低于15岁的会自动选择低风险的投资。6个月之后，如果家长没有主动选择如何储蓄或投资，账户中的所有资金都会被安排为进行低风险的投资。儿童发展账户的拥有者满18岁后，在父母的许可下，可以使用账户中的资金；资金的使用用途不受限制。如果他们决定继续在儿童发展账户中保留这些积累的资产，到账户拥有者21岁生日时，政府会提供最后一笔500谢克尔的津贴。政策预估显示，如果选择高回报的投资，一个小孩从0～18岁在儿童发展账户中积累的资金（包括投资回报）可达到27 800谢克尔；再加上父母每个月选择存入的额外50谢克尔，账户中积累的资金（包括投资回报）可达到50 000多谢克尔。

三、英国

2005年，英国工党政府通过并推行"儿童信托基金"政策，它是一个帮助儿童进行长期储蓄和投资的发展账户。这一项政策为所有在2002年8月31日之后出生的孩童在金融机构建立一个储蓄投资的发展账户，并提供一笔250英镑的储蓄代金券。家长可以把这笔代金券存入他们选择的任何有资格开设儿童信托基金账户的金融机构中。低收入家庭可以获得两倍的代金券（500英镑）。如果在小孩1岁生日时，家长还没有选择开设账户的金融机构，政府就会自动在选定的金融机构中开设。另外一笔250英镑的津贴会在小孩 7 岁生日时候存入儿童信托基金账户；政策也考虑在小孩 11 岁生日时再次存入额外的津贴。根据政策的规定，家长每年可以在儿童信托基金账户存入一定额度的资金（比如 2018 年的最高额度是 4 260 英镑）。儿童信托基金中的资金可以在 70 多种方案中选择投资组合，同时账户中的资金和投资回报享受税收优惠，不需要缴纳投资利得税。小孩 16 岁生日时，可以获得儿童信托基金账户的管理权；18 岁生日时，可以使用儿童信托基金账户中的资金。英国的保守党政府在 2011 年 1 月 3 日之后停止开设新的儿童信托基金账户，而是以学生个人储蓄账户代之。

四、加拿大

加拿大政府在 1974 年就开始推行"注册教育储蓄账户"，以帮助家庭为 0～17 岁小孩的高等教育进行资金储备；存入注册教育储蓄账户的资金可以享受个人收入税的优惠。1998 年，加拿大政府在原有的"注册教育储蓄账户"的基础上增加了加拿大教育储蓄补助金的新内容。根据教育储蓄补助金的规定，家庭（包括父母、祖父母、法定监护人等）每年在该账户中储蓄的 20％由政府补助，每年补助的最高额度不超过 400 加元。2004 年，为了进一步帮助低收入的家庭，收入低于 35 000 加元的家庭在注册教育储蓄账户中存入第一笔 500 加元的储蓄可以获得额外 20％的补助；收入在 35 000～75 000 加元的家庭在注册教育储蓄账户中存入第一笔 500 加元的储蓄可以获得额外 10％的补助。不管什么经济背景的家庭，每年补助的额度不能超过 500 加元。如果之前的年度补助额度没有使用完，那么当年补助额度最高可以累积到 1 000 加元。2004 年，加拿大政府进一步通过加拿大学习保证金政策来帮助低收入的家庭为孩子的高等教育进行储蓄：对于出生于2003年12月31日之后的小孩，如果他们的家庭符合接受加拿大政府对低收入儿童补助的资格，政府就会在开设教育储蓄账户时为小孩存入500加元。只要家庭符合政府对低收入儿童实施补助的资格，加拿大政府每年会在注册教育储蓄账户中为小孩存入100加元，直到15岁。除了加拿大中央政府对注册教育储蓄账户的资助，地方省政府也利用注册教育储蓄账户展开额外的资助，帮助家庭进行资产建设。

注册教育储蓄账户中积累的资产应该用于高等教育。如果账户的拥有者最后没有接受高等教育，账户的拥有者有三个选项。第一，积累的资产可以转换到账户拥有者的弟弟或妹妹的注册教育储蓄账户中，但是他们的弟弟和妹妹因此不可以重复接受加拿大政府的资助。第二，积累的资产可以转换到账户拥有者的退休储蓄账户中。第三，账户的拥有者可以取出注册教育储蓄中的资产，但是补缴投资回报的相关税费（如资本利得税），以及补缴投资回报的20%作为未合理使用注册教育储蓄账户资金的惩罚。对于第二个和第三个选项，所有政府补助都需要回缴给加拿大政府。

五、美国

目前美国大约有80个儿童发展账户政策和项目。在联邦政府层面，多名国会议员已经提出了全国性议案。除了联邦政府层面，儿童发展账户的政策分布在多个州、市和郡；也有许多儿童发展账户的项目由社区和社会服务组织发起。目前美国总共有八个州已经通过或推行了全州范围的儿童发展账户，包括康涅狄格、缅因、内华达、罗得岛、内布拉斯加、宾夕法尼亚、加利福尼亚和伊利诺伊；还有一些州的儿童发展账户政策还在筹划准备之中。

美国各州儿童发展账户政策大都是在21世纪初借鉴美国俄克拉何马州儿童发展账户政策实验的经验设立的。虽然这些州的儿童发展账户政策在设计细节上各有不同，总体上采用了俄克拉何马州儿童发展账户政策实验的设计原则。具体表现在：第一，政策设定的资产使用目标是高等教育。这和新加坡与加拿大的一些政策相似。第二，儿童发展账户都利用了现有的美国大学教育储蓄账户的平台。大学教育储蓄账户是美国联邦政府于20世纪90年代末设立的、由各州政府和金融机构合办的、通过个人税收优惠来鼓励家庭为孩子的高等教育进行储蓄的投资账户；账户提供了从储蓄到基金的不同投资选项。虽然也是一项鼓励资产建设的社会政策，现有的美国大学教育储蓄账户有几个特征和儿童发展账户的理念不完全相符。大学教育储蓄账户虽然对所有小孩开放，但是因为它需要家长自主申请，通常只有经济背景较好的家庭才会去开户，所以不具有普遍性。此外，政府对大学教育储蓄账户的资产以税收优惠的方式进行资助，免于缴税的低收入家庭很难从这种优惠方式中获得资助。从现实参与的程度看，现有的大学教育储蓄账户是累退的政策，服务于经济背景较好的家庭。第三，根据儿童发展账户的理念，美国的州政府对现有的大学教育储蓄账户进行了一些改造，通过自动给所有小孩开户实现普遍性，给低收入家庭提供除了税收优惠之外的其他资助方式（如开户津贴、储蓄配对）以改变政策累退的本质，提供大学教育储蓄账户与其他社会福利政策的协调性等。根据各州的财政状况，这些儿童发展账户资助的初始津贴从25美元到1 000美元不等，储蓄配对的额度也不一样。第四，州儿童发展账户创造出一个包容性的平台，这个平台可以融合其他针对家庭与儿童的服务，包括对家庭进行社会福利需求评估，开展金融能力的教育与培训等。

几个比较大的城市也制定了城际儿童发展账户政策，包括旧金山市、圣路易市、纽约市和洛杉矶市等。在城市开展的儿童发展账户的政策设计的弹性更大一些，包括政策的目标可能不限于高等教育，政策使用的金融工具也包括银行储蓄账户，涉及更多的与社会服务组织在微观服务上的互动。

六、韩国

韩国的儿童发展账户政策开始于 2007 年，此后针对不同类型的弱势儿童，有十个以上的儿童发展账户在中央和地方政府层面推行。在中央政府层面，最早的儿童发展账户由韩国卫生福利部设立，专门针对社会福利系统中 0～18 岁的儿童和青少年。2011 年，符合政策规定的人群扩展到所有接受社会福利补助的家庭中年龄低于 12 岁的孩童。之后，韩国卫生福利部还把参与发展账户的人群扩展到了低薪的青年员工(18 岁以上)和接受社会福利的青年。2016 年，韩国劳工部也针对中小企业的青年劳工设立了儿童发展账户。在地方政府层面，首尔市在 2009 年为低薪家庭和贫困家庭的孩童开设了儿童发展账户，并在 2015 年将发展账户使用群体推广到青少年。相似地，韩国京畿道于 2016 年为青少年设立了儿童发展账户，并在 2018 年为他们创设了专门针对退休金的发展账户。截至 2017 年年底，大约有 50 万儿童和青少年参加了各种儿童发展账户项目。

韩国中央和地方政府实施的儿童发展账户政策大致具有以下几个特

点。第一，总体而言，儿童发展账户积累的资本用途多样，包括教育、创业、购房、医疗、婚礼和退休等。具体到各个儿童发展账户政策，资本的使用用途稍有不同。第二，这些政策主要通过储蓄配对的方式对儿童发展账户进行公共补助，大部分项目的储蓄配对率是一比一，最高可达六比一。第三，每个项目都设置了月度最高储蓄配对额度，各个政策的储蓄配对额度不一。

七、当前儿童发展账户的制度设计特征

从以上国家的儿童发展账户政策中，我们大致可以总结出目前儿童发展账户的一些主要特征。

（一）对象

总体来讲，儿童发展账户针对有儿童的家庭。符合参加儿童发展账户要求的儿童与青少年年龄从 0 到 18 岁不等：有一些包括所有的 0～18 岁儿童与青少年，有一些则主要针对青少年。虽然儿童发展账户提倡普遍性全参与，不同的儿童发展账户可能针对特定的儿童和家庭，包括接受社会救助的低收入家庭和在社会福利院系统中的儿童等。当儿童发展账户针对特定年龄阶段和特定家庭时，政策目标也会随着目标群体的不同而有所不同。

（二）时间期限

大部分儿童发展账户设置的政策期限，也就是可以从账户中取出资产的期限，与针对的儿童年龄段和政策目标一致。比如，一个儿童发展政策针对 0～18 岁儿童，通常这群人可以在 18 岁之后取出所积累的资产，落实整个政策。一些政策则允许参与者在达到年龄限制后，仍然把资产保留在账户中一段时间，这种安排主要有两个方面的考虑：第一，进入成年后的一段时

间，个体可能会在不同的时点有不同的发展需求（上大学、创业、成家、置产等），需要允许个体把儿童发展账户中的资产用于满足这些需求；第二，儿童长期积累的资产不应该被一次性取出并完全消费掉，这不符合儿童发展账户积累终身性资产的目标。另外一种处理方式则是允许没有被使用的儿童发展账户中的资产转入另外一种更长效的资产建设机制，比如退休储蓄账户等。

（三）账户

简单来说，儿童发展账户通常使用三种不同的账户机制：一是使用金融机构（主要是银行和信用社）提供的存储账户的功能；二是使用金融机构（主要是投资型的金融机构）提供的投资账户，以提高儿童发展账户中累积资产的回报率；三是通过儿童发展账户政策，创造出一个新的账户工具，这个账户可以由公共部门或者是由金融部门运作，账户中可能包括不同类型的投资方式，从低风险的储蓄到高风险的其他金融投资等。

账户机制的设置应该有三个方面的考虑：一是这个机制要帮助儿童发展账户的参与者在相对有限风险的情况下，有机会获得更大的投资回报；二是这个机制要考虑到参与者可能有的不同金融资源、金融知识、风险偏好和投资需求，提供一定的空间让参与者做出合理的投资选择；三是这个机制对于政策的运用必须是高效率、低成本的。

（四）资产建设机制

儿童发展账户政策往往会被认为是鼓励个人储蓄的政策，这当然是政策的一个重要组成部分，因此个人和家庭的储蓄和积累是账户资产的重要来源之一。不管使用什么样的账户工具，都应该有合适的允许个体和家庭把钱存入这些账户的渠道，比如是到银行储蓄所或分支机构储蓄，还是使用网上银行储蓄。

儿童发展账户的政策目标最终是资产建设，个人储蓄只是资产建设的一种方式。对于低收入家庭来说，儿童发展账户的资产建设的优势更在于多样化的资产建设机制，包括政府或社会（比如募捐者、社会服务团体、基金会等）直接投入账户的津贴、提供的储蓄配对资金和提供的税收减免和优惠。这些资产建设的机制也需要和账户工具间建立安全、完善、有效的对接机制。

（五）账户发展目标

账户累积资产的主要用途包括与人力资本建设相关的教育和健康支出。对于教育和健康支出，目前的儿童发展账户大致有两种倾向：一种是比较广义的，任何与教育和健康相关的支出都可以包括在内，比如课外活动，课后教育等；另外一种则是相对狭义的，比如高等教育的学费、杂费、课本费等。也有一些儿童发展账户在资产建设满足期限之后，设置更宽泛的使用范围（比如办婚礼、创业、置产、退休等），甚至没有限制累积的资产使用的范围。

（六）账户退出机制

个体和家庭使用儿童发展账户中的资产，通常需要满足时间期限和使用目标两个维度的考虑。如果儿童发展账户政策有时间期限，那么账户中的资产通常只能在满足期限后才能取出。如果儿童发展账户政策有针对特殊用途的规定，那么账户中的资产通常受到规定用途的限制。违背期限或违规使用会导致一定的惩罚，包括剥夺资助津贴、配对补助或税收优惠或征收额外的罚款等。问题的关键在于什么样的技术设计或账户限制才能保证儿童发展账户的参与者按照政策的规定使用儿童发展账户的资产。目前主要使用的技术手段包括账户只能存(但在一定期限内)不能取、账户后台管理者将资助和个人储蓄相隔离、对符合用途的资产使用从账户直接转账(比如直接支付大学学费)等。如果账户中的资产在规定期限内没有使用完，另一个退出机制是和下一个生命阶段的资产建设账户相关联的。在某种程度上，账户退出机制显然会增加儿童发展账户实施的复杂性和困难程度。这里需要在账户发展目标和账户退出机制之间寻找一种平衡：对账户发展目标的限定越少，针对账户退出机制的设定也越简单。

第六节　儿童发展账户的政策效果

儿童发展账户的项目和政策在美国许多地方试行、推广和执行的时间还不长。大约在过去的 10 年间，美国各地由政府和社会组织推广实行的儿童发展账户项目已经超过 60 个，有 7 个州政府制定了针对全州儿童的自动开设的发展账户政策，一些州政策采取了自愿开设账户的办法，还有一些城市也制定了自己的儿童发展账户政策。截至 2018 年，大约有将近 50 万的儿童成为发展账户的受益者。

鉴于目前儿童发展账户政策的实施时间较短，它对儿童和家庭发展的长期效果还有待于未来检验。我们可以从一个相类似的资产建设社会政策——个人发展账户——的研究经验获得一些借鉴。区别于儿童发展账户，个人发展账户主要针对接受社会福利救助的低收入成年人，项目一般使用银行储蓄账户而不是投资账户，项目周期一般是三至五年，而不是终身制。美国联邦政府从1998年到2014年总共投入了2亿多美金，在全国范围内支持了846个个人发展账户项目。最新个人发展账户的短期实验评估显示，在个人发展账户政策实施一年后，实验组中低收入家庭的现金储蓄比控制组平均高出799美元，两组家庭的现金储蓄中位数区别为657美元。同时，实验组中低收入家庭遭遇物质消费困难风险的概率比控制组低34%，使用高风险金融产品（比如短期现金贷）的概率比控制组低39%。[①] 这些实验结果可以和更早的个人发展账户实验评估（1998—2002年）相印证。后者发现，低收入家庭在参与个人发展账户的过程中，确实更可能朝向政策规定的使用目标（特别是房产）进行投资。在四年期实验结束后，实验组的房产拥有率大约比控制组高6%～11%；但在个人发展账户项目结束六年后（2008年），实验组的房产拥有率只高于控制组0.8%。[②] 这一方面显示了政策的长期性有助于持续性的资产建设，另一方面显示了资产建设社会政策有助于个体和家庭提前实现资产发展的目标。更早拥有有益的资产有助于个体家庭实现长期的经济目标。

虽然儿童发展账户政策在美国实施的时间较短，但针对它的短期发展效果的各种评估已经在进行之中。在这里，我们以美国俄克拉何马州的儿

① Gregory Mills, et al., "First-Year Impacts on Savings and Economic Well-Being from the Assets for Independence Program Randomized Evaluation," *Journal of Consumer Affairs* 53, no. 3(2019): 848 - 868.

② Michal Grinstein-Weiss, et al., "Long-term Impacts of Individual Development Accounts on Homeownership among Baseline Renters: Follow-up Evidence from a Randomized Experiment," *American Economic Journal: Economic Policy* 5, no. 1 (2013): 122 - 145.

童发展账户实验数据为例，展现儿童发展账户对新生儿及其家庭在四年中的影响（见表 8.1）。美国俄克拉何马州在 2007 年为儿童发展账户实验组的 1 358 名新生儿自动开设了州属大学教育储蓄与投资账户，并提供 1 000 美元的初始本金，同时对中低收入家庭在接下来四年（2007—2011 年）对新生儿的大学教育储蓄进行一定的配比（最高可达 250 美元）。结果显示，几乎所有实验组的儿童都成为大学教育储蓄与投资账户的受益者（99.94%），对于控制组的 1 346 名儿童而言，只有 3.27%成为大学教育储蓄与投资账户的受益者；实验组的账户平均资产是 1 851 美元，控制组的平均资产则是 323 美元。[①] 同时，对于母亲，儿童发展账户在保持对孩子的高教育期望[②]、减少对孩子的负面养育[③]、减少自己的心理压力[④]方面都有显著的正面影响。实验结果显示，14.41%的控制组的母亲逐渐降低了她们对孩子的期望，这一比例在实验组中只有 11.63%。以 3 天为计量单位，实验组的母亲（2.30 次）比控制组的母亲（2.82 次）有较低惩罚和打骂孩子的频率。实验组的母亲（1.83）比控制组的母亲（1.99）有较低的忧郁症状的评估结果。实验组的儿

① M. Sherraden, et al., "Universal Accounts at Birth: Building Knowledge to Inform Policy," *Journal of the Society for Social Work and Research* 6, no. 4(2015): 541 - 564.

② Y. Kim, M. Sherraden and J. Huang, et al., "Child Development Accounts and Parental Educational Expectations for Young Children: Early Evidence from a Statewide Social Experiment," *Social Service Review* 89, no. 1(2015): 99 - 137.

③ J. Huang, Y. Nam and M. Sherraden, et al., "Impacts of Child Development Accounts on Parenting Practices: Evidence from a Randomized Statewide Experiment," *Asia Pacific Journal of Social Work and Development* 29, no. 1 (2019): 34 - 47.

④ J. Huang, M. Sherraden and J. Purnell, "Purnell. Impacts of Child Development Accounts on Maternal Depressive Symptoms: Evidence from a Randomized Statewide Policy Experiment," *Social Science & Medicine*, no. 112(2014): 30 - 38.

童，特别是那些低收入家庭中的儿童，在社会情感的发展上，比控制组的儿童也有显著的改善。[①] 表 8.1 中，一个较高的社会情感发展评分代表更严重的儿童社会情感发展问题。实验组中低收入家庭母亲在增加孩子的正面养育方面比控制组有显著性改善。总之，儿童发展账户对儿童及其家庭，特别是低收入的弱势群体，在态度、心理和行为上有着超越经济和金融层面的正向影响。这些影响如果能够长期持续，将为个人的长期发展和低收入家庭脱离贫困奠定基础。

表 8.1　美国俄克拉何马州的儿童发展账户实验效果

	实验组	控制组
儿童成为州属或私属大学教育储蓄与投资账户的受益者	99.94%	3.27%
四年累积儿童发展账户资产(包括政府补助和投资回报)	$ 1 851	$ 323
母亲对儿童受教育程度的期望值降低的比例	11.63%	14.41%
3 天之内母亲对儿童的负面养育(惩罚和打骂)的频率	2.30	2.82
母亲忧郁症状测量(0～12 分)	1.83	1.99
4 岁儿童社会情感发展(0～170 分)	29.02	30.56

除了儿童社会情感发展，实验组和控制组的差异具有 0.050～0.001 的统计显著性。实验组和控制组在儿童社会情感发展上的差异具有 0.10 的统计显著性。

① J. Huang, M. Sherraden and Y. Kim, et al., "Effects of Child Development Accounts on Early Social-Emotional Development: An Experimental Test," *JAMA Pediatrics* 168, No. 3(2014): 265 - 271.

第七节　儿童发展账户对反贫困社会工作的启示

儿童发展账户作为以资产为本的社会政策的一个典型特例，在未来可能呈现以下几个趋势。

第一，从儿童发展账户的项目向政策的方向发展。这种发展有助于实现服务大多数儿童的普遍性目标，也意味着儿童发展账户的执行主体可能由社会服务机构和底层的公共部门向更高层的公共部门转换。这种变化会创造更广泛、更普遍的儿童发展账户的金融平台，也有利于降低政策实施的成本，提高政策实施的效率。儿童发展账户普遍性的程度，往往也体现不同国家在创设和实施这一政策时所处的不同发展阶段，早期阶段通常以更小范围的儿童发展账户项目为试点。

第二，从以资产建设为唯一核心向更综合多样的金融能力的发展。儿童发展账户的设计和实施紧紧围绕着资产建设的核心目标，当前的政策设计考量也与资产建设的目标最契合。资产建设本身是个体与家庭金融功能的一个维度，资产建设的发展也会影响其他维度的发展。从长远来看，儿童发展账户作为资产建设的政策平台也有可能向其他金融功能扩充，比如投资、信用与金融保护，因此需要推动更具综合性的金融能力的发展。

第三，从传统的金融产品平台向科技金融的平台发展。目前，大部分儿童发展账户政策使用传统的银行储蓄账户或是投资账户。由于低收入群体和弱势群体遭遇更多的金融排斥，因而越是复杂的账户开设过程，通常意味着越低的开户率。互联网技术和金融科技的发展已经帮助我们找到有效的方法，以最大限度地帮助低收入群体和弱势群体接受普惠金融，将他们纳入主流金融服务的世界。

第四，儿童发展账户的设计虽然多样，但是有采用一些共同设计元素的趋势，这些共同的元素包括自动开户、自动核实补助津贴、自动选择投资选项和免除其他社会福利政策对项目参与者资产总额限制的要求。自动开户是指儿童发展账户会通过一些行政和金融机构的程序自动为所有符合政策要求的儿童开设账户，不需要家庭主动申请；自动核实补助津贴是指儿童发展账户会根据家庭的其他金融资料核实并发放他们应该接受的账户津贴，不需要家庭主动申请。对于一般家庭来说，选择投资选项是一个复杂的金融决定；建立在投资账户基础上的儿童发展账户通常会设定好几个以儿童年龄为依据的投资选项，简化家庭的投资安排。最后，传统的社会福利政策一般规定，接受社会福利补助的家庭不能拥有超出一定额度的经济金融资产——这种安排假设接受社会福利补助的家庭应该先穷尽自身的经济金融资源。这种安排在一定程度上成为低收入和弱势家庭积累资产的障碍。鉴于账户资产的特殊用途，其他社会福利政策不把儿童发展账户中的资产计入接受社会福利补助的家庭的资产总额限制。

第五，儿童发展账户只是针对儿童贫困和不平衡发展的长效机制中的一个具体部分，是综合的、多主体供给、多渠道保障、多层次服务的儿童服务框架中的一个组成部分。它和框架中其他社会福利、社会救助和社会服务的整合有助于这一长效机制发挥作用。儿童发展账户可以与其他针对儿童的社会福利服务共同的人群，共享服务传递的载体，使用的服务传递机制互相依托，开展的服务内容互相支持，共同推动儿童发展。在服务整合模式转变的过程中，儿童发展账户已经逐渐形成一个统一的平台，可以容纳其他社会福利服务。例如，开展儿童发展账户服务的社会服务机构也为参与儿童发展账户的家庭申请其他社会福利服务，儿童发展账户服务通过奖励机制支持其他社会服务（比如对有良好行为表现的学生进行账户奖励），儿童发展账户可成为其他社会服务依托的平台等。

脱贫攻坚战消除绝对贫困之后，解决相对贫困会是一个更为长期的过程。相对贫困的本质是个体发展机会在生命历程中的不充分和不平衡，而发展机会在儿童时期的不平等会在后续生命阶段带来贫困风险，这是我们在减少相对贫困过程中必须关注的重要问题。为此需要建立健全综合的多主体供给、多渠道保障、多层次服务的针对儿童发展的长效机制。儿童发展账户这一资产建设的发展性社会政策，有助于我们树立正向的长期发展目标；针对贫困儿童发展，建立减少相对贫困的长效机制；更好地思考如何协调“补缺型”与“发展型”的政策，让社会救助与社会投资互补与共促。

第九章　儿童发展账户反贫困效果的系统评价研究[①]

第一节　研究背景

自英国颁布《济贫法》拉开西方国家救济扶贫的序幕以来，各国政府持续探索救济扶贫的最佳路径。收入转移支付、弥补收入差距、维持最低收入成为各国政府扶贫济困的主流方式。然而，在美国学者谢若登看来，低收入保障政策未能从根源上消除贫困，阶层差距并未缩小，关键在于收入保障作为一种临时性救济措施，仅限于基本生活需要的保障和维持，很难促成贫困家庭的资产累积，长期以来穷人依然缺少资产，且贫富资产的差距依然巨大[②]。鉴于此，20 世纪 90 年代，谢若登提出构建资产为本的社会福利政策（Asset-Based Social Welfare Policy），具体形式包括建立个人发展账户、儿童发展账户等项目或制度，旨在促成穷人的储蓄、投资和资产积累，培养长期思维和积极面向未来的良好心态。

---

① 本章曾刊发于《人口与社会》2020 年第 36 卷第 2 期。

② [美] 迈克尔 · 谢若登：《资产与穷人：一项新的美国福利政策》，高鉴国译，商务印书馆，2005。

相较于成年人，儿童受贫困、物资匮乏、恶劣环境的影响更大。一方面，个体绝大多数能力发展集中于儿童阶段，发展不足将影响一生的生活质量，比如成年后的收入、健康、事业成就获得与儿童期发展密不可分。多数研究表明，儿童期培养的认知能力、语言功能、身体健康状况、社会情感等水平是预测未来教育成就、经济收入和职业地位的重要指标①。因贫困、物资匮乏或生活条件恶劣等外在因素造成儿童发展的迟滞与落后于后期很难弥补②。另一方面，因贫富差距导致儿童发展机会不均等、发展结果差距拉大也被视为构成贫困代际传递、贫困再生产的主要机制，是最不容忽视的社会问题。鉴于此，本研究主要关注作为扶贫济困的一种新型尝试，以资产建设为本的社会福利政策是否促成了贫困儿童发展。

谢若登于 1991 年提出设立的"儿童发展账户"(Child Development Accounts，CDA)被看作一种潜在的、新型的、可以帮助儿童获得大学准入及获得学业成就的有效机制③。虽然资产建设理论在国际上广受关注，但我国

① C. Jencks, *Who Gets Ahead? The Determinants of Economic Success in America* (New York: Basic Books, 1979); U. Neisser, G. Bookdoo and T. J. Bouchard, et al.,"Intelligence: Knows and Unknowns," *American Psychologist* 51, no. 2(1996): 77 - 101; J. Cawley, J. Heckman and E. Vytlacil, "Three observations on Wages and Measured Cognitive Ability," Labour Economics 8, no. 4(2001): 419 - 442; N. R. Kuncel, A. H. Sarah and S. O. Deniz, "Academic Performance, Career Potential, Creativity, and Job Performance: Can one construct predict them all?" *Journal of Personality and Social Psychology* 86, no. 1(2004): 148 - 161.

② M. M. Black, S. P. Walker and C. H. Fernald, et al., "Early Childhood Development Coming of Age: Science Through the Life Course," *The Lancet* 389 (2017): 77 - 90; S. Grantham-McGregor, Y. B. Cheung and S. Cueto, et al., "Developmental potential in the first 5 years for children in developing countries," *Lancet* 369(2007): 60 - 70.

③ V. Loke and M. Sherraden, "Building assets from birth: a global comparison of Child Development Account policies," *International Journal of Social Welfare* 18(2009): 119 - 129.

尚未建立以儿童为主要对象的资产政策，也较少出现关于儿童发展账户可行性方面的论证。国外研究方面，不少国家和地区已设立儿童发展账户，围绕儿童账户制度对儿童发展的影响已获得了较为全面、系统的研究证据，探讨的方向也较为多元，如涉及儿童心理健康、社会参与和教育成果等方面。作为一种新型反贫困的尝试，本章试图对该领域内已有的国内外研究进行系统评价，探讨这一新型反贫困的理念设想和实践尝试对儿童发展的影响效应。

第二节　系统评价方法

一、检索标准

研究通过 Cochrane Database、Web of Science、PubMed、BioMed Central、Scopus、Elsevier、Wiley、Springer、Google Scholar、中国知网、万方等国内外数据库进行系统检索、阅读、筛选、排除和纳入，纳入文献满足以下标准：(1) 涉及儿童发展账户、儿童教育储蓄、儿童储蓄基金等为儿童教育和发展而设立的发展账户或储蓄账户，包括理念解读、利弊分析；(2) 涉及儿童发展账户、儿童教育储蓄或资产建设对儿童发展影响的研究，定量研究与定性研究均包含在内；(3) 涉及按照儿童发展账户的理念而进行的大中小型项目实践；(4) 涉及儿童发展账户这一理念在本地区的实践情况，包括有利的政策、环境和人文条件以及实施过程中暴露的问题与遇到的阻碍；(5) 综述类文献，对某一特定时间段，各地儿童发展账户的建立和发展情况进行综述、比较和分析，从中总结经验并对本土化有所启示。

二、纳入结果

本研究纳入52篇与儿童发展账户有关的文章,其中42篇为英文文献,经分类整理后发现:研究儿童发展账户对儿童发展影响的文献(涉及具体方面,如心理、教育等)共25篇,其中采用量化方法的有15篇;对儿童发展账户或政策进行本土化研究的有17篇,具有综述性质的有3篇,政策解读、项目详述类的有15篇。基于本章探讨儿童发展账户是否对儿童发展具有积极意义以及是否值得在我国实施等问题的出发点,本研究最终分析与评估研究儿童发展账户对儿童发展影响的文献,从评价效果出发,因量化效果更直观,故对采用量化分析文献中使用随机干预实验的文献进行风险评估。

三、风险评估

基于Cochrane偏倚风险评估工具随机对照研究Meta分析中的应用,本研究使用Revman软件对文献的偏倚进行风险评估,并采用系统评价的方法阐释儿童发展账户的影响。涉及儿童发展账户对儿童发展影响的文献,主要包括儿童身心健康、社会参与和教育成果等内容。

第三节　儿童发展账户的影响效果分析

一、儿童发展账户对儿童发展影响效果的研究概况

自谢若登提出资产建设理论以来,不同国家和地区不断尝试基于该理论倡导建立了儿童账户。例如,乌干达为父母因AIDS去世的孤儿建立发展

账户①，美国为低收入家庭儿童的大学教育建立储蓄基金——“美国梦”示范工程②，英国为广大低收入家庭儿童建立发展项目③，韩国为低收入家庭的孩子建立教育基金④，新加坡为每一个刚出生的婴儿建立教育储蓄账户⑤，加拿大为使儿童获得更高等的教育而建立多种基金项目⑥，哥伦比亚、加纳、肯尼亚和尼泊尔四国开展青少年储蓄项目⑦。

各国研究者通过随机干预、项目案例的参与式评估、案例研究法、实证研究与分析、文献回顾、跨文化比较等方法对儿童发展账户进行分析，并就

① Jami Curley, Fred Ssewamala and Chang-Keun Han, "Assets and Educational Outcomes: Child Development Accounts (CDAs) for Orphaned Children in Uganda," *Child and Youth Service Review* 32, no. 11(2010): 1585 - 1590.

② 迈克尔·史乐山、邹莉：《个人发展账户——“美国梦”示范工程》，《江苏社会科学》2005 年第 2 期。

③ Sondra Beverly, William Elliott and Michael Sherraden, *Accounts, Assets, Expectations, and Achievements: How Child Development Accounts May Increase College Success, Perspective 13 - 27* (Center for Social Development, Washington University, 2013).

④ Young Mi Kim, Soon sung Lee and Mihyun Kim, *Seoul Hope Plus Savings Accounts: Asset-Building Program for Low-income Households in Seoul, Report 11 - 20* (Center for Social Development, Washington University, 2011).

⑤ Michael Sherraden, *Asset Building Research and Policy: Pathways, Progress, and Potential of a Social Innovation*, in Reid Cramer and Trina R. Williams Shanks (eds.), *The Assets Perspective: The Rise of Asset Building and Its Impact on Social Policy* (Palgrave MacMillan, 2014), pp. 263 - 284; Loke Vernon and Michael Sherraden, *Building Children's Assets in Singapore: The Beginning of a Lifelong Policy, Policy Brief No. 15 - 51* (Center for Social Development, Washington University, Ministry of Defense, Guidance Unit for Discharged Soldiers, website, 2015).

⑥ Sondra Beverly, William Elliott and Michael Sherraden, *Accounts, Assets, Expectations, and Achievements: How Child Development Accounts May Increase College Success, Perspective 13 - 27* (Center for Social Development, Washington University, 2013); Vernon Loke, Michael Sherraden, *Building Assets from Birth: A Global Comparison of Child Development Account Policies, Working Paper 08 - 03* (Center for Social Development, Washington University, 2008).

⑦ 朱晓、曾育彪：《资产社会政策在中国实验的启示——以一项针对北京外来务工子女的资产建设项目为例》，《社会建设》2016 年第 3 期。

其对儿童发展的积极意义以及本土化可能性展开可行性分析。表 9.1 列出了不同国家开展儿童发展账户干预效果的系列研究。

表 9.1　不同国家关于儿童发展账户(CDA)对儿童发展影响的研究

作者（年份）	研究类型	国家	研究主题	分析	结　果
Michal Grinstein-Weiss (2018)①	实证研究	以色列	家庭资产与儿童发展	研究比较法	家庭资产可保护儿童不受大多数家庭严重经济危机后果的影响：可直接对儿童面对危机事件起到缓冲作用，可通过缓解父母压力间接对儿童身心发展起到保护作用，可通过提高父母期待提高儿童受教育程度和接受大学教育的可能性
Fred M. Ssewamala (2015)②	RCT	乌干达	身体健康；对教育计划的自信；离校前测验(PLE)的出席和分数；希望得分；自我概念得分	T 检验；卡方检验	CDA 实验组儿童身体更健康；对完成教育计划更有信心，PLE 出席率更高且在 PLE 上表现更好，无助量表得分更低，自我概念得分更高
Jami Curley (2016)③	RCT	乌干达	教育计划；对教育计划的自信	T 检验；卡方检验	CDA 使儿童在教育计划上有更积极的态度，在完成教育计划上更有信心

① Michal Grinstein-Weiss, Trina R. Williams Shanks and Sondra G. Beverly, "Family Assets and Child Outcomes: Evidence and Directions," *The Future of Children* 24, no. 1(2018): 147 - 170.

② Fred M. Ssewamala, Leyla Karimli and Neilands Torsten, et al., *Applying a Family-Level Economic Strengthening Intervention to Improve Education and Health-Related Outcomes of School-Going AIDS-Orphaned Children: Lessonsfrom a Randomized Experiment in Southern Uganda* (Society for Prevention Research, 2015).

③ Jami Curley, Fred M. Ssewamala and Proscovia Nabunya, et al., "Child development accounts (CDAs): An asset-building strategy to empower girls in Uganda," *International Social Work* 59, no. 1(2016): 18 - 31.

续 表

作者（年份）	研究类型	国家	研究主题	分析	结　果
Jami Curley (2009)①	RCT	乌干达	PLE分数	T检验；OLS回归	CDA使儿童在PLE上有更好表现，使儿童有更高的教育抱负，在完成教育计划上更有自信
Leyla Karimli (2015)②	RCT	乌干达	未来定向；心理健康；青少年在教育计划上的自信	OLS回归	参加CSA项目的青少年提升了其未来定向，通过减少无助感提升自我概念促进了心理健康，提升了其在教育计划上的自信
Jin Huang (2016)③	RCT	美国	儿童早期社会情感	OLS回归	CDA对未婚同居夫妇孩子的情感发展具有积极影响，对单亲妈妈孩子的社会情感发展有非统计学显著的积极影响
Jin Huang (2014)④	RCT	美国	儿童社会情感发展；父母心理健康	OLS回归；中介调节效应分析	CDA通过促进儿童早期社会情感的发展提升父母的心理健康水平

① Jami Curley, Fred Ssewamala and Chang-Keun Han, "Assets and Educational Outcomes: Child Development Accounts (CDAs) for Orphaned Children in Uganda," *Child and Youth Service Review* 32, no. 11(2020): 1585 - 1590.

② Leyla Karimli, Ph. D. , Fred M. Ssewamala, Ph. D. "Do Savings Mediate Changes in Adolescents' Future Orientation and Health-Related Outcomes? Findings From Randomized Experiment in Uganda," *Journal of Adolescent Health* 57, no. 4 (2015): 425 - 432.

③ Jin Huang, Youngmi Kim and Michael Sherraden, et al. , "Unmarried Mothers and Children's Social-Emotional Development: The Role of Child Development Accounts," *Journal of Child and Family Studies* 26, no. 1(2017): 234 - 247.

④ Jin Huang, Youngmi Kim and Michael Sherraden, et al. , "Heterogeneous Effects of Child Development Accounts on Savings for Children's Education," CSD Working Papers, 2014, No. 14 - 15(St. Louis, MO: Washington University, Center for Social Development).

续　表

作者（年份）	研究类型	国家	研究主题	分析	结　　果
J. Huang (2016)①	RCT	美国	物质困难；儿童社会情感的发展	OLS回归	CDA可以通过影响亲子互动、父母对孩子的期望来促进儿童的发展，CDA可调节物质困难与儿童社会情感发展间50%的消极效应
Jin Huang (2014)②	RCT	美国	儿童早期社会情感的发展	多元回归	CDA可促进儿童早期社会情感的发展，可通过影响父母的态度、行为、期望和参与度来影响儿童的发展
Nora Wikoff (2014)③	RCT	美国	物质困难	分类评定模型	CDA是家庭为孩子们大学教育做经济准备的有效政策工具
William Elliott (2010)④	实证分析	美国	数学成就	修正模型	CDA对儿童数学成就具有积极影响
Michael Sherraden (2003)⑤	推广研究	美国	单亲妈妈孩子的发展	比较研究法	儿童教育成就与母亲资产成正相关，儿童学术表现与母亲是否拥有房产相关，儿童从中学毕业的可能性与储蓄的多少相关

① J. Huang, Y. Kim and M. Sherraden, "Material Hardship and Children's Social-emotional Development: Testing mitigating effects of Child Development Accounts in a randomized experiment," *Child: Care, Health and Development* 43, no. 1(2017): 89 - 96.

② Jin Huang, Youngmi Kim and Michael Sherraden, et al., "Heterogeneous Effects of Child Development Accounts on Savings for Children's Education," CSD Working Papers, 2014, No. 14 - 15(St. Louis, MO: Washington University, Center for Social Development).

③ Nora Ellen Wikoff, Mark Schreiner and Jason Q. Purnell, "Universal Accounts at Birth: Building Knowledge to Inform Policy," *Journal of the Society for Social Work and Research* 6, no. 4(2015): 541 - 564.

④ William Elliott, Hyunzee Jung and Terri Friedline, "Math Achievement and Children's Savings: Implications for Child Development Accounts," *J. Fam Econ*, Iss. 31, (2010): 171 - 184.

⑤ Min Zhan and Michael Sherraden, "Assets, Expectations, and Children's Educational Achievement in Female - Headed Households," *Social Service Review* 77, no. 2 (2003): 191 - 211.

续　表

作者（年份）	研究类型	国家	研究主题	分析	结　果
邓锁（2019）①	项目案例	中国	贫困儿童及其家庭的发展	参与式评估、案例研究法	参与 CDA 有助于培养儿童对于金钱的积极认知，培养积极的储蓄习惯；有助于形成对未来发展的积极预期；对于儿童与家长之间的互动有正面的影响
方舒（2019）②	实证分析	中国	资产对学业成绩的影响	回归分析	资产对于改善儿童学习表现具有显著积极影响，教育储蓄对于儿童学业表现尤其是语文、数学成绩有着显著积极的影响
方舒（2019）③	文献回顾	中国	资产对儿童教育成果、心理健康和行为问题、发展成果的影响	跨文化比较	资产增加时儿童在校学习成绩和教育年限会增加；拥有房产家庭中的儿童在情绪和行为问题上的评分更低；资产的增加会改善儿童的成绩、认知和行为状态等

在以色列、乌干达、美国、中国四个国家的 15 项有关儿童发展账户对儿童发展影响效果的量化研究中，9 项采用随机干预试验方法，1 项采用项目案例方法，3 项为实证研究与分析，另有 2 项分别为推广可行性研究和文献综述研究。以上研究涉及的主题有身心健康、社会参与和教育成果。

身心健康主要包括儿童身体健康、心理健康、儿童早期社会情感的发展、希望、自我概念等内容。“儿童早期社会情感的发展”通过社会情感量表测得，

① 邓锁：《资产建设与跨代干预：以“儿童发展账户”项目为例》，《社会建设》2018 年第 6 期。

② 方舒、苏苗苗：《家庭资产建设对儿童学业表现的影响——基于 CFPS2016 数据的实证分析》，《社会学评论》2019 年第 2 期。

③ 方舒、苏苗苗：《家庭资产建设与儿童福利发展：研究回顾与本土启示》，《华东理工大学学报(社会科学版)》2019 年第 2 期。

共 17 个项目①。"希望"通过贝克无助量表测得，共 20 个项目，每个项目有 2 个可选项(对或错)。总分由 20 个项目累加获得，0 代表希望满满，20 代表无助至极。测量指标包括"我做什么都是错的""我恨我自己"等。量表具有良好的内部一致性系数。"自我概念"由田纳西自我概念量表测得，共 20 个项目，每题有 5 个可选项(1～5 程度从总是错到总是对)，总分由 20 项累加所得，分值在 20 到 100 之间。量表题目包括"我试图在校好好表现但却做不好""对我来说做对的事很难"等。高分与清楚的自我概念相关，量表具有良好的内部一致性系数②。教育成果则主要是指对教育计划的期望及其信心、离校前测验(Primary Leaving Examination，PLE)的出席情况及分数、学业成绩等。离校前测验的性质是国家统一标准的考试，学业成绩主要测的是学生的数学、阅读或语文成绩。研究所包含的特定群体有贫困家庭的儿童、父母因 AIDS 去世的孤儿、单亲妈妈抚养的儿童、在有性别歧视地区的女孩、患有抑郁症母亲的孩子们等。

研究发现儿童发展账户对儿童的身心健康发展具有重要的正向积极作用，包括促进儿童早期社会情感的发展、减轻无助感、提升自我信念，并且对危机事件起缓冲作用，促进亲子间良性互动，使儿童更加自信。同时，儿童发展账户在儿童的教育成果上也有显著成效，儿童对于教育计划更有信心，

---

① Jin Huang, Michael Sherraden and Youngmi Kim, et al., "Effects of Child Development Accounts on Early Social-Emotional Development An Experimental Test," *Child Development Accounts* 168, no. 3(2014): 265 - 271.

② Fred M. Ssewamala, Leyla Karimli and Neilands Torsten, et al., "Applying a Family-Level Economic Strengthening Intervention to Improve Education and Health-Related Outcomes of School-Going AIDS-Orphaned Children: Lessons from a Randomized Experiment in Southern Uganda," *Prevention Science* 17, no. 1(2016): 134 - 143.

表现出更积极的态度，有更高的教育期待和更好的学术表现，更有可能接受大学教育。在社会参与上，儿童发展账户会提高儿童对未来的规划和定向，缓解物质困难，改善亲子关系，促进代际的良性沟通。

综上所述，儿童发展账户效果显著，确有实施的价值和意义。

二、文献风险偏倚评估结果

为确保研究的可信度，本研究就文献质量进行风险偏倚评估。采用 Cochrane 偏倚风险评估工具对于随机对照研究的质量进行评价。该工具是 Cochrane 手册推荐的偏倚风险评估工具，结构简洁、方便易用、易于理解。Revman 软件为 Cochrane 协作组织提供，内置 Cochrane 风险偏倚评估工具，并可提供可视化结果。图 9.1 展示了文献风险偏倚评估结果。图中使用不同条块和符号（+、—、?）表示“低风险偏倚”“高风险偏倚”“不清楚”。Cochrane 偏倚风险评估工具主要从选择（包括随机序列产生和分配隐藏）、实施（包括对研究者和受试者施盲）、测量（研究结局盲法评价）、随访（结局数据的完整性）、报告（选择性报告研究结果）和其他（其他偏倚来源）这六个方面总计七个条目对偏倚风险进行评价。具体评定标准见表 9.2。

表 9.2　文献风险偏倚评估准则

评估项	低风险偏倚	高风险偏倚	不清楚
随机序列的产生	有随机成分的描述	有非随机成分的描述	无充足的信息判定
分配隐藏	无法预测分配结果	有可能预测分配结果	无充足的信息判定

续　表

评估项	低风险偏倚	高风险偏倚	不清楚
实施偏倚	设盲；无盲法或不完全盲法，但结局不受其缺失影响	结局受盲法缺失的影响	无充足的信息判定
测量偏倚	进行了盲法评价；未进行盲法评价，但结局不受其缺失影响	结局受盲法评价缺失的影响	无充足的信息判定
随访偏倚	结局无缺失数据；缺失，但不与真值相关；缺失，但已用适当方式填补	结局缺失数据，缺失数据与真值相关且未做补救	无充足的信息判定
报告偏倚	获得研究方案中，预先申明的结果都已报告；研究方案不可得，但发表的报告包含所有期望的结果	预先申明的结局或所期望的结果未报告完整	无充足的信息判定
其他	存在着与特定的研究设计相关的潜在偏倚、有作假、其他问题	不存在着与特定的研究设计相关的潜在偏倚、有作假、其他问题	无充足的信息判定

进而依据偏倚风险评估对每个条目准则做出“低风险偏倚”“高风险偏倚”“不清楚”的判定结果，如图 9.1、图 9.2 所示。

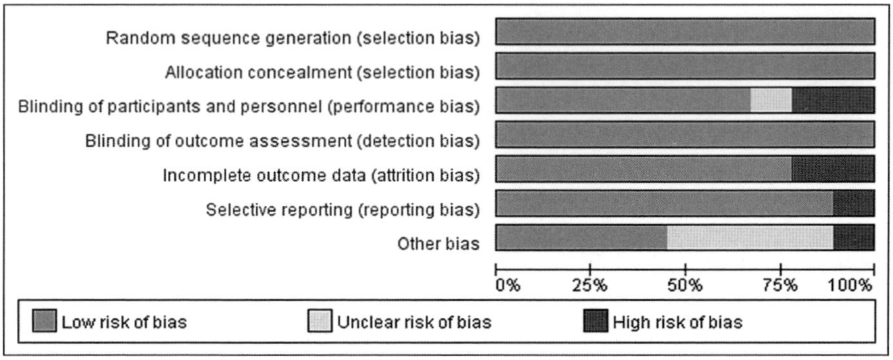

图 9.1　文献偏倚风险评估

由图 9.1 可知，在随机序列的产生、分配隐藏和测量偏倚上，9 篇文献均处于低风险偏倚，风险多存在于实施偏倚和随访偏倚上，接近 25%，而在其

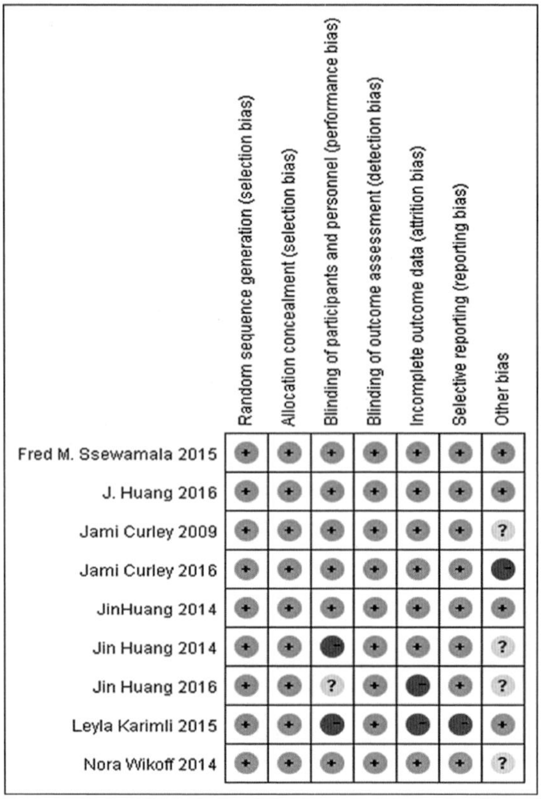

图 9.2　文献偏倚风险评估

他风险偏倚中，“不清楚”占比较高，接近 50%。图 9.2 的结果显示，从各文献角度看，第一篇、第二篇和第五篇文献的风险偏倚评估总体较低，第八篇文献的风险偏倚较高，分别表现在实施偏倚、随访偏倚和报告偏倚上。这主要是因为在该随机干预实验研究中，实验组与对照组在干预后没有出现统计学意义上的显著差异，且实验组对照组都未设盲，最终结果中部分预先申明的教育期望并未报告。同时第七篇文献相较其他文献而言，不清楚因素较多，对于实验实施过程和条件描述过于简洁，因而影响了对文献风险偏倚的评估。

因此，所评估的文献风险偏倚总体来讲是处于低风险偏倚，说明文献的质量较高，但由于儿童发展账户属于较新领域，学界对于该账户对儿童发展影响结果方面的定量研究数量较少，局限性较大，研究的影响区域分布不够集中，因此不足以进行进一步的 Meta 分析，相关研究有待后续跟进。

三、儿童发展账户影响效果的类型分析

关于儿童发展账户对儿童发展影响的研究所涉及的类型主要包括三个部分，即身心健康、社会参与、教育成果。以色列、乌干达、美国、中国四个国家的定性研究和定量研究均包含在内，文献跨度为 2003—2019 年，既有纵向跟踪参与调查，也有横向跨文化比较研究。进一步梳理目标文献后发现，儿童发展账户对儿童身心健康影响的文献有 4 篇，儿童社会参与影响的文献有 4 篇，儿童教育表现和教育成果的文献有 7 篇。具体如图 9.3 所示。

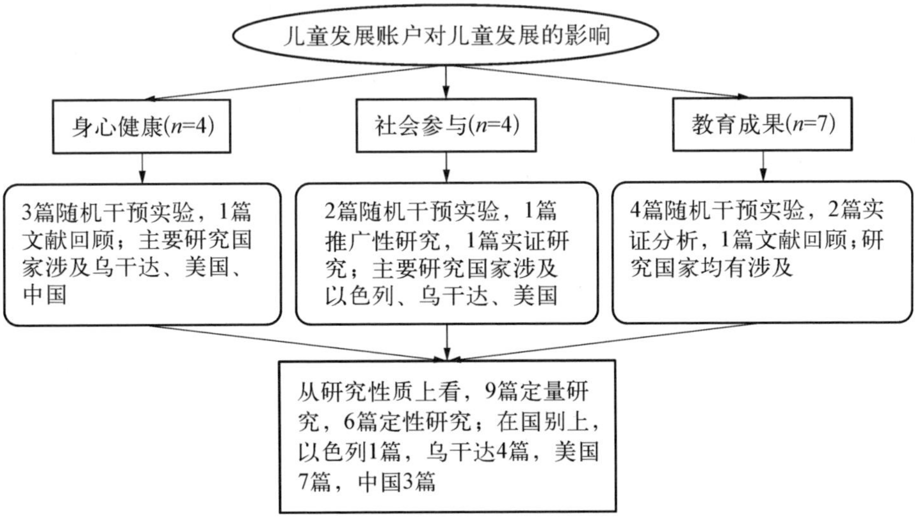

图 9.3 文献的类属分析

第四节　结论与启示

自谢若登提出构建资产为本的社会福利政策和理念以来，以提升儿童多元发展、弥补贫困儿童发展差距的儿童发展账户制度，在包括美国、英国、新加坡、韩国、加拿大、哥伦比亚、加纳、肯尼亚、尼泊尔等国家和地区得以实施开展。本研究以文献系统评价方法探讨儿童发展账户制度对儿童发展结果的影响效应，得出以下结论。

首先，儿童账户制度对儿童发展有积极效应，主要表现在三个方面：儿童账户制度的建立对儿童身心健康有正向的积极效应，包括促进儿童社会情感的发展、减轻无助感、提升儿童自信心，有助于培养亲子间的良性互动。儿童账户制度对儿童教育结果的影响主要表现在提升儿童教育期待、提升儿童获得高等教育成就的信心、提升儿童学业表现、降低儿童辍学率并提高未来接受高等教育的机会。儿童账户制度对于儿童社会参与等方面也有积极影响，可以提高儿童对未来进行规划的能力，缓解物质困难，改善亲子关系，促进代际良性沟通。综上所述，儿童发展账户制度具有实施的价值和意义。

其次，已有围绕儿童发展账户实施效果评估的文献主要采用的研究方法有随机干预实验方法、参与式评估、文献系统评价方法、跨文化比较等方法，主要涉及以色列、乌干达、美国和中国。目前中国的研究以微观数据分析为主，主要考察资产对儿童发展的影响效应，没有涉及资产账户制度的影响效应评价。围绕儿童账户制度的影响效果进行科学论证的研究主要集中在美国和乌干达等国家，美国在该领域的研究最多、影响最广。

最后，通过对相关文献进行偏倚风险评估后发现，文献的整体质量较好，研究通过设定明确的评估标准，程序严密、结果清晰，具有较强的专业性、规范性和可借鉴性。但在采用随机干预实验（RCTs）方法开展研究的文献中，研究所得的关键数据和信息有待公开，以方便未来进行深度 Meta 分析。

综上所述，尽管儿童账户制度总体上对儿童的身心健康、教育和社会参与等方面的发展有积极的影响，但受已有研究方法和数据等方面的局限，此领域的研究仍存在较大空白。(1) 该领域有较多混合研究方法，包括参与式评估方法、案例研究方法、访谈方法、随机干预实验方法等，运用随机干预实验方法（RCTs）进行量化分析的研究有待增加，以拓展该领域进行 Meta 分析的可行性。目前由于随机干预实验方法文献总量不足，研究主要纳入运用其他研究方法的文献，但采用不同研究方法的文献所得数据类型较难进行科学比较，给研究归纳和分析带来一定挑战。(2) 研究运用标准化评估方法评估随机干预实验研究发现，研究质量较好，但部分随机干预实验研究尚未公布关键数据和信息，使得研究很难抓取关键信息进行 Meta 分析及深度的结果比对。(3) 已有研究人员往往设计不同类型的量表测试儿童发展状况，儿童发展结果方面测量的差异性较大，如社会情感发展的量表使用不一致，不利于进行更为精细化的对比分析。以上研究不足有待未来弥补并做进一步拓展。

第十章　金融能力与相对贫困治理的实证研究[①]

第一节　研 究 背 景

2021 年 2 月 25 日，习近平总书记在全国脱贫攻坚总结表彰大会上庄严宣告："我国脱贫攻坚战取得了全面胜利，现行标准下 9 899 万农村贫困人口全部脱贫，832 个贫困县全部摘帽，12. 8 万个贫困村全部出列，区域性整体贫困得到解决，完成了消除绝对贫困的艰巨任务。"[②]但这并不代表着反贫困事业的终止，而是进入了一个新的阶段，未来我们仍需巩固脱贫攻坚成果，建立解决相对贫困问题的长效机制。

金融能力是在"金融能力与资产建设"视角下解决贫困问题的一种新思路。从理论渊源上来看，迈克尔・谢若登提出了资产建设理论。他指出，资

① 本章曾刊发于《社会学评论》2021 年第 9 卷第 3 期。
② 习近平：《在全国脱贫攻坚总结表彰大会的讲话》，《人民日报》2021 年 2 月 26 日。

产积累具有积极的福利效应[①]，资产建设所带来的未来取向让人们更容易被激励，从而抓住机会摆脱贫困。该理论也特别强调贫困者的能力建设，并基于阿马蒂亚·森的可行能力概念发展出金融能力的概念。金融能力一方面包含微观层面个体的金融素养，另一方面是宏观层面的普惠金融机会[②]，通过二者相互促进、共同发挥作用，促使人做出正确的金融决策与金融行动，有助于个体实现金融福祉。[③]

因此，正确厘清金融能力的两个维度即金融素养和金融机会及二者与贫困之间的关系，有助于后脱贫时代贫困问题的解决，以及我国反贫困政策从解决绝对贫困向治理相对贫困顺利转型接续。随着我国社会的金融化，个体面临的金融环境日益复杂，社会金融化对个体与环境都提出了要求。一方面，个体需要提升自身金融素养，有效避免经济风险，增进个人金融福祉；另一方面，社会政策也需为公众提供更加普惠和包容的金融机会，帮助公众发展生计。因此，金融素养与金融机会两个方面要协同发挥作用，提升贫困群体的内生动力，反贫困实践才能落在实处，并且符合输血式扶贫向造血式扶贫的政策转向。

---

① M. Sherraden, *Assets and the Poor: A New American Welfare Policy* (New York: M. E. Sharpe, 1991).

② 方舒、谢诗东：《金融社会工作教育的基本框架与本土发展》，《社会工作与管理》2020年第2期。

③ Margaret Sherraden, "Building Blocks of Financial Capability," in *Financial Capability and Asset Development - Research, Education, Policy, and Practice*, edited by Julie Birkenmaier, Margaret Sherraden and Jami Curley (New York: Oxford University Press, 2013).

第二节 文献综述

一、金融能力

金融能力是指个体拥有通过金融教育获得的金融知识和技能并且有相应的机会参与金融市场从而产生金融行为以提高自身金融福祉的能力。[①]借鉴阿马蒂亚·森的"可及性"概念，金融能力是指个体的金融知识技能和他们可及的金融服务之间的互动所共同构成的"可行能力"，是个体能力与环境机会的统一，它包含两个前提：一是个体需要拥有一定的金融素养(financial literacy)，二是拥有可及的金融服务也就是相应的金融机会。

（一）金融素养

金融素养的理论研究源于1995年斯坦福大学经济学教授伯恩海姆的相关研究。目前学界对金融素养还没有一致的定义，但其内涵多年来不断丰富和完善。在已有研究中，2011年，OECD对金融素养的界定被广泛采用，即金融素养是与金融事务相关的意识、知识、技能、态度和行为，并将其用于金融决策以改善个人金融福利。[②]

学界对金融素养没有形成一致的定义，对金融素养测量的内容与方法也存在差异。在已有研究中，构建金融素养指标多采用直接加总法或因子

① Margaret Sherraden, "Building Blocks of Financial Capability," in *Financial Capability and Asset Development-Research, Education, Policy, and Practice*, edited by Julie Birkenmaier, Margaret Sherraden and Jami Curley (New York: Oxford University Press, 2013).

② 刘国强：《我国消费者金融素养现状研究——基于2017年消费者金融素养问卷调查》，《金融研究》2018年第3期。

分析法两种。[①] 但目前金融素养没有形成公认的标准化测度工具[②]，对于金融素养的内容、测评指标和对测评对象的选择，仍需要进一步探讨。[③]

根据已有研究，金融素养的测量内容主要围绕主观金融素养与客观金融素养两个方面展开。客观金融素养侧重于金融概念认知维度，主观金融素养侧重于金融素养的自我评价。[④] 有学者用迭代因子分析法构建了金融素养指标[⑤]，着重衡量金融素养中金融知识这一维度，但忽略了组成金融素养指标的其他维度。[⑥] OECD 于 2000 年开发的 PISA 测评框架也是较为全面的金融素养测评框架，聚焦于认知、运用和情境三个维度来测度金融素养。目前也有不少国内研究出于对金融技能与相关决策行为的考量，更为整体地对金融素养进行多维度测量。例如：有研究者从金融知识、行为、技能三个维度构造金融素养，从而全面反映综合金融素养水平[⑦]；还有的研究者基于数据可得性并综合现有研究，从知识、技能和态度三个维度对金融素

① 单德朋：《金融素养与城市贫困》，《中国工业经济》2019 年第 4 期；王正位、邓颖惠、廖理：《知识改变命运：金融知识与微观收入流动性》，《金融研究》2016 年第 12 期；姚玲珍、张雅淋：《家庭债务、金融素养与消费——基于 CHFS 数据的实证研究》，《统计与信息论坛》2020 年第 9 期。

② 王宇熹、杨少华：《金融素养理论研究新进展》，《上海金融》2014 年第 3 期。

③ 熊芳、项梓薇：《农户金融素养测量指标体系研究述评》，《农村经济与科技》2018 年第 19 期。

④ 彭显琪、朱小梅：《基于项目反应理论的中国消费者金融素养指数研究——来自 CFPS2014 的经验证据》，《湖北大学学报(哲学社会科学版)》2019 年第 2 期。

⑤ M. Van Rooij, A. Lusardi and R. Alessie, "Financial Literacy and Stock Market Participation," *Journal of Financial Economics* 101, no. 2(2011): 449 - 472；尹志超、宋全云、吴雨：《金融知识、投资经验与家庭资产选择》，《经济研究》2014 年第 4 期。

⑥⑦ 尹志超、张号栋：《金融知识和中国家庭财富差距——来自 CHFS 数据的证据》，《国际金融研究》2017 年第 10 期。

养进行整体的变量构造。①

（二）金融机会与金融脆弱性

金融机会是个体和家庭应用其金融知识和技能的基本条件，消除贫困和经济不平等的重要条件在于提供平等包容的金融机会。从社会工作角度来看，金融机会与金融可及性是普惠金融的本质，个体能通过普惠金融服务使自身获得金融能力以实现金融福祉。②

由于脆弱性的本质是风险，因而金融机会不足也就是金融脆弱性的体现。早期研究将脆弱性界定为家庭消费水平下降或者是消费水平低于贫困线的可能性。③ 随着居民家庭金融资产日益增加，个体或家庭的脆弱性就更具有金融属性。因此，学界普遍认为金融脆弱性是指个体、家庭和群体乃至社区的金融风险、金融能力欠缺和可及金融机会不足。随着研究的不断深入，金融脆弱性主要是以筹款能力、家庭账单支付等方式来衡量的，有学者以 30 天内拿出 2 000 美元的能力为指标对美国家庭金融脆弱程度进行研究。④

因此，金融能力、金融素养与金融机会三者是“一体与两翼”的关系。金融机会是个体应用其金融素养的基本条件，缺乏金融机会，居民的金融素养

① 孟宏玮、闫新华：《金融素养、家庭杠杆率与家庭消费》，《金融发展研究》2019 年第 12 期。

② 黄进、玛格丽特 · 谢若登、邹莉：《普惠金融与金融能力：美国社会工作的大挑战》，《中国社会工作》2018 年第 28 期。

③ 张冀、于梦迪、曹杨：《金融素养与中国家庭金融脆弱性》，《吉林大学社会科学学报》2020 年第 4 期。

④ A. Lusardi, D. Schneider and P. Tufano, “Financially Fragile Households: Evidence and Implications,” *Brooking Papers on Economic Activity*, no. 1(2011): 83 - 134.

也无用武之地；居民拥有可及性的金融机会，也需具备相应的金融素养帮助其做出合理的金融行为与决策，以提升其金融福祉。

二、金融能力与贫困

当前已有讨论贫困治理的研究视角可分为两个：一是供给侧宏观主体角度；二是需求侧微观主体角度。在供给侧宏观主体角度进行的研究主要集中于金融发展、财政支出、收入差距等对贫困的影响。① 在此层面，对贫困问题的研究聚焦于顶层政策设计，目标更为宏大。而需求侧微观主体角度对于贫困问题的研究聚焦于个人特征与贫困之间的关系上，这些研究致力于以提升个人能力去解决贫困问题，包括社会网络、健康、教育等方面。② 笔者从金融能力的视角看待贫困问题，也更契合微观角度。

（一）金融素养与贫困

与传统贫困定义不同的是，阿马蒂亚·森认为收入低下不是贫困的实质，贫困源于贫困主体缺少获取和享有正常生活的可行能力。③ 简单地说，可行能力就是能够实现免受困苦的自由，居民缺乏金融素养就是可行能力匮乏的体现。

---

① 曹青山、吕勇斌：《农村金融发展对农村经济增长影响的区域差异分析——基于空间计量模型的研究》，《财政监督：财会版》2011 年第 32 期；邵汉华、王凯月：《普惠金融的减贫效应及作用机制——基于跨国面板数据的实证分析》，《金融经济学研究》2017 年第 6 期；李永友、沈坤荣：《财政支出结构、相对贫困与经济增长》，《管理世界》2007 年第 11 期；罗楚亮：《经济增长、收入差距与农村贫困》，《经济研究》2012 年第 2 期。

② 谭燕芝、张子豪：《社会网络、非正规金融与农户多维贫困》，《财经研究》2017 年第 3 期；刘生龙、李军：《健康、劳动参与及中国农村老年贫困》，《中国农村经济》2012 年第 1 期；李晓嘉：《教育能促进脱贫吗——基于 CFPS 农户数据的实证研究》，《北京大学教育评论》2015 年第 4 期。

③ A. Sen, *Development as Freedom* (New York: Anchor books, 1999).

金融素养作为个人能力的重要维度，即衡量金融行动的能力，作用于相应的金融决策与行为，从而持续地实现个体与家庭的经济福祉，因此金融素养与贫困问题的产生及其解决紧密相关。王正位等认为，掌握更多的金融知识能够使家庭更加有效地进行金融投资，并且能显著影响低收入阶层突破“贫困陷阱”、向高收入阶层跃迁。① 单德鹏研究金融素养与城市贫困时发现，金融素养对城市贫困减缓具有显著积极影响，并且基本金融素养会比高级金融素养更有助于城市减缓贫困。② 也有学者从金融素养与家庭财富积累视角出发进行研究，发现金融素养对家庭金融财富有显著的正向影响③，金融素养促进低财富组家庭财富积累的作用更大。④ 综合来看，金融素养作为个体金融行为能力的一个维度，对贫困问题的解决具有明显的现实意义。

（二）金融机会与贫困

森从权利视角看待贫困，认为贫困不仅仅是指个体身处贫困，并且由于环境与资源等外部条件的限制造成主体没有选择的机会。⑤ 可以说，个体缺乏金融机会就是个体权利丧失的一个方面。

已有关于金融机会与贫困的相关研究较少，更多的学者主要聚焦普

---

① 王正位、邓颖惠、廖理：《知识改变命运：金融知识与微观收入流动性》，《金融研究》2016 年第 12 期。

② 单德朋：《金融素养与城市贫困》，《中国工业经济》2019 年第 4 期。

③ J. R. Behrman, O. S. Mitchell and C. K. Soo, et al., “How Financial Literacy Affects Household Wealth Accumulation,” *American Economic Review* 102, no. 3 (2012): 300 - 304.

④ 尹志超、张号栋：《金融知识和中国家庭财富差距——来自 CHFS 数据的证据》，《国际金融研究》2017 年第 10 期。

⑤ A. Sen, *Poverty and Famines: an Essay on Entitlement and Deprivation* (Oxford: Oxford University Press, 1982).

惠金融方面的研究。有研究证实，经济机会（包含微观层面的个体经济机会以及宏观方面的区域经济机会）对农村人均收入的提升有显著的积极效应。[①] 而普惠金融是指个体或其他群体融入主流金融系统的过程，可以有效地提升家庭福利水平。[②] 还有研究运用动态面板模型对16个国家级贫困县的数据进行分析，结果发现普惠金融对贫困减缓有正向的促进作用。[③] 综合来看，增加个体的金融可及性、提升其经济机会，能帮助居民摆脱贫困，也有助于实现个体的经济福祉。

三、理论框架与研究假设

图10.1为金融能力对贫困的影响示意图。基于此，笔者认为，提高居民的金融能力是一种以能力建设和资产积累为基础的反贫困新途径。只有将宏观层面的普惠金融机会与微观个体金融能力相结合，使二者互动产生合力，反贫困实践才能取得实效。[④] 在此理论前提下，本章主要探讨金融素养、金融机会（金融脆弱性）和贫困之间的关系，用发展型福利视角去看待贫困问题及其解决之道，挖掘贫困群体内生动力，为当前反贫困事业的重心转变提供一个新思路，助益于脱贫攻坚成果的进一步巩固。

基于已有研究基础，笔者认为：首先，摆脱贫困的关键在于提升个人的

① 单德朋、王英：《金融可得性、经济机会与贫困减缓——基于四川集中连片特困地区扶贫统计监测县级门限面板模型的实证分析》，《财贸研究》2017年第4期。

② 田霖：《金融包容与中国家庭福利水平研究——基于CHFS项目28143个家庭的调查数据》，《人民论坛·学术前沿》2021第12期。

③ 张艳、沈惟维：《普惠金融、就业机会与贫困减缓》，《统计与决策》2020年第14期。

④ 方舒：《金融社会工作介入反贫困：何以可能与何以可为》，《中国社会工作》2019年第31期。

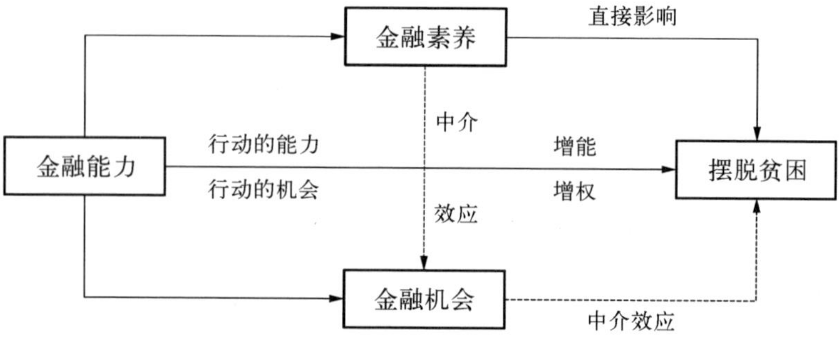

图 10.1　金融能力对贫困的影响示意图

可行能力，增强包括金融素养在内的金融能力是帮助脱贫群众摆脱相对贫困的重要解决方式；其次，有关研究也表明，金融素养对不同收入群体的影响效应并非相同，因此金融素养针对不同收入组别的居民所发挥的效能可能存在异质性；最后，基于金融素养、金融机会与金融能力三者的关系，在金融能力参与相对贫困治理的过程中，金融素养与金融机会需要协同发挥作用。

综上所述，本章提出以下研究假设：

假设 1：金融素养能够对贫困状况的改善产生作用。

假设 2：金融素养对不同收入区间的家庭脱贫影响程度不同。

假设 3：居民应对风险冲击时所拥有的金融机会在金融素养与贫困的关系中发挥了部分中介作用。

本章使用 2014 年中国家庭追踪调查（China Family Panel Studies，CFPS）数据进行实证研究，可能的创新点如下。(1) 本章在金融能力与资产建设理论视角下提出一种新的反贫困政策方案，在发展型福利视角下将个人能力提升与金融化趋势相衔接，符合新发展阶段巩固拓展脱贫攻坚成果、建立解决相对贫困长效机制的政策目标。另外，本章所探讨的金融能力与贫困的关系，在一定程度上阐明了金融社会工作助益反贫困事业的事实基础。（2）在实证检验方面，本章对不同收入区间的居民进行了异质性分析，说明金融素养对于不同收入群体的反贫困效能不同，在一定程度上反映了政策精准定位的必要性。另外，本章通过实证分析发现，金融脆弱性衡量的个体应对风险冲击时拥有的金融机会对金融素养产生的脱贫效应发挥了部分中介效应，阐明了金融能力对贫困缓解的作用机制。

第三节　数据来源与变量描述

一、数据来源与说明[①]

这里所使用的数据来自 2014 年北京大学中国社会科学调查中心的中国家庭追踪调查（CFPS）。通过合并成人数据库与家庭经济数据库，仅保留金融知识回答人是答题者的问卷，得到 3 823 个观测值。对金融知识回答人的相关个人统计信息以及金融素养测量题项相关变量的缺失值进行处理后，删除缺失值 278 个，即保留了有效观测值 3 545 个。

二、金融素养指数

本章核心解释变量是金融素养，通过有关题目测度，从金融知识、金融态度、金融技能三个维度来构建金融素养。在借鉴有关学者构建狭义金融

① CFPS 金融素养模块的相关问题为合作机构的搭载问题，只在 2014 和 2018 年进行了数据采集，因此我们选取 2014 年的数据进行实证分析。

知识指标的方法、中国人民银行构建消费者金融素养指数的方法[①]的基础上，本研究运用因子分析法提取了三个因子。[②]

（一）金融素养因子提取及描述

在金融知识因子提取过程中，我们在问卷当中选取相关问题为测量指标，具体问题及相关描述见表 10.1。

表 10.1　金融素养因子

维度	标号	提 取 问 题	正确/符合/不困难/会/%	错误/不符合/困难/不会/%
金融知识	1	银行 1 年定期利率(FW2)	54.55	45.45
	2	存款到期金额(FW3)	45.02	54.98
	3	存款续期金额(FW4)	50.72	49.28
	4	货币购买力(FW5)	57.87	42.13
	5	价值比较(FW6)	67.98	32.02
	6	投资风险(FW7)	84.88	15.12
	7	股票投资风险(FW8)	64.94	35.06
	8	购买股票含义(FW13)	16.59	83.41
	9	股票市场功能(FW16)	28.58	71.42
金融技能	10	关注财务状况(FW1903)	83.01	16.99
	11	制定财务规划(FW1904)	59.49	40.51

① 余文建、武岳、华国斌：《消费者金融素养指数模型构建与分析》，《上海金融》2017 年第 4 期。

② 王正位、邓颖惠、廖理：《知识改变命运：金融知识与微观收入流动性》，《金融研究》2016 年第 12 期；孟宏玮、闫新华：《金融素养、家庭杠杆率与家庭消费》，《金融发展研究》2019 年第 12 期。

续　表

维度	标号	提取问题	正确/符合/不困难/会/%	错误/不符合/困难/不会/%
金融技能	12	财务收支管理(FW1905)	83.96	16.04
	13	养老费用计算(FW9)	32.51	67.49
	14	记账(FW1909)	39.99	60.01
金融态度	15	消费模式(FW1906)	95.11	4.89
	16	广告选择(FW25)	77.35	22.65
	17	购买态度(FW1901)	93.50	6.50

由表10.1可以看出，在对相关金融知识问题回答情况的统计中，受访者对诸如利率、利息的相关计算，对通货膨胀、风险与投资之间的关系等知识掌握程度还不错。但是随着问题难度的加深，正确率急剧下降。在统计有关金融技能问题和金融态度的过程中，我们可以发现，虽然八成以上的受访者都很在意自己的财务状况，但是只有四成左右的受访者有记账的习惯，三成左右的受访者计算过自己的养老费用，并且仍然有超过两成的受访者会轻信广告，从而轻易投资。从上述题目的回答情况来分析，当前我国居民金融知识的掌握情况要优于金融态度与金融技能，但在整体上这三个方面表现都有所欠缺，这也说明我国居民的金融素养仍有较大的提升空间。

(二) 金融素养指数的构建方法

为避免变量的共线性问题，本研究运用因子分析提取了知识因子、技能因子和态度因子，将因子旋转后的方差贡献率分别作为知识因子、技能因子和态度因子的权重，构造金融素养指数(见表10.2)。

表 10.2　旋转因子载荷、KMO 和巴特利特检验的相关性检验结果

维度	标号	变量	知识因子	技能因子	态度因子	KMO
金融能力	1	银行 1 年定期利率	0.530 0	0.113 1	0.009 6	0.842 9
	2	存款到期金额	0.443 1	0.034 6	0.034 4	0.840 3
	3	存款续期金额	0.476 8	0.105 4	0.029 4	0.875 5
	4	货币购买力	0.600 6	0.025 4	0.053 7	0.835 6
	5	价值比较	0.549 2	0.043 0	0.064 1	0.837 2
	6	投资风险	0.422 4	0.119 9	0.082 2	0.882 3
	7	股票投资风险	0.368 6	0.101 2	−0.027 7	0.863 4
	8	购买股票含义	0.269 1	0.099 2	−0.006 7	0.875 2
	9	股票市场功能	0.385 5	0.106 9	−0.032 8	0.853 8
金融技能	10	关注财务状况	0.153 1	0.474 9	0.199 9	0.805 6
	11	制定财务规划	0.091 1	0.564 0	0.020 0	0.741 3
	12	财务收支管理	0.016 3	0.470 6	0.212 9	0.751 2
	13	养老费用计算	0.049 9	0.170 8	−0.042 7	0.752 9
	14	记账	0.045 1	0.392 8	−0.048 7	0.774 9
金融态度	15	消费模式	0.083 5	0.253 7	0.416 5	0.720 9
	16	广告选择	−0.091 8	−0.176 0	0.083 9	0.776 6
	17	购买态度	0.105 2	0.168 0	0.409 9	0.724 9
相关性检验	KMO	Overall				0.819 3
	Bartlett's	近似卡方				6 782.760
		自由度				136
		p-value				0.000

资料来源：笔者整理所得。

对因子分析数据进行整理，并采用 KMO 检验和 Bartlett's 球形度检验对上文所选 17 个问题进行了相关性检测，得到 KMO 为 0.819 3，Bartlett's 球形度检验的统计量数值较大，在 1%水平下显著。由此可知，本研究运用因子分析计算金融素养指数是合理的。为了因子结构更加清晰，本研究对因子进行旋转，得到旋转后的各因子方差贡献率在累积方差贡献率中所占比率分别是 0.732 3、0.426 9、0.170 0，这些数值也被作为构造金融素养指数的权重。同时，我们对因子得分进行"Min-Max 标准化"处理，使各因子得分映射在 0 到 1 之间，为使金融素养指数更加直观，使其取值范围为 0～100。指数每增加 1 个单位，就意味着原指数上升 1%。表 10.3 是金融素养指数的描述性统计，均值为 73.41 分，中位数大于均值，整体呈左偏分布。

表 10.3 金融素养指数描述性统计

变量名称	均值	标准差	最小值	最大值	中位数	偏度	峰度
金融素养（全样本）	73.413	16.787	0	100	76.953	−1.320	5.418

三、变量描述

（一）贫困

本研究从绝对贫困与相对贫困两个方面对贫困进行界定，并选取家庭人均纯收入作为衡量指标。但收入贫困线有国家标准与国际标准之分，经过综合考量，本研究选取以国家标准设定的贫困线衡量绝对贫困，从而更多地反映现实情况，即采用 2011 年国家设定的每人每年 2 300 元的标准作为衡量贫困的指标①。在相对贫困方面，本研究采用收入贫困线的国际标准来衡量，世界银行提出的人均每天 1 美元和 2 美元标准被广泛接受②，其中人均每天 2 美元是针对所有发展中国家的中值贫困线，这一指标能够更好地用于国际比较，也包含了对发展水平的考虑。因此，本研究将世界银行提出的人均每天 2 美元的发展中国家中值贫困线作为相对贫困的衡量标准。另外，由于区域经济发展较不均衡，为更全面地体现我国内部贫困的现实情况，本研究选取全样本收入位于最低的 20%的居民作为相对贫困的第二种衡量标准。

本研究将上述三种贫困状况简称为绝对贫困、相对贫困、相对比例贫困。其中，当家庭人均年收入低于 2 300 元时，为绝对贫困（$provety_1=1$），否则为非贫困（$provety_1=0$）；当家庭人均年收入低于 4 521 元时为相对贫困（$provety_2=1$）③，否则为非贫困（$provety_2=0$）；当居民位于家庭人均年收入最后 20% 则为相对比例贫困（$provety_3=1$），否则为非贫困（$provety_3=0$）。

（二）金融脆弱性

结合现有研究，本研究将个体应对风险冲击时所拥有的金融机会界定为金融脆弱性。个体应对风险冲击的能力主要是指遭受负向风险冲击，本研究设置“紧急情况下，需要您尽快筹集一笔 2 万元的资金，您认为筹钱的困难程度如何？”这一题项，度量居民应对风险冲击时所拥有的金融机会，作为

① 每人每年 2 300 元是按 2010 年物价水平计算的贫困标准，于 2011 年 11 月 29 日在中央扶贫开发工作会议上宣布。

② 程名望、Jin Yanhong、盖庆恩等：《农村减贫：应该更关注教育还是健康？——基于收入增长和差距缩小双重视角的实证》，《经济研究》2014 年第 11 期。

③ 以 2013 年人民币对美元平均汇率进行计算，汇率来源于国家统计局官网。

衡量金融脆弱性程度即金融脆弱性指数的替代变量。

(三)控制变量

本研究最终选取个体和地区特征两大类变量作为影响贫困的控制变量。个体特征变量包括性别、年龄、婚姻情况、健康状况、受教育年限、工作状况、子女数量、宗教信仰以及户籍状况。同时,考虑到贫困具有城乡与地区差异,故在地区特征变量方面加入城镇这一变量①;根据所属省份划分成东、中、西部地区,控制不同地区的经济发展状况,表 10.4 为变量的描述性统计。

表 10.4 变量选取与描述性统计

	变量值	符号	定 义	均值	标准差	最小值	最大值
被解释变量	绝对贫困	*poverty1*	以家庭人均纯收入低于 2 300 元的贫困标准	0.041 0	0.197	0	1.000
	相对贫困	*poverty2*	以家庭人均纯收入低于联合国每人每天 2 美元的贫困标准	0.080 1	0.272	0	1.000
	相对比例贫困	*poverty3*	以全样本收入排序处于后 20% 为贫困标准	0.199 0	0.399	0	1.000
	家庭人均年收入的对数	*lnincome*	将人均家庭纯收入的 1%进行了缩尾处理,并对其取对数值	9.733 0	0.952	6.438	12.044
核心解释变量	金融素养指数	*fl*	依据金融素养指标体系构建的指数	73.400 0	16.730	0	100.000
中介变量	金融脆弱性	*frag*	突发状况筹集 2 万元的困难程度(1～5)	3.117 0	1.239	1.000	5.000

① CFPS2014 的官方问卷显示,社区属性为村委会的,可以跳过问卷 W 部分金融知识相关的问题,但是根据基于国家统计局资料的城乡分类仍有 242 个乡村样本。

续 表

	变量值	符号	定 义	均值	标准差	最小值	最大值
个人特征变量	性别	*gender*	男性=1，女性=0	0.455 0	0.498	0	1.000
	年龄	*age*	年龄(岁)	49.710 0	15.080	17.000	92.000
	婚姻	*marrige*	有配偶=1，无配偶=0	0.816 0	0.388	0	1.000
	受教育年限	*edu*	已完成的受教育年限	10.100 0	4.271	0	19.000
	家庭孩子数	*kid*	子女数量	0.936 0	0.753	0	7.000
	宗教信仰	*rel*	有=1，无=0	0.255 0	0.436	0	1.000
	户籍状况	*hukou*	是否农业户口(是=1，否=0)	0.205 0	0.404	0	1.000
	健康状况	*health*	健康状况(1～7)	5.732 0	1.078	1.000	7.000
	工作状况	*work*	是否有工作(是=1，否=0)	0.585 0	0.493	0	1.000
地区特征变量	城镇	*urban*	是否为城镇(是=1，否=0)	0.935 0	0.247	0	1.000
	地区	*area*	西部地区=1，中部地区=2，东部地区=3	2.387 0	1.715	1.000	3.000

第四节　金融素养影响贫困的实证分析

一、模型设定

本研究使用 Probit 二值选择模型，考察金融素养对贫困状况的影响。模型的设定如式(10.1)所示：

$$Poverty_i = \beta_0 + \beta_1 fl + \beta_2 X_i + \varepsilon_i (1) \quad (10.1)$$

式(10.1)中，$Poverty_i$ 表示三种贫困状态；$i=1, 2, 3$，fl 表示金融素养；X_i 表示控制变量，为误差项，以控制遗漏变量。由于 Probit 模型回归结果仅能给出显著性和参数符号等有限的信息，无法给出直观的经济含义，因而本研究进一步计算金融素养对贫困的平均边际效应。

二、实证结果分析

表 10.5 是 Probit 模型的估计结果及计算相应边际效应的结果。表 10.5 的列 1、列 3、列 5 显示在控制所有的个体和地区变量后，在绝对贫困、相对贫困、相对比例贫困三种衡量方式下，金融素养的估计系数在 1%显著性水平下均为负，这一结果表明金融素养的提升可以显著改善居民的贫困状况，金融素养越高的居民的贫困可能性越低。

表 10.5　金融素养与贫困的基准回归结果

	(1) 绝对贫困	(2) 边际效应	(3) 相对贫困	(4) 边际效应	(5) 相对比例贫困	(6) 边际效应
金融素养指数	$-0.009\,5^{***}$	$-0.000\,7^{***}$	$-0.010\,7^{***}$	$-0.001\,4^{***}$	$-0.010\,8^{***}$	$-0.002\,6^{***}$
指数	(0.002 3)	(0.000 2)	(0.001 9)	(0.000 3)	(0.001 6)	(0.000 4)
控制变量	控制	控制	控制	控制	控制	控制
_cons	−0.126 8		0.301 0		$1.143\,0^{***}$	
	(0.404 5)		(0.329 0)		(0.270 2)	
N	3 545	3 545	3 545	3 545	3 545	3 545

Standard errors in parentheses.

注：* $p<0.1$，** $p<0.05$，*** $p<0.01$。

表 10.5 的列 2、列 4、列 6 分别显示的是在绝对贫困、相对贫困、相对比例贫困状态下，各变量对各贫困状况的边际效应。具体而言，居民金融素养每增加一个单位即金融素养指数每增加一分，位于绝对贫困、相对贫困和相对比例贫困的概率分别减少了 0.07%、0.14%、0.26%，这也说明了金融素养有显著的脱贫效应。

三、内生性检验：工具变量检验

金融素养对贫困的影响可能存在互为因果关系的问题，变量内生性的存在使得 Probit 模型的参数估计存在误差。为了解决内生性问题，本研究借鉴孟宏玮等的做法，使用其他省份居民平均金融素养指数，作为该省份的居民金融素养的工具变量。[①] 这一做法的合理性在于，其他省份居民的平均金融素养水平不会影响到该省居民的贫困状况，这符合工具变量的外生性要求，同时一个省份居民的金融素养水平会受到其他省份金融素养水平的影响，这符合工具变量的内生变量的相关性要求。

回归结果如表 10.6 所示，Wald 检验分别在 5%、1%、1%显著性水平下拒绝了金融素养不存在内生性的原假设，即主要解释变量存在内生性。在这三种贫困状况下，第一阶段的工具变量的统计是显著的，F 值均为 65.81，也高于弱工具变量的临界值（F 统计值为 10）。在该检验下金融素养对三种贫困状况的系数仍在 5%、1%、1%显著性水平下为负，并且系数进一步变小，说明 Probit 模型低估了金融素养对于贫困的影响。

① 孟宏玮、闫新华：《金融素养、家庭杠杆率与家庭消费》，《金融发展研究》2019 年第 12 期。

表 10.6　内生性检验

	绝对贫困	相对贫困	相对比例贫困
	ivprobit1	ivprobit2	ivprobit3
金融素养指数	−0.038 8**	−0.040 03***	−0.057 764 5***
	0.016 889	0.013 671 7	0.011 919 3
控制变量	控制	控制	控制
常数项	控制	控制	控制
第一阶段估计 F 值	65.81	65.81	65.81
Wald 检验	3.25	5.02	19.92
p 值	0.071 6	0.025 0	0.000 0
N	3 545	3 545	3 545

Standard errors in parentheses.
注：* $p<0.1$，** $p<0.05$，*** $p<0.01$。

四、异质性分析：不同收入区间居民的金融素养对贫困的影响

为了研究不同收入群体金融素养对于贫困的影响作用，本书以家庭的人均收入的每 20 个分位点为界限，以划分不同收入区间的家庭。因此，生成虚拟变量收入区间 group，赋值 1～5，家庭人均收入越高，收入区间越大。为了在一定程度上克服异方差问题，笔者将家庭人均收入取对数值，并生成收入区间与金融素养指数的交互项 FQ_group，构建计量模型如式（10.2）所示：

$$lnincome_i = \alpha_0 + \alpha_1 fl + \alpha_2 group + \alpha_3 fl\_group + \alpha_4 X_i + \varepsilon_i \qquad (10.2)$$

表 10.7　不同收入群体的金融素养对收入的影响(OLS)

	(1)	(2)
金融素养	0.007 4***	0.008 4***
	(0.000 9)	(0.001 0)
收入区间		0.765 2***
		(0.022 6)
金融素养×收入区间		−0.002 5***
		(0.000 3)
控制变量	控制	控制
_cons	8.111 1***	7.242 3***
	(0.153 1)	(0.099 1)
N	3 545	3 545

Standard errors in parentheses.
注：* $p<0.1$，** $p<0.05$，*** $p<0.01$。

五、稳健性检验

本研究采用更换金融素养指数构造的方法进行稳健性检验。将上述进行因子分析所对应的 17 道金融知识题目采用赋分的形式，按照“正确/符合/不困难/会”得 1 分、“错误/不符合/困难/不会”或者“不知道”得 0 分进行加总，构造金融素养指数 *fl2*，在控制相同变量后进行 Probit 回归分析检验稳健性，结果见表 10.8。

表 10.8　稳健性检验回归结果

	(1) 绝对贫困	(2) 边际效应	(3) 相对贫困	(4) 边际效应	(5) 相对比例贫困	(6) 边际效应
金融素养指数	-0.0637^{***}	-0.0050^{***}	-0.0831^{***}	-0.0110^{***}	-0.0788^{***}	-0.0190^{***}
	(0.015 4)	(0.001 2)	(0.012 5)	(0.001 7)	(0.009 9)	(0.002 4)
控制变量	控制	控制	控制	控制	控制	控制
_cons	−0.228 7		0.272 1		1.0672^{***}	
	(0.399 0)		(0.324 7)		(0.264 6)	
N	3 545	3 545	3 545	3 545	3 545	3 545

Standard errors in parentheses.
注：* $p<0.1$，** $p<0.05$，*** $p<0.01$。

由表 10.8 可以看出，在三种贫困衡量方式下，加总的金融素养指数的系数都在 1%显著性水平下为负。从列 2、列 4、列 6 中可以看出，加总的金融素养指数每增加一个单位，绝对贫困、相对贫困、相对比例贫困发生的概率分别减少 0.5%、1.1%和 1.9%。从以上结果可知，加总构造下的金融素养指数也对三种方式衡量的贫困状况产生了显著的影响。因此，该结果仍然稳健。

六、金融素养影响贫困的内在机理

金融脆弱性度量的是个体应对风险冲击时所拥有的金融机会，本研究选取个体金融脆弱性作为中介变量，实证检验金融机会在金融素养的脱贫效应中发挥的中介效应。本研究按照因果步骤法的检验逻辑证实了金融脆弱性的部分中介作用是存在的。进一步进行 Sobel 检验的结果表明，家庭金融脆弱性对金融素养与贫困发生之间的关系存在着显著的中介作用。表10.9报告了Sobel中介效应检验的结果。

表 10.9　Sobel 中介效应检验

因变量	绝对贫困	相对贫困	相对比例贫困
控制变量	已控制(同表 10.6)		
中介变量	家庭金融脆弱性		
自变量	金融素养		
加入中介变量前	−0.000 958***	−0.001 797***	−0.002 931***
加入中介变量后	−0.000 86***	−0.001 564***	−0.002 306***
Sobel Test	−0.000 625	−0.000 23	−0.000 10
中介作用是否显著	是	是	是

将变量标准化后进行KHB检验，结果报告见表10.10。结果表明，金融脆弱程度在金融素养与贫困之间发挥了一定的中介作用，在三种不同的贫困状况衡量方式下中介效应占比分别为14.17%、16.72%、23.98%。因此，结果证实了本研究提出的假设3是成立的，即金融脆弱性发挥了金融素养与贫困发生之间的部分中介效应，这也就证实了金融机会在金融素养产生减贫效应的过程中所发挥的路径作用。

表 10.10　中介效应效度的 KHB 检验

因变量	绝对贫困	相对贫困	相对比例贫困
控制变量	已控制(同表 10.6)		
中介变量	个体金融脆弱性		

续　表

因变量	绝对贫困	相对贫困	相对比例贫困
自变量	金融素养		
总效应	−0.162 5***	−0.183 2***	−0.186 9***
直接效应	−0.139 5***	−0.152 6***	−0.142 1***
中介效应	−0.023 0**	−0.030 6**	−0.044 8**
贡献率/%	14.17	16.72	23.98

第五节　结论与启示

本研究使用2014年CFPS数据，通过构建居民的金融素养指数，运用Probit模型，论证了金融素养作为金融能力的一个重要维度，对贫困产生的影响进行了异质性分析。为了解决模型的内生性问题，本研究使用其他省份平均的金融素养指数作为工具变量，以此提高模型的精准性。金融机会是金融能力的另一维度，因而本研究进一步采用金融脆弱性衡量个体应对风险冲击时拥有的金融机会，并证实了金融机会对金融素养产生的脱贫效应发挥了部分中介作用。

基于上述实证分析，本研究得出以下结论。(1) 分别以绝对贫困、相对贫困、相对比例贫困三种方式衡量贫困，金融素养均对它们有显著影响，因此金融素养可以显著改善贫困状况。(2) 收入较低的群体通过提升金融素养获得的收益更高，因此金融素养的提升能对低收入家庭产生更大的脱贫效应。(3) 金融素养发挥脱贫效应的过程中，金融脆弱性即个体应对风险冲击时所拥有的金融机会发挥了部分中介效应。当前我国已进入后脱贫攻坚时代，对于贫困治理重点的转变，应构建一体化的反贫困制度体系，实现反贫困事业纵深发展。① 因此，根据上述实证结果和相关结论，我们提出如下建议。

一、建设金融机会环境，精准定位受众群体

构建一体化反贫困政策框架、建立解决相对贫困的长效机制，要将金融能力与资产建设理念融入其中。首先，坚持机会平等和商业可持续原则，聚焦广大低收入群体和特殊群体，将金融教育纳入常规化教育体系中，大力发展普惠金融。其次，建设有利于个体金融素养提升的机会环境。一方面，提升金融可及性，增强金融产品和服务的透明度和包容性；另一方面，加强金融监管，坚决防范金融诈骗等风险因素，增强居民参与金融市场、运用金融工具发展民生的积极性。最后，政府要通过社会化金融服务项目提升公民金融素养水平，作用于特定群体的金融决策和行为，从而发挥金融素养的催化作用。

二、发挥金融社会工作专业优势，推进金融赋能相关实践

积极倡导和协调今后相对贫困治理工作融入更多的金融社会工作服务项目，并促其成为参与后脱贫时代反贫困事业的专精化社会力量。同时，借助金融能力与资产建设新范式，金融社会工作也会积极推动个人（儿童）发展账户等政策工具的建设与实施，将普惠金融机会与个体的金融能力相结合，推动反贫困实践向相对贫困治理纵深发展。

---

① 李迎生：《后脱贫攻坚时代构建一体化的反贫困制度体系》，《中国特色社会主义研究》2020 年第 3 期。

第十一章　青年的金融风险与金融能力建设干预[①]

第一节　研 究 背 景

近年来频发的和青年有关的金融事件，可分为以下三类。第一类是青年出于个人消费等原因，通过不同类型的“校园贷”等电子化借贷途径获得贷款，这种贷款审核简单快速，但往往有超出合理范围的年化利率，成为事实上的高利贷，导致借贷青年无力偿还，最终给借贷者带来巨大经济压力和精神压力[②]。“裸条”贷款导致大学生自杀即属此类代表性事件。第二类事关青年创业。青年有创业资金需求，主动向金融机构贷款，或被人以合作创业的名义骗取贷款，遭遇创业失败或创业骗局，从而在金融机构欠下高额贷款。第三类是青年的资金安全需求。青年人刚刚成为独立的经济个体，缺乏相应的知识和经验，容易遭遇不同类型的金融诈骗，从而陷入

① 本章曾刊发于《青年研究》2019 年第 3 期。
② 陈啸：《小议“裸条”与民间“高利贷”》，《上海人大月刊》2016 年第 9 期。

金融风险。山东某高校大学生徐某在报到期间受到金融短信诈骗即属此类。

面对这些以青年为受害主体的金融事件，政府出台了一系列政策对借贷平台进行监管。2017年年初，教育部和银监会、人力资源部联合印发了规范校园贷管理的文件，明确取缔校园贷款业务，任何网络贷款机构都不允许向在校大学生发放贷款。2017年9月6日，教育部发言人再次申明，任何网贷机构不允许向在校大学生发放贷款。同时，学术界对以大学生为代表的青年金融风险和困境也进行了大量研究，这些研究重点讨论了青年接受不良金融服务的原因、不良金融服务的危害和解决青年遭遇金融风险的对策建议等内容。

从频繁见诸媒体的青年遭遇金融风险的新闻报道来看，类似的金融贷款事件仍旧层出不穷，有关青年群体抵抗金融风险能力建设的研究及可行性对策依然还有很大的发展空间。本研究尝试引入金融能力理论来分析我国青年金融风险事件的特点、成因，并提出在该理论框架中社会工作推进青年金融能力建设的相关对策。

第二节　当前青年金融风险的研究难点

当前一些研究把大学生接受不良金融服务、遭遇金融风险的原因分为外因和内因两个方面。外因包括互联网的发展使得互联网金融更为便捷①、

① 穆颖超：《大学生网络借贷的风险及防范》，《经营管理者》2017年第6期。

部分网络金融机构引诱大学生过度消费①、存在政策监管不力②等三个方面。内因则包括消费心理和金融知识两个方面。青年人的消费心理不成熟，存在攀比心理、超前消费等问题③。同时，青年人有关金融知识的能力不足④、缺乏足够的还款和风控能力⑤，都会导致青年遭遇金融风险。

青年遭遇金融风险的危害包括对青年经济状况的影响、对青年健康发展的影响和对社会公共秩序的影响。在经济方面，现有研究认为金融风险主要是侵犯了青年的合法经济权益，巨额债务还会给青年及其家庭带来沉重的经济负担⑥。校园贷等不良金融服务不仅影响青年及其家庭的经济状况，还影响青年的成长和家庭关系，包括影响生活质量、影响大学生学习⑦，甚至可能逼迫青年学生走向极端，引发高校学生犯罪、自杀和患上心理疾病⑧，不良金融服务还会影响青年的健康成长和家庭和睦⑨。此外，不良金融服务对社会环境也有恶劣影响，会破坏校园的教学和生活秩序，影响学校

---

① 陶杨、刘顺：《校园网贷中的问题与对策》，《合作经济与科技》2017 年第 15 期。
② 包艳龙：《"校园网贷"发展情况调查与分析》，《征信》2016 年第 8 期。
③ 张伟、赵丹洋：《高职生互联网信贷的分析与引导》，《湖北工业职业技术学院学报》2017 年第 3 期。
④ 桂丽思、侯玉菲、谭梅等：《"互联网＋"背景下校园信贷生态调查及启示》，《北方经贸》2017 年第 6 期。
⑤ 安翔、杨会科：《互联网金融环境下的高校大学生借贷乱象探析》，《经营管理者》2017 年第 3 期。
⑥ 岳娜：《大学生"校园贷"问题现状及对策探究》，《济宁学院学报》2017 年第 4 期。
⑦ 张伟、赵丹洋：《高职生互联网信贷的分析与引导》，《湖北工业职业技术学院学报》2017 年第 3 期。
⑧ 袁丽峰、勾志文：《高校学生不良网贷风险防范教育的社会工作方法介入研究》，《现代交际》2016 年第 17 期。
⑨ 陶杨、刘顺：《校园网贷中的问题与对策》，《合作经济与科技》2017 年第 15 期。

安全稳定①，进而对社会治安产生风险②。

现有研究也提出了一些对策，包括加大对金融服务企业的监管力度，净化金融环境等③。在学校方面，有研究建议完善校规校纪④，加强对学生的管理⑤。也有研究提出，对大学生进行相关干预，引导大学生树立正确的消费观念，培养良好的消费行为⑥，规范学生借贷行为⑦等。还有少数研究提出，要强化青年的金融知识和能力，普及借贷、信贷的相关法律知识⑧，加强和家长的沟通，培养孩子养成良好的理财习惯⑨，加大对困难学生资金扶持力度等⑩，还有学者提出应该引入社会工作专业服务，从不同层面提供干预⑪。此外，还有一些研究从金融素养的角度，侧面讨论了青年陷入金融风险的原因，认为我国青年金融知识较匮乏、金融技能较弱，因而容易陷入金融陷阱⑫。

以上研究围绕以大学生为代表的青年人遭受不良金融服务，从多种思路分析了其原因、危害，提出了对策，为理解和改善这一现象提供了一定的研究基础。现有研究的不足之处在于，对这一社会问题的分析和对策讨论，既缺乏统一的理论框架，也缺乏系统的实证资料分析。此外，从金融学与社

①④⑦⑩　安翔、杨会科：《互联网金融环境下的高校大学生借贷乱象探析》，《经营管理者》2017年第3期。

②⑤⑨　王久才、田金花：《大学生借贷问题及对策探讨》，《中国商论》2015年第16期。

③　张伟、赵丹洋：《高职生互联网信贷的分析与引导》，《湖北工业职业技术学院学报》2017年第3期。

⑥　穆颖超：《大学生网络借贷的风险及防范》，《经营管理者》2017年第6期。

⑧　桂丽思、侯玉菲、谭梅等：《"互联网＋"背景下校园信贷生态调查及启示》，《北方经贸》2017年第6期。

⑪　袁丽峰、勾志文：《高校学生不良网贷风险防范教育的社会工作方法介入研究》，《现代交际》2016年第17期。

⑫　陈耕、王丽红、唐怡铮等：《金融素养指数构建与分析——基于福建省消费者金融素养问卷调查的实证研究》，《福建金融》2016年第10期。

会工作相结合的角度，以青年人群为风险主体，对其金融赋权以及社会工作可介入途径的分析讨论尚未成体系。鉴于此，本章试图引入金融能力理论，用金融能力框架来对典型案例进行分析，并结合我国实践和国际经验，从社会工作如何介入的行动视角提出相应的对策建议。

第三节　金融的本质、金融能力理论与金融风险

金融的本质是实现不同人之间的跨时空的价值交换①，能够实现跨时空交易是金融产品得以普遍推广的重要原因之一。金融产品有很多种，对青年人群而言，借贷（如校园贷）是其接触最多的金融产品，但不管是通过传统方式还是互联网方式，该类金融交易的本质不会改变，仍然是交易各方的跨期价值交易，即贷方（或资本方）将货币提供给有需要的青年人并收取一定比例的利息，以此来实现货币的增值，同时青年人通过借取货币并承诺在约定时间内偿还本息的方式来满足当下的货币需求。

这种跨期价值交换，最基本的功能是解决青年人群货币短缺的困境，他们通过支付利息的方式置换了获取货币的"未来时间"，具有积极的市场意义。但无论何种金融产品，资本方出让资本的使用权的最终目的是实现盈利。实现利润最大化是资本的特点，这意味着金融产品提供方必然会通过各种方式使借贷产品的利息最大化。一般来说，利息的比例和偿还方式是各类借贷产品成为金融风险的两大要素。因此，利息比例越高，偿还的期限

① 陈志武：《金融的本质是价值的跨时空交换》，《中国民商》2017 年第 7 期。

和方式越严苛，则意味着金融产品潜在的风险越大。当需要偿还的利息额度在规定期限范围内通过约定的归还方式难以实现时，金融风险则成为事实，会对借款人造成不同程度的伤害。

目前，对我国青年人群产生较大金融风险且造成严重后果的金融产品首属校园贷。这类金融产品绝大多数属于民间借贷，作为“草根金融”，游离于国家融资体系之外，在当前相关立法不健全、有效监管缺位和金融体系不完备的背景下，它不仅仅存在变相（或欺诈性）的高利息、期限短和还款方式苛刻的潜在风险因素，还因为其系统性、传染性、交叉性、集中性、隐蔽性等特点更增加了借款人的金融风险，并且在借款人难以偿还贷款时引发性质特别恶劣的人身及家庭伤害事件。在金融产品盛行的当代社会中，这些知识已成为评估金融风险的基本常识之一。但专业领域的常识并不等同于日常生活的常识，尤其对于从未真正走入社会的在校青年学生或者刚刚走入社会的青年人群而言，金融领域的专业常识并非自然天成，实际上需要更多的社会政策支持和社会干预帮助其拓展相对应的金融知识，进而具备相应的金融能力，以获取更高质量的金融机会，降低贫困发生率，减少面临金融风险的概率。

金融能力理论为理解和应对这种现象提供了较为系统的框架。该理论为理解我国青年频繁遭遇金融风险的原因提供了更契合的视角，有助于探讨适合我国本土实情的干预方法。金融能力理论的研究发端于资产建设理论。资产建设是指通过个人努力、社会和政府支持来帮助个体和家庭积累可以用来支持个体长期发展的经济财富。该理论专注于在生命周期中通过经济资产的积累来塑造和转换成不同形态的资本（比如高等教育、个人创业、房产、退休基金）。资产对家庭有丰富的影响，包括提升对未来的正面期望、发展其他形态的资本、提高抵抗风险的能力和敢于冒险的精神、提高个人生活效率、增强社会影响（公民社会的参与者）、加强政治参与、增加下一代的福利等方面[①]。在这一理论指导下，学术界开始尝试与美国、韩国、新加坡等国的政策制定者合作，推广为穷人制定资产建设的政策。例如，开设儿童个人发展账户，在我国也有学者进行了小规模的尝试[②]

2007 年金融危机之后，资产建设拓展为范围更广的金融能力概念。金融能力是指现代社会中个体具有基本的管理金融和经济资源的知识与技能，并通过社会提供的合适的金融服务使用这些知识和技能，从而达到保证个体经济安全、实现个体经济福利的目的。针对弱势群体面对复杂金融决定的金融失能（financial disfunctioning，如没有银行账号，不得不借高利贷等）问题，一些研究者[③]在森[④]对能力（capability，又译作可行能力）所做定义基础上提出了金融能力理论，外在的机会和服务是个体真正实现金融能力的基础。因此，金融能力是个体的内在金融素养与外在金融机会的综合。前者是指个体内在的经济金融的知识、能力和技巧（financial knowledge/financial literacy），后者是指外在的能够接受合适合理的金融服务的机会（financial

① M. Sherraden and N. Gilbert, *Assets and the Poor: a New American Welfare Policy* (New York: Routledge, 1991).

② 邓锁、迈克尔·谢若登、邹莉、王思斌等：《资产建设：亚洲的策略与创新》，北京大学出版社，2014，第 137—187 页。

③ M. Sherraden, "Building Blocks of Financial Capability," in Birkenmaier et al. (ed.), *Financial Capability and Asset Development: Research, Education, Policy, and Practice* (New York: Oxford University Press, 2013).

④ Nussbaum Martha and Amartya Sen, *The Quality of Life* (New York: Oxford University Press, 1993).

inclusion)。只有二者结合，个体才具有金融能力，才能实现经济金融安全。弱势人群往往是既缺乏个体的内在的经济金融知识，又被排除在合适的和主流的金融服务之外。个人的金融素养和外在的金融服务和机会之间存在互相影响的关系，个人金融素养的高低，影响个体可得的金融服务机会；而个体有没有充分的机会接触金融服务，又限制了个体金融素养的提升。正因为如此，2015 年，由谢若登提出的提高社会弱势群体金融能力的建议被美国社会工作学部委员会列为未来美国社会和社会工作专业面临的 12 大挑战之一①。

传统观点认为，个体的金融知识与技能和他们可以接受的金融服务分别属于个人行为和商业服务的范畴，不属于社会公共服务干预的内容。与之相反，新的金融能力理论认为，这恰恰是社会政策需要加大力度切入的一个重要领域。有了金融能力，穷人可以为达到自己的最佳金融利益而正确地理解、评估和行动。金融能力使个体可以扩充自身有关金融方面的知识，并提升能力，又能获取金融方面的机遇，从而能够提升个人的金融价值，进而增加金融福祉与生活机遇②。这一概念在研究、教育、政策和社会服务方面有了较为迅速的发展，服务领域涉及低收入移民家庭等弱势群体③。针对不同群体的服务和研究发现：一方面，弱势群体普遍存在金融能力较弱的状

① 常莉、周晓春、吴世友：《美国社会工作之“大挑战”：解读与启示》，《社会建设》2018 年第 3 期。

② M. Sherraden, “Building Blocks of Financial Capability,”in Birkenmaier et al. (ed.), *Financial Capability and Asset Development: Research, Education, Policy, and Practice* (New York: Oxford University Press, 2013).

③ M. Zhan, S. G. Aderson and J. Scott, “Improving Financial Capacity among Low-income Immigrants,” in Birkenmaier et al. (ed.), *Financial Capability and Asset Development: Research, Education, Policy, and Practice* (New York: Oxford University Press, 2013).

况；另一方面，通过适当的社会干预，弱势群体的金融能力可以得到提高。在日益金融化的社会经济生活中，金融能力是帮助贫困青年和其他贫困群体脱离贫困、降低金融风险、获取金融机会的一个重要渠道。

如上所述，金融能力的概念包括个体金融知识与技能、合适的金融服务，以及二者之间的互动关系。为了改善金融能力，社会政策可以针对这两个要件进行分别改善或同时改善。

一是改善个体金融知识与技能，最常用的社会服务包括理财教育（financial education）、理财咨询（financial counseling）和理财指导（financial coaching）。例如，发达国家的中学教育都包含理财教育的课程。许多社会工作的服务机构也专门针对弱势群体开展各种各样的理财教育，比如指导低收入群体申请税收利益或者帮助被虐待的妇女实现财务独立等。

二是通过社会政策（以及市场）干预，为最广大的人群提供普惠性的合适的金融服务，同时监管金融产品、规范金融市场。为了保证这些政策能帮助穷人等弱势群体，社会政策在实现这一目标的过程中要强调四个原则①：（1）普遍性，所有个体都应被包括在这些推进金融能力（如资产建设）的社会政策范围之内，如此可以最大限度地减轻民间借贷的负面效应；（2）进步性，推进金融能力的社会政策应该对弱势群体提供额外的帮助，以弥补弱势群体在金融市场的相对劣势；（3）长期性，金融能力（如资产的积累）受到时间的长期影响，越早开始越好，尽早形成资产建设能力和对金融风险的评判能力；（4）发展性，对弱势者的金融能力建设不仅用来满足日常消费的需求，还

① M. Sherraden and N. Gilber, *Assets and the Poor: a New American Welfare Policy* (New York: Routledge, 1991).

必须和收入创造能力相关，金融能力提升所需要的金融服务也应该回应这些发展性需求。有关政策实验在拉美、非洲、东亚等地得到推广①。

金融能力除了有助于改善经济状况，还影响个人的精神健康，包括幸福感、效能感、满意度和精神健康。昆兹②等研究发现，金融能力对研究对象的主观幸福感有积极影响。在英国的大规模研究③中发现，金融能力的提高将降低精神健康指数(General Health Questionnaire，GHQ)得分，提升生活满意度，降低受焦虑影响的概率。

从金融能力理论来看，青年之所以较多遭遇借贷的金融风险，一方面因为青年往往不具备充分的金融素养，缺乏为自己做预算、记账等方面的意识和能力；另一方面，也因为对于传统金融服务来说，青年尤其是在校学生不属于其优质客户，提供的金融服务有限，而处于灰色地带的非正规金融机构则能积极渗透这一群体，提供具有高风险的金融服务。较低的金融素养结合非正规而又低门槛的金融服务，导致青年遭遇金融风险。

现有文献对青年遭遇金融风险的原因和对策的分析部分与金融能力理论的内涵一致：一方面是因为青年自身金融素养不足；另一方面是因为市场上正规的金融服务匮乏，而边缘性的金融服务缺乏规范性。部分文献还注意到了从个人和环境两个层面分析原因。遗憾的是，这些研究都尚未被纳

① Charles Chan, M. K. Lai and Eddie C. W. Ng, et al., "A Review of Features and Outcomes of the Hong Kong Child Development Fund," *China Journal of Social Work* 6, no. 2(2013): 127 - 148.

② J. Kunz, "Psychosocial Well-Being and Financial Capability," *20th Conference of Society for Social Work and Research*, 2016.

③ M. P. Taylor, S. P. Jenkins and A. Sacker, "Financial Capability and Psychological Health," *Journal of Economic Psychology* 32, no. 5(2011): 710 - 723.

入系统的理论分析框架中，金融能力的理论分析框架为我们提供了一个整合这些研究的机会。我们把对现有文献的分析纳入了这一框架中进行讨论。详情见表 11.1。

表 11.1　现有文献和金融能力理论的关联

归类	原　　因	对　　策
个人金融素养	虚荣攀比心理① 超前消费② 青年人有关金融知识的能力不足③ 缺乏足够还款和风控能力④	培养大学生正确的消费观念⑤ 树立良好消费行为⑥ 规范学生借贷行为⑦ 普及借贷有关法律知识、信贷有关知识⑧ 加强监管，培养孩子养成良好理财习惯⑨
金融服务机会	互联网金融更为便捷⑩ 网络金融机构引诱过度消费⑪ 监管不力的问题⑫	加大对金融服务企业的监管力度、净化环境等⑬ 完善校规校纪⑭ 加大对困难学生资金扶持力度等⑮

①⑤　陶杨、刘顺：《校园网贷中的问题与对策》，《合作经济与科技》2017 年第 15 期。

②　张伟、赵丹洋：《高职生互联网信贷的分析与引导》，《湖北工业职业技术学院学报》2017 年第 3 期；包艳龙：《“校园网贷”发展情况调查与分析》，《征信》2016 年第 8 期。

③⑧　桂丽思、侯玉菲、谭梅等：《“互联网＋”背景下校园信贷生态调查及启示》，《北方经贸》2017 年第 6 期。

④⑦⑭⑮　安翔、杨会科：《互联网金融环境下的高校大学生借贷乱象探析》，《经营管理者》2017 年第 3 期。

⑥　穆颖超：《大学生网络借贷的风险及防范》，《经营管理者》2017 年第 18 期。

⑨　王久才、田金花：《大学生借贷问题及对策探讨》，《中国商论》2015 年第 16 期。

⑩　陶杨、刘顺：《校园网贷中的问题与对策》，《合作经济与科技》2017 年第 15 期；穆颖超：《大学生网络借贷的风险及防范》，《经营管理者》2017 年第 18 期；张伟、赵丹洋：《高职生互联网信贷的分析与引导》，《湖北工业职业技术学院学报》2017 年第 3 期。

⑪　包艳龙：《“校园网贷”发展情况调查与分析》，《征信》2016 年第 8 期；陶杨、刘顺：《校园网贷中的问题与对策》，《合作经济与科技》2017 年第 15 期。

⑫　包艳龙：《“校园网贷”发展情况调查与分析》，《征信》2016 年第 8 期。

⑬　张伟、赵丹洋：《高职生互联网信贷的分析与引导》，《湖北工业职业技术学院学报》2017 年第 3 期；王久才、田金花：《大学生借贷问题及对策探讨》，《中国商论》2015 年第 16 期。

国际最新的社会政策发展趋势整合了上述两个方面的服务，在给社会工作服务对象提供基本金融服务的同时，也提供教育和培训服务来改善个体的金融知识与技能。因而，采用金融能力和资产建设这一理论对青年的金融风险进行分析，可以整合青年遭遇金融风险的内在和外在因素，进而得以全面地分析问题，提出系统的干预策略。

第四节　研 究 方 法

一、案例研究与非介入研究

为了分析青年遭遇金融风险的原因，这里采用多案例研究（Multiple-case Study）的方法开展研究。案例研究有不同的定义，殷认为案例研究是对现实情境中正在进行的现象进行深入分析的研究①。美国心理学家协会认为案例研究是获取案例资料、描述问题、提出解决方法、提出进一步需要研究的问题和临床应用或者理论发展等建议的研究方法②。究其共性，案例分析的优势在于通过对现实情境中真实发生的案例的多种信息进行整体、深入的分析，以期获取对案例的理解，讨论解决案例所反映问题的方法并提出建议。本研究采用多案例的方式，指的是对多个案例进行对比分析的研究，其结论更有说服力③。本研究通过对多个青年遭遇不良金融服务的案例

① 罗伯特·K. 殷：《案例研究：设计与方法》，周海涛等译，重庆大学出版社，2004，第21页。

② American Psychological Association, *Publication Manual of the American Psychological Association (6th)* (Washington, DC: American Psychological Association, 2010).

③ 罗伯特·K. 殷：《案例研究：设计与方法》，周海涛等译，重庆大学出版社，2004，第24页。

进行分析，试图展示青年遭遇的金融风险状况，分析青年遭遇金融风险的原因。

此外，本研究主要通过非介入研究①的方法获取研究资料。经历过金融风险的青年人有着创伤经历，对他们的访谈可能会带来二次伤害风险，因而出于保护金融风险受害者及遵从研究伦理的考虑，本研究选择不会影响当事人的非介入方法展开研究，采用的案例均来自媒体报道。

二、案例的搜集与选取

本研究的案例由受过社会工作专业训练的研究生在各大新闻媒体搜索与青年遭遇不良金融服务有关的新闻，并将在新浪微博和今日头条等自媒体平台接收的新闻推荐收集而来。搜索时间为 2017 年 9 月至 2018 年 3 月，共获取 43 个案例，原始信息时间跨度为 2012 年 12 月到 2018 年 3 月，来源包括《人民日报》(海外版)、《中国青年报》、央视财经等国家级媒体，还包括今日头条、微博等社交媒体推送的自媒体新闻。这些媒体具有相对严格的报道审核机制，并以客观、公正为报道原则，在很大程度上保证了被选取新闻报道的真实性和客观性。

本研究通过网络获取 43 个案例的详细报道资料，对获取的新闻进行简单的编码整理，然后根据信息的丰富性进行目的抽样，抽样遵循两个原则：其一为最大差异抽样，即选择能够体现青年遭遇金融风险的重要特征的案例②及具有不同特征的案例作为研究样本；其二为关键抽

① 艾尔・巴比：《社会研究方法》(第 10 版)，邱泽奇译，华夏出版社，2005，第 316 页。
② 王宁：《代表性还是典型性？——个案的属性与个案研究方法的逻辑基础》，《社会学研究》2002 年第 5 期。

样，即选取特色鲜明、允许进行最大限度的理论分析、可以将信息运用到其他案例的样本①。在此两大原则的约束下，最终选取 4 个案例作为研究对象。

三、案例资料简介与分析

本研究选取的 4 个案例都来自媒体报道，媒体进行报道时已经对相关人士的姓名做了化名处理。本研究对其资料进行摘录整理(见表 11.2)，详情见脚注相应链接。

本研究的分析单位为案例，即被媒体报道的每一件真实发生的青年遭遇不良金融服务的事件。本研究对媒体报道事件进行深入阅读，首先对案例进行描述，呈现青年遭遇不良金融服务的状况；其次对单个案例提炼主题，进而分析跨案例的主题，阐释案例的结论及意义，然后尝试给出解释。主要回答以下两个问题：(1) 为何频繁发生青年遭遇不良金融服务的事件？(2) 如何解决这一社会问题？

表 11.2 典型案例资料汇总表

	案例一	案例二	案例三	案例四
主题	大一学生校园借贷晚还 6 天 1 万元变 4 万元，吞药欲自杀	95 后陷校园贷欲轻生，父还 16 万元债款：就当花钱办葬礼	“现金贷”吞钱又吞命，务工女青年夏双陷入高利贷欺诈困境	大学生小周“裸条”5 000 元滚成 26 万元，裸照被发亲友

① J. W. Creswell, *Qualitative Inquiry and Research design: Choosing among Five Traditions* (London: Sage Publications, 2017).

续 表

	案例一	案例二	案例三	案例四
身份背景	小郑，某高校大一新生，来自单亲家庭，其父只给生活费，对他没有其他管束	林阳，在校生，其家庭有一定经济实力	夏双，出身于某农村，家庭经济困难，但家庭会满足其手机、电脑等消费要求	小周，20 岁，大二学生，家有父母和年幼的弟弟，父母月收入共 6 000 多元
借贷原因	其堂妹信用卡有 8 000 元债务无力偿还，小郑 9 月借贷为堂妹偿还信用卡债务	借贷为自己还钱和消费。申请贷款 5 000 元用于偿还朋友，其余用来消费	向朋友借款，未能及时还款，该朋友向其介绍多家借贷公司，借贷还债	因买东西缺钱，导致借贷消费，但是想不起钱具体花在了哪里
借贷过程	在学校厕所里看到了不用利息的借贷广告，找两个朋友做担保人去借钱，借款金额 10 000 元，签了一张 1.5 万块的欠条，以为多出的 5 000 块钱就是利息。该借款名义免息，但实际 8 日利息约折合每日 5 000 元，每日利率为 6.25%，年利率折合 2 280%	主动申请贷款 5 000 元。为还旧贷，被迫继续贷款。中介主动打电话推荐各类新的贷款平台、高利贷。无论哪种方式，都需要付出极高的利息和中介费。但为了还清贷款，不得不接受	该朋友介绍的现金贷具有斩头息（预先在本金中扣不菲利息）、高介绍费、高利率等特点，一笔借款 1.5 万元，每周的还款额为 1 850 元。周息率高达 12.3%，年利率达到 640%。后期陷入恶性循环。而根据乡邻分析，介绍借贷公司的朋友可能是故意设局欺诈夏双	在学校公厕门上看到借贷小广告，对方要求手拿借条，拍摄裸体照片和视频（“裸条”），以保证按时还钱。第一笔借款 5 000 元，拿到手只有 2 750 元。贷款需在一周内还清，周利率约 5.7%，年利率约 298%。第二阶段，无力偿还债务，不敢求助家人，业务员找别的借贷平台借钱还债。半年以来从 30 多家公司借贷，拿到手的本金共 8 万多元，她总共要还近 26 万元

续 表

	案例一	案例二	案例三	案例四
借贷危害	因故逾期6日后，被该公司扣留并殴打。要求每日支付4 500元违约金，共计4.2万元，不允许离开。小郑在其女友被迫做担保人以后，才得以脱身。小郑无处筹钱，走投无路决定自杀，并通知记者，希望警醒世人	后期每天需还款1万多元，林阳终日心不在焉，不修边幅，几近崩溃。历经两个月的煎熬，决定彻底还清高利贷，整理账目，发现欠款太多，感到绝望，尝试跳楼	其母亲四处借钱还债，最终母亲不堪忍受催收人员的威胁而自杀。现在夏双被送到外省亲戚家	她最终无力还债，裸照被发给亲友。小周暂时不愿意上学，离开了湖北，到上海打工
家庭及社会反应		父亲对其极其不满，虽然替其还债，但表示就当花钱为其办葬礼	催收人员并不了解债务具体情况。家长并不知道部分贷款是非法高利贷。警方也认为应该欠债还钱。家长很后悔，因为夏双第一次借钱时没有向父亲坦白，否则会帮其还债	父亲帮她偿还部分债务，但是无力还债，裸照被发给亲友。学校对其进行了心理辅导。由于无法忍受耻辱，小周和父亲一起到上海打工

第五节　青年金融风险的特征与影响因素

本研究从案例基本信息、金融风险信息、遭遇金融风险带来的危害等维度来分析案例。其中，案例基本信息包括时间、地点、受害人的身份等；金融风险信息包括金融风险的形式、初次借贷的主要用途、初始金额和最后金额等；危害涉及经济、健康、声誉、家庭成员和同学以及其他方面的危害。本节剖析案例中所反映出来的青年人遭遇金融风险的特征和原因，进而探讨解决频繁发生的青年遭遇的金融问题的策略。

一、家庭经济处于中下水平的青年更可能遭遇金融风险

遭遇金融风险的青年并无特定类型的身份，但多数人的家庭经济状况处于中下水平。遭遇金融风险的青年既有来自城市家庭，也有来自农村家庭，有家境比较普通的家庭，也有家境较差的家庭，既有在校大学生，也有处于不稳定就业状态的务工青年。案例中，小郑来自单亲家庭，父亲只是提供生活费而平时较少联系，林阳家境尚可，夏双则来自贫困家庭，小周的父母月收入 6 000 元。四个案例的家庭背景各不相同，但家庭经济均处于相对中下的水平，整个家庭成员的金融能力都不高，家庭遭遇金融风险后的修复能力明显不足，能够给青年提供的金融支持极为有限。

金融风险对青年的危害极大，且影响甚广。小郑被殴打，被限制人身自由，最后走投无路，尝试自杀；因为其让两位大学生朋友做担保人，同学也被其连累，遭遇殴打并被限制人身自由，遭受金钱损失；其女友也被限制人身自由，并被迫签订担保协议。除了经济损失之外，金融风险还危害人身健康、社会网络关系甚至生命安全。林阳除了遭受经济损失以外，还面临巨大的心理压力，“不修边幅，几近崩溃，历经两个月煎熬”，影响了精神健康，进而尝试跳楼，幸而中止。这事件还严重影响了父子关系。夏双除了遭受经济损失以外，还危及自身家庭，给家庭带来负债，其母不堪压力自杀。此外，追债人多次到夏双所在村庄骚扰，影响了她的家庭名声。小周则是被追债人向其亲人、同学发送裸照，严重影响其声誉，只能辍学并接受心理辅导。

综上所述，青年遭遇金融风险，除了给自己和家庭带来经济损失以外，还影响学业、自身与家人的精神健康及其社会网络关系，给自己和家庭带来沉重的打击。

二、青年遭遇金融风险，存在由可控风险到不可逆的金融旋涡的转化阶段

上述案例中的林阳，最初借贷 5 000 元用于还债和消费，在无力还款的时候，选择继续借贷用以还旧贷，而这一过程还受到中介的借贷平台和高利贷两种方式的推动，导致最后陷入贷新贷款还旧贷款的恶性循环。夏双则是借朋友的钱未能及时还款，经由债主推荐多家借贷公司，陷入恶性循环。小周的“裸条”贷款初次借贷只有 5 000 元，然而在业务员的“介绍”下，开始找所谓借贷平台借钱还债。由此可见，青年进行第一次贷款的时候，如果能够通过更为合理合法的方式解决危机，避免借新债还旧债，是可以走出困境的。这个转化阶段成为青年的金融风险越发严重的关键节点。青年由于金融能力不足，缺少金融素养和金融服务机会，因而陷入金融风险；同时，金融风险是否无限扩大以至于不可控还受到外在金融环境因素影响，如家庭的抗风险力、金融监管政策的力度、社会风险支持等等。

三、社会的金融化与数字化互相促进，加剧青年的金融风险

我国社会逐渐金融化，青年遭遇金融风险和这一宏观社会背景有关。以往只有富裕阶层涉及的金融日益渗透进普通人的生活，如支付宝、微信支

付等成为普通人必不可少的金融服务，余额宝、蚂蚁花呗等小额金融产品的准入门槛大大降低。这种经济高度金融化、日常化的状况被称为社会的金融化。目前，青年要获得传统的大型正规金融机构的服务仍存在门槛，但社会的金融化为他们提供了较多机会，解除了货币短缺的困境。然而，逐步金融化的社会在为青年人提供相对正规的小规模金融产品时，也为不规范的金融服务提供了生长空间。许多民间资本看到了青年对货币需求这一潜在市场而特制出各种不规范的金融服务产品。这些金融产品以更低门槛的高获得性掩盖其高利息、高风险的特色。从不同案例中我们可以发现，青年群体可以零距离接触到非正规金融服务，比如无处不在的手机应用广告、校园内的海报、朋友的介绍等便捷、无门槛且专门"诱惑"青年群体的微渠道。上述案例中的小郑和小周都是在学校厕所里看到了借贷广告，林阳也是通过校内海报广告开始借贷的。这三个案例都说明，高风险的非正规金融服务在高校范围内已经处于泛滥的状态。这些不良金融产品导致青年群体面临较高的金融风险。

社会的金融化和社会数字化叠加，加速了金融化的进程，给缺乏金融能力的年轻人带来更大的风险。案例分析显示，社会的数字化也加剧了非正规金融产品进入青年群体的可能性。案例中的小周首次贷款咨询是通过微信和对方取得联系，作为抵押物的"裸条"也是通过数字手段发送的。在后续大肆借贷的阶段，更是通过专门的即时通信工具如 QQ 的群功能，该青年在半年内从 30 多家借贷平台借钱。而这些借贷平台也正是通过互联网高效锁定目标客户。林阳也是接到中介主动打来的电话，中介推荐的平台恰好满足了他的贷款、还款需求，并且他还越来越频繁地转换新的借贷平台。此外，在开始接触借贷之后，各种专门针对青年群体的灰色甚至非法中介人员，会在青年人群理财能力低下、金融风险辨别能力薄弱的情况下推动青年人进一步借贷。首次借贷之后，青年常会遇到中介服务的积极促销，案例中的林阳遇到中介介绍其他贷款平台以及推荐高利贷两种形式的推动；夏双则直接由债主朋友推荐借贷公司；小周经由业务员介绍，加入专门的借贷QQ群。而这些“积极促销”往往是通过互联网等数字化手段得以快速实现的。网络化借贷平台的易得性，推动林阳陷入贷款的困境中，中介主动通过电话推荐平台则暗示了在数字化时代，网络安全的脆弱性会扩大泄露青年金融信息的可能性。这与现有文献中提出的互联网导致互联网金融更便捷①的分析相印证。数字化手段把青年群体封闭在非正规金融产品的孤岛里，数字化的虚拟网络隔绝了青年人群与外界现实世界的接触，进而降低了外在社会支持网络阻断青年陷入金融风险的可能性。

四、青年乃至全社会都对社会的金融化应对不足

本研究发现，青年既缺乏金融素养，也缺乏恰当的金融服务，当前社会也缺乏对非正规金融产品的系统性监管。

案例中的青年们在金融有关知识、意识和行为习惯等方面都有所欠缺。一是缺乏风险意识。林阳在第一次贷款较为顺利后，马上降低了对还贷压力的警惕，他说，“第一次我战战兢兢，第二次的心态变成了‘管他呢，做就做吧’”。而小周以“裸条”的形式抵押贷款，表明其风险意识较低。二是缺乏

① 陶杨、刘顺：《校园网贷中的问题与对策》，《合作经济与科技》2017 年第 15 期；穆颖超：《大学生网络借贷的风险及防范》，《经营管理者》2017 年第 18 期；张伟、赵丹洋：《高职生互联网信贷的分析与引导》，《湖北工业职业技术学院学报》2017 年第 3 期。

消费管理有关知识和习惯。例如，林阳缺少做预算和记账的习惯，对自己的债务状况没有清晰的认识，他“掏出所有平台一个个算，包括欠朋友、同学和高利贷的钱。我算了两个多小时都没算完”，可见他还没有建立记账的金融习惯。小周也一样，她的第一笔贷款用来消费，但是事后她“只记得，每个月生活费 1 000 元，时常感觉不够花，借来的钱也拿去消费了，但具体买了什么，记不起来”。三是缺乏相应的金融知识。林阳后来还接受了明显违法的高利贷，然而他对监管部门对于高利贷的相关规定毫无概念①。“一开始我不愿接受，后来实在还不上钱，也就接受了。当时想着先解决眼前的问题，一个星期以后的事情还有一个星期来解决，实在不行再向朋友借。”而夏双也是受困于非法高利贷，她曾向一家名为“嘉翔”的公司借款 1.5 万元，每周的还款额为 1 850 元。周息高达 12.3%，年利率更是达到了惊人的 640%。夏双不知道自己借的是“高利贷”，她只好一家家地借下去，用“新贷还旧账”。

青年缺乏必要的金融机会，获取金融支持不足。研究发现，青年不仅个体层面的金融素养不高，中观、宏观层面的金融机会也很缺乏。分析四个案例的首次借款原因可以发现，青年对金融服务有较大需求。林阳借款 5 000 元，用于归还朋友的钱和生活消费；夏双因向一个女性朋友借了 1.2 万元，但没能及时还款，对方介绍联系借款平台；小周想买些东西，而手头缺钱，就向借款平台借了 5 000 元；小郑因要帮助妹妹归还 8 000 元信用卡欠款而借钱。以上四个案例，除了小周是为了自身消费开始借贷以外，其他三位都有较为

① 《最高人民法院关于审理民间借贷案件适用法律若干问题的规定》(2015)第二十六条规定：“借贷双方约定的利率超过年利率 36%，超过部分的利息约定无效。借款人请求出借人返还已支付的超过年利率 36%部分的利息的，人民法院应予支持。”

正当的借款理由，但是他们并未能接受到针对他们的小额贷款服务，而处于灰色地带的借款平台则似乎无处不在，成为他们在较高的金融服务需求和有限的正规金融服务供给之间的矛盾面前的一种选择。

此外，青年的家庭及其社会网络对社会的金融化都缺乏足够的认识，未能为青年应对金融社会化提供足够的支持。小郑出身于单亲家庭，"其父平时只提供生活费，不怎么管他"。这表明，他难以从自己的家庭获得足够的经济支持，提升自己的金融能力。而他陷入金融危机的原因是希望给自己的堂妹偿还 8 000 元的信用卡债务。这一方面说明他对自己的偿债能力估计过高，另一方面则表明他的堂妹和他一样，金融能力不足，滥用信用卡到了难以偿还的地步。同样，夏双出身于经济困难的农村家庭，但是父亲会想尽办法满足其购买手机和电脑的要求。这些均表明，很多青年人的原生家庭未能培养青年人量入为出的合理消费习惯。

五、小结

青年遭遇金融风险，是在我国社会经济发展到一定阶段，社会开始金融化与数字化叠加的背景下，青年金融服务需求迅猛增加，青年自身金融素养不足，而传统金融服务机构乃至全社会都尚未做好准备的必然结果。

以中华人民共和国成立以来为时空背景，青年的金融风险理论发展如图 11.1 所示。横轴为时间，纵轴为需求、供给的数量，也可以理解为各类金融服务的可得性。D 代表青年的金融服务需求。在中华人民共和国成立初期，金融只和少数人有关，青年金融服务需求水平不高，增速缓慢。随着社会日益金融化，青年金融服务需求迅猛提升。D1 代表青年在自身金融素养不高的情况下，存在非理性的金融服务需求，因而其曲线偏高；D2 则代表在青年具备较高的金融素养的情况下，其金融服务需求将更为合理；S1 代表正规金融服务的供给，增速平缓；S2 代表非正规金融服务供给，在时间点 T1 之前，其存量较少，故而在原点 O 到 T1 的时段内，并无非传统金融服务供给曲线存在。

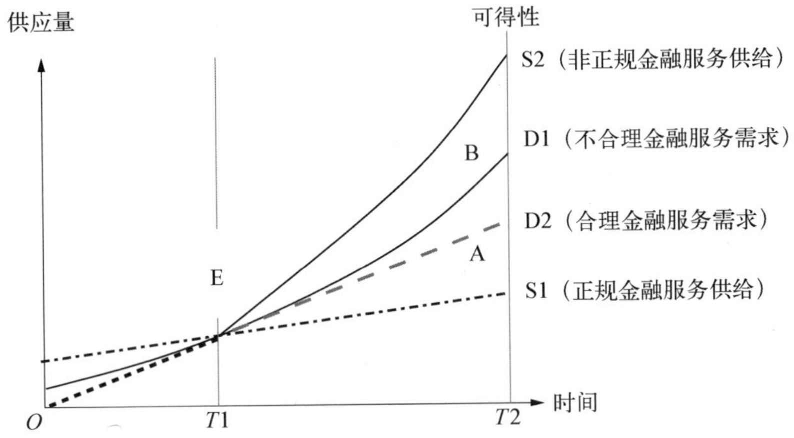

图 11.1 青年金融风险理论示意图

随着我国改革开放的推进，经济和社会快速发展，伴随着社会数字化、社会金融化，青年的金融服务需求迅猛提升，而传统金融服务供给虽然也有很大提高，但是无法满足青年广泛的金融服务需要，而非传统金融服务（包括边缘性质乃至非法的金融服务）在突飞猛进地发展。在 T1 点到 T2 点的阶段，D 大于 S1，正规金融服务的供给小于青年的金融服务需求，意味着正规金融服务无法满足青年的金融服务需求，需要扩展普惠金融，加大青年的经济参与度，供给缺口可以用面积 A 来代表。而在这个时段，伴随着社会的数字化，非正规金融服务的供给 S2 大于青年的金融服务需求 D，服务提供商

（或民间资本方）将加大对青年的吸引和渗透，加剧青年的金融风险，可用面积B来代表青年的金融风险。

此外，影响青年金融需求曲线形态的重要因素是青年的金融素养，包括青年关于金融的知识、态度和行为习惯。如果青年的金融素养较高，那么其金融服务需求（曲线D1）相对较为合理；如果金融素养低，那么会有虚高的金融服务需求曲线D2。金融素养的高低将影响金融服务的数量、类型等变量以及金融服务需求曲线的形态，进而影响全社会普惠金融的需求以及青年面临的金融风险。

因此，解决青年频繁遭遇金融风险可以从两个方面入手：一方面，提升青年的金融素养，促使青年的金融需求趋于合理，从D1转为D2；另一方面，提升面向青年的正规金融服务供给，使S1曲线贴近D2曲线。金融素养的提升和金融机会的增加，可在一定程度上助力提升青年的金融能力。

第六节　结论与启示

一、基本结论

青年频繁遭遇不良金融服务，陷入困境，根本原因是在数字化、信息化的助力下，我国社会日益金融化，青年未能较好地完成经济社会化来应对社会金融化，其他相关各方也尚未做好充分准备。与社会金融化程度较高的西方国家相比，我国社会的金融化和数字化来势更为猛烈，给全社会带来挑战，金融素养、金融服务匮乏的人群，处于相对弱势。从本研究中述及的案例来看，青年对这一挑战应对不足，金融能力欠佳，自身缺乏足够的金融素养，而外界也缺乏足够的正规金融服务以及金融支持。为提升金融能力，必须从个人（金融素养）、环境（金融机会）和二者的相互影响三个方面进行介入。

作为弱势群体，青年需要不同层面的帮助来应对这一问题。李忠民、刘静[①]的调查数据表明，在我国居民金融社会化程度普遍较低的情况下，30岁以下年龄组的金融社会化程度比其他组更低。而中学生的社会金融化基本处于一种不自觉状态，学校教育的影响不明显[②]，来自家庭的金融教育不足，甚至弱于学校和网络等媒体[③]。

对于中国大学生来说，他们在中学期间并没有得到较好的社会金融化训练，到了大学才开始有可以支配的现金，可以独立从事消费、储蓄乃至投资等不同的金融项目。在尚未做好充分准备的情况下，大学生突然要应对复杂的问题，无疑面临较高的风险。对于刚走出大学的青年来说也是如此。虽然有研究表明，针对大学生的金融教育对金钱态度的改善以及金融素养的提高有着重要的影响[④]，但是学校并未对大学生进行社会金融化训练，学生一旦毕业，从校园走进社会，将面临比校园更为复杂的金融环境。

社会日益金融化对不同人群的金融能力有更高的要求，而青年的金融

---

① 李忠民、刘静：《城市居民金融社会化水平测度研究》，《西安电子科技大学学报(社会科学版)》2009年第1期。

② 陈志霞：《城市中学生经济社会化的调查分析》，《青年研究》2000年第5期。

③ 李媛、郭立宏：《金融教育影响了大学生的金融认知和金融行为吗——来自陕西的经验证据》，《高等财经教育研究》2014年第4期。

④ 阮瑞草、刘丹、李苏南：《大学生金钱态度、金融素养与金融教育研究》，《时代金融》2015年第15期。

(经济)社会化不足，金融素养不高；在适当的金融服务机会方面，正规金融服务对社会金融化不够敏感，服务供给不足，而非正规金融服务又缺乏监管。由此可见，青年处于金融素养欠缺、正规金融服务不足、非正规金融服务强力渗透而相应监管欠缺的不利境地。

本研究案例基本涉及青年的借贷需求以及所面临的金融风险。扩展来看，青年的金融服务需求不限于借贷需求，还会涉及获得收入、资产累计、消费管理、投资理财和保险、保持信用及保障等。处于贫困境地的青年，需要获得提升就业能力以及从各类社会救助渠道获取收入的帮助；投身创业的青年会需要一笔资金作为创业的初始资金，由于缺乏资产累积的意识和机会，青年很难在需要的时候积累到足够的资产。所有青年都需要学会消费管理，他们需要知道如何制定预算、记账、理性消费。青年还有保持自己信用的需要，社会的金融化使得个人信用成为享受各种其他金融服务的核心基础。然而，由于青年群体金融素养不足，缺乏足以维系乃至提升自己信用的意识和能力，同时由于传统金融系统对青年群体提供的信用评估机会不足，进而影响青年享受其他正规金融服务。青年有保障性需要，选择购买各类保险以应对金融风险，而此类金融服务同样存在正规金融服务机会不足、有关部门对非正规金融服务监管不力的问题，这无疑会影响青年的金融福祉。

二、金融社会工作干预

综上所述，在社会金融化和数字化的时代背景下，处于经济弱势地位的青年的金融素养不足和正规金融服务供给不足，使得青年的金融脆弱性进一步凸显。金融社会工作可以为应对这一社会问题的不同层次的干预提供参考框架。金融社会工作是通过促进个人和家庭的金融能力来提升金融福祉，最终提升其生命品质的实践领域①。本研究结合金融社会工作，特别是新发展的金融能力有关理论，并参考国际相关实践，为青年预防金融风险、提升金融能力、促进健康发展提供参考。我们可以从宏观、中观、微观三个层面，金融素养和金融机会两个要素，以及青年的收入、资产、消费、信用和保障五个领域展开干预②，图 11.2 为金融社会工作干预内容示意图。

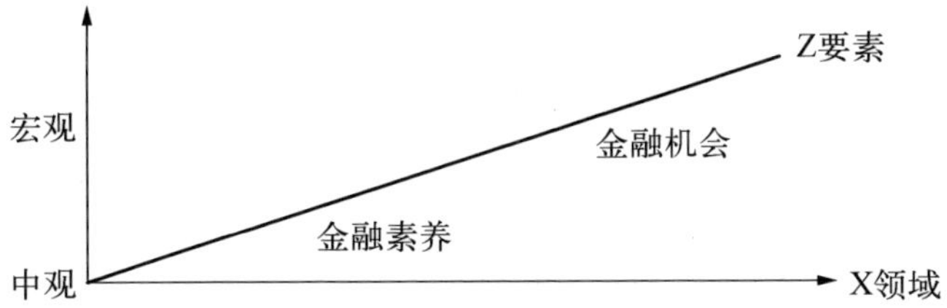

图 11.2　金融社会工作矩阵示意图

在宏观层面，在社会政策层面建立金融能力和资产建设导向的社会政策，鼓励青年尽早进行资产积累。在全国扩展普惠金融范围，尤其是增加对青年友善的金融服务；加强对金融机构，尤其是互联网金融服务机构的监管，并加强对全体消费者的金融知识培育；加强执法部门对处理民间金融问题的知能培养；加快为青年提供相对全面和系统的金融支持。

在中观层面，加强学校对学生金融知识和能力的培养。经济合作与发展组织（OECD）统计结果显示，目前全球已有 21 个国家和地区对青少年开

① M. S. Sherraden, "Financial Capability," in C. Franklin (ed.), *Encyclopedia of Social Work* (New York: Oxford University Press, 2017).

② 本研究暂时考虑三个维度，还可以有其他维度，例如补救型与发展型干预的维度。

展了系统的、有针对性的金融教育①。我国应该针对个人金融生活中的收入获取、资产积累、消费管理、信用管理、保障等有关金融知识进行普及教育，提升社会工作等助人专业对弱势人群金融能力提升的敏感性，并鼓励各专业力量投身研究、服务和教学活动。

在微观层面，社会工作干预包括对普通青年的金融知识培训；向负债的青年提供金融咨询、法律咨询和援助；鼓励家庭从小培养孩子的记账、财务预算、理财等能力，以形成良好的金融意识和金融行为习惯。此外，社会工作还应该向处于危急状态的青年提供危机干预等，提高青年面对金融风险的辨识力和抵抗力，培养他们较为全面的金融能力。

例如，社会工作可以设计针对大学生，尤其是贫困大学生群体的金融能力提升项目。首先，鼓励正规金融机构开发满足大学生需要的金融服务产品。银行可以为贫困大学生提供助学贷款，但是针对大学生办理信用卡、消费信贷等日常金融服务需求，银行并未开发相应的金融服务产品予以满足。其次，提升大学生金融素养。针对贫困大学生开展提升金融素养的活动，扩充学生有关预算、信用、记账等方面的知识，培养他们合理消费的行为习惯。最后，鼓励大学生积累资产。通过与银行的合作，鼓励学生养成积累资产的习惯，并鼓励学生参与目标储蓄，外加奖励性的社会捐助配对储蓄的方式，帮助其积累一定金额的资产。由此，大学生的个人金融素养得以提升，金融服务机会得以扩展，这可以显著提升其金融福祉，极大降低其陷入金融危机

① 陈耕、王丽红、唐怡铮等：《金融素养指数构建与分析——基于福建省消费者金融素养问卷调查的实证研究》，《福建金融》2016年第10期。

的可能。

本章使用案例研究的方法，采用金融能力的理论框架对青年陷入金融风险的原因进行分析，并提出使用社会工作的不同层次方法进行干预。后续我们还应该开展大规模的调查研究，进一步对发展于美国的金融社会工作有关理论和实践进行本土化改革，发展适合本土的干预方法，并采用实验设计检验干预的有效性问题。

第十二章　金融素养研究的系统综述与社会工作启示[①]

第一节　研究背景

改革开放以来，随着经济的快速发展，中国居民的收入差距也逐步拉大。从 1995 年到 2012 年，居民的收入基尼系数从 0.45 升至 0.73[②]，《中国家庭收入差距报告》显示，投资性收入是拉大收入差距的重要因素。想要提升城市经济困难群体和农村居民的收入本就是一个挑战[③]，但是近年来金融产品和服务的“复杂化”又加大了这一群体保持和增加自身财富的困难程度，也使他们的经济状况更加脆弱。

① 本章曾刊发于 *Journal of Sociology & Social Welfare* 46, no. 3(2019).

② Y. Xie and X. Zhou, “Income Inequality in Today's China,” *Proceedings of the National Academy of Sciences of the United States of America* 111, no. 19(2014): 6928 - 6933.

③ S. Deng, M. Sherraden and J. Huang, et al. , “Asset Opportunity for the Poor: An Asset-based Policy Agenda Towards Inclusive Growth in China,” *China Journal of Social Work* 6, no. 1(2013): 40 - 51.

已有研究表明，金融知识与良好的金融行为紧密相关①，而良好的金融行为可以为个人和家庭带来更好的经济状况。② 研究也发现，很多人尤其是以老年人、受教育程度较低者和失业者为代表的困难群体的金融知识水平欠佳③，这也让他们很难做出恰当的金融决策和行为来改善自身财务状况。在这样的背景下，金融素养研究，尤其是社会工作视角下的金融素养研究，就有了重要的意义。

本章将首先介绍国外的金融素养研究成果，其次陈述中国的金融环境和金融素养研究现状，最后讨论社会工作在未来金融素养研究和实践中可以发挥的作用，以期为中国金融社会工作的发展带来启示。

第二节　金融素养的国际研究

20 世纪 90 年代，金融市场在美国蓬勃发展，个人也需要承担越来越多的养老责任（如个人需要准备大部分养老金），金融素养的高低对经济状况的影响开始凸显。伯恩海姆和加勒特发现许多人对自身的经济脆弱性和一

① D. Christelis, T. Jappelli and M. Padula, "Cognitive Abilities and Portfolio Choice," *European Economic Review* 54, no. 1(2010): 18 - 38; J. S. Hastings and L. Tejeda-Ashton, *Financial Literacy, Information, and Demand Elasticity: Survey and Experimental Evidence from Mexico* (*No. w14538*) (Cambridge, MA: National Bureau of Economic Research, 2008); M. Van Rooij, A. Lusardi and R. Alessie, "Financial Literacy and Stock Market Participation," *Journal of Financial Economics* 101, no. 2(2011): 449 - 472.

② S. Braunstein and C. Welch, "Financial Literacy: An Overview of Practice, Research, and Policy," *Federal Reserve Bulletin*, no. 88(2002): 445 - 457.

③ A. Lusardi and O. S. Mitchell, "Financial Literacy Around the World: an Overview," *Journal of Pension Economics & Finance*, 10, no. 4(2011): 497 - 508.

些税收条款附带的经济激励知之甚少，由此提出了“金融素养”的概念。并且，他们通过询问一系列有关经济现象和理论的问题来衡量受访者的金融素养，如“通货膨胀、税收利益、最低工资、联邦赤字、户均联邦债务、道琼斯平均”和“实际投资回报和名义投资回报的区别、风险回报权衡”等。① 这种衡量方法表明他们认为金融素养就是金融知识。

自伯恩海姆和加勒特的研究发表以来，许多学者开始关注金融素养，不过大部分研究都是在美国或者其他发达国家开展。这些研究一方面发现人们的金融素养水平不够理想②，另一方面也开始关注如何提升人们的金融素养③。由于定义和测量是描述和干预金融素养的前提，学者们也在这方面开展了相关研究。④ 尽管学者们对于金融素养的定义尚未形成严格意义上的

① B. D. Bernheim and D. M. Garrett, *The Determinants and Consequences of Financial Education in the Workplace: Evidence from a Survey of Households* (NBER Working Paper No. 5667, 1996).

② E. Fornero and C. Monticone, "Financial Literacy and Pension Plan Participation in Italy," *Journal of Pension Economics and Finance* 10, no. 4(2011): 547 - 564; A. Lusardi and O. S. Mitchell, "Financial Literacy Around the World: an Overview," *Journal of Pension Economics & Finance* 10, no. 4(2011): 497 - 508; S. Sekita, "Financial Literacy and Retirement Planning in Japan," *Journal of Pension Economics and Finance* 10, no. 4(2011): 637 - 656.

③ D. Fernandes, J. G. Jr. Lynch and R. G. Netemeyer, "Financial Literacy, Financial Education, and Downstream Financial Behaviors," *Management Science* 60, no. 8 (2014): 1861 - 1883; R. Haynes-Bordas, D. E. Kiss and T. Yilmazer, "Effectiveness of Financial Education on Financial Management Behavior and Account Usage: Evidence from a 'Second Chance' Program," *Journal of Family and Economic Issues* 29, no. 3(2008): 362 - 390.

④ A. Hung, A. M. Parker and J. K. Yoong, *Defining and Measuring Financial Literacy* (Labor and Population Working Paper No. WR - 708, 2009); S. J. Huston, "Measuring Financial Literacy," *Journal of Consumer Affairs* 44, no. 2 (2010): 296 - 316; A. Lusardi and O. S. Mitchell, "The Economic Importance of Financial Literacy: Theory and Evidence," *Journal of Economic Literature* 52, no. 1 (2014): 5 - 44; Organization for Economic Cooperation and Development (OECD), *2015 OECD / INFE Toolkit for Measuring Financial Literacy and Financial Inclusion* (Paris: Organization for Economic Cooperation and Development, 2015).

共识，但是大家在金融素养的衡量问题上却表现得相当一致。例如，鲁萨第(Lusardi)和米切尔(Mitchell)将金融素养定义为“人们了解和处理经济信息，以及在这种状态下做出相应财务规划、财富积累、债务和养老金决策的能力”；他们认为金融素养有三个基本维度，即基本计算能力(包含银行利率)、对通货膨胀的了解、对风险分散的理解，并且设计了三个问题来测量这三个维度。在美国和其他许多国家，这一测量方法已经得到广泛应用，并正进一步扩展。

哈斯顿(Huston)采用逻辑分析法回顾了1996—2008年发表的71篇研究报告。[①] 在对比了这些研究报告中的金融素养定义和测量方法的差异后，她将金融素养定义为“一种在金融活动中使用的、可以增加消费带来的预期人生效用的人力资本”。根据这些文献的定义，她认为金融素养包含了四个不同的内容领域：货币的基本概念、借贷、投资和财富保值。

经济合作与发展组织成员国的国际金融教育网络将金融素养定义为“做出合理金融决策以最终实现个人金融福祉所需要的意识、知识、技能、态度和行为”[②]。他们在鲁萨第和米切尔的测量基础上，研发了更全面的金融素养评价体系，涵盖了日常财务管理、财务规划、金融产品信息的获取和选择，以及对金融概念的理解。

还有研究者提出了涵盖金融素养和金融获得性的金融能力框架。这一

① S. J. Huston, “Measuring Financial Literacy,” *Journal of Consumer Affairs* 44, no. 2(2010): 296 - 316.

② Organization for Economic Cooperation and Development (OECD), *2015 OECD/INFE Toolkit for Measuring Financial Literacy and Financial Inclusion* (Paris: Organization for Economic Cooperation and Development, 2015).

框架将金融素养定义为对多个领域的金融概念的理解，例如个人理财（利息、投资风险）、借贷、储蓄和财富保值；将金融获得性定义为周边环境是否有金融产品和服务的供给①；金融功能则是指预算、储蓄和投资等金融行为②。根据这个框架，金融能力的测量指标应该包括日常财务、投资、借贷和信贷、了解和使用福利政策和服务。

总而言之，由于公众的金融素养水平总体较低③，包括美国在内的许多国家都加强了对金融素养的研究，特别是在定义和开发有效的测量指标等方面进行了较多探索。尽管有关理论还不够成熟，但是学界对于金融素养的概念化和操作化研究已经取得了显著的进展。

第三节　中国的金融环境

中国的金融环境有其独特的发展阶段特征。

第一，银行服务的供给存在一定的城乡差异。根据中国人民银行的报告，到 2016 年，全国共发行 61.25 亿张银行卡，相当于人均拥有银行卡 4.47

---

① M. S. Sherraden, "Building Blocks of Financial Capability," in J. Birkenmaier, M. S. Sherraden and J. Curley (eds.), *Financial Capability and Asset Development: Research, Education, Policy, and Practice* (New York, NY: Oxford University Press, 2013), pp. 3 - 43; J. Huang, Y. Nam and M. S. Sherraden, "Financial Knowledge and Child Development Account policy: A Test of Financial Capability," *Journal of Consumer Affairs* 47, no. 1(2013): 1 - 26.

② J. Huang, Y. Nam and E. J. Lee, "Financial Capability and Economic Hardship Among Low-income Older Asian Immigrants in a Supported Employment Program," *Journal of Family and Economic Issues* 36, no. 2(2015): 239 - 250.

③ A. Lusardi and O. S. Mitchell, "Financial Literacy around the World: an Overview," *Journal of Pension Economics & Finance* 10, no. 4(2011): 497 - 508.

张，高于农村居民的人均银行卡拥有量 2.8 张。[①] 2016 年，中国农村共有 ATM 机 34 万台，销售点 677 万个，分别占全国总量的 37%和 28%[②]；与之相对，农村人口约占我国总人口的三分之二。此外，与城市居民相比，农村居民获得银行贷款的可能性也更小。[③]

第二，股票市场快速发展。股市一方面为人们提供了新的投资渠道，但同时也增加了理财风险。截至 2016 年 12 月，国内两大证券交易所——上海证券交易所和深圳证券交易所的总市值均排到了全球前十。股票市场的参与度也在提升：股民比例从 2010 年的 8.82%上升到了 2014 年的 10.12%，持有基金的人数比例也从 2010 年的 0.04%上升到 2014 年的 3.52%。[④] 然而，需要注意的是，2015 年中国股市的周转率[⑤]为 557.04%，大大高于同期美国股市的周转率（160.16%）。考虑到部分中国公司的股份为政府持有，而且这些股份是非流通的；这样高的周转率可能说明股票投资者更关注短期回报，这可能导致市场高度动荡，也给投资者带来很大的风险。

第三，中国商业保险行业相对不发达，可能无法有效抵消金融市场的风险。2015 年，中国保险业的年度资产价值近 12.4 万亿元，约占国内生产总值的 18%；同年，美国保险业的年度资产价值约 8.4 万亿美元，占美国国内生产总值近 47%，比例要高得多。一项基于全国代表性样本的研究也发现，

---

① 中国人民银行：《2016 年支付体系运行总体情况》，2017。

② 中国人民银行：《2016 年农村地区支付业务发展总体情况》，2017。

③ Z. Chen and M. Jin, "Financial Inclusion in China: Use of Credit," *Journal of Family and Economic Issues* 38, no. 4(2017): 528 - 540.

④ 魏昭、宋全云：《互联网金融下家庭资产配置》，《财经科学》2016 年第 7 期。

⑤ 股票周转率是一种衡量股票流动性的指标，其计算方法是将一段时期内的总股票交易量除以该时期内的平均流通股数量。股票周转率越高，公司股票流动性越强。

52%的受访者对商业保险持"不相信"或者中立态度，而持有商业养老保险和商业医疗保险的受访者分别仅占 2.6%和 6.9%。①

第四，中国非正式金融部门——部分或者完全脱离政府金融部门监管的金融企业——在经济社会中的影响也不容忽视。② 这样的企业包括典当行、信用担保公司、小额融资公司和提供非法金融服务的公司。这些非正规贷款机构的贷款成本很可能高于正规贷款机构，借款人也会面临更大的财务风险。③ 国内外的研究表明，非正规贷款机构的客户更可能是那些金融弱势群体，例如穷人、受教育程度低的人群和女性户主的农村家庭。④

此外，快速发展的互联网金融也是中国金融市场的一大特色。虽然它的总体规模与银行相比依然较小，但因其庞大的用户数量和相关的风险，对国家经济运行和个人经济状况的影响不容忽视。例如，2017 年，中国最大的两家第三方支付平台——支付宝和微信，分别拥有 5.2 亿个账户和 6 亿个账户，支付总额达到 11.90 万亿元⑤。2013—2015 年，个人互联网贷款平台数量增长了两倍，从 814 个增至 2 595 个；贷款总量则增长了 8 倍，从 976 亿元增至 8 302 亿元⑥；但与此同时，互联网贷款平台的风险也不可忽视。2015 年，三分之一的互联网贷

① 吴雨、杨超、尹志超：《金融知识、养老计划与家庭保险决策》，《经济学动态》2016 年第 12 期。

② 高文龙、辛立秋、朱雨桐：《浅析中国非正规金融机构的发展》，《商业经济》2014 年第 3 期。

③ T. Beck, A. De la Torre, "The Basic Analytics of Access to Financial Services," *Financial Markets, Institutions & Instruments* 16, no. 2(2013): 79 - 117.

④ S. Y. Deku, A. Kara and P. Molyneux, "Access to Consumer Credit in the UK," *European Journal of Finance* 22, no. 10(2016): 941 - 964；左臣明、马九杰：《正规金融与非正规金融关系研究综述——增加农村金融供给的一个制度视角》，《河南金融管理干部学院学报》2005 年第 6 期。

⑤⑥ J. Xu, "China's Internet Finance: A Critical Review," *China & World Economy* no. 4(2017): 78 - 92.

款平台出现了风险问题①。

综上所述，在中国社会福利制度改革和城乡差别的背景下，金融市场的复杂性对于人们的金融素养水平提出了更高的要求。中国政府对这一问题非常重视，2015年，国务院颁布了《推进普惠金融发展规划（2016—2020年）》，提出了通过建立金融教育长效机制，提高金融素养的目标。

第四节　中国金融素养研究综述

一、研究方法

在英文文献数据库（ProQuest、SociINDEX、APA PsycNET）和中文文献数据库（中国知网）中，研究者对于2018年1月30日以前发表的中英文文献进行了全面的搜索。首先，研究者对英文文献进行了初选，有三个标准：在同行评议的学术期刊上发表；研究关注中国；文章至少包括三个关键词即金融素养、金融知识和金融能力中的一个。由此，共获得符合条件的英文文献296篇。其次，研究者使用以下标准进一步筛选了这些文献：以“金融知识”“金融素养”或“金融能力”作为主要变量，须为实证研究，样本为我国国民，包含对“金融知识”“金融素养”或“金融能力”的测量。最后，仅有两篇英文文献符合要求，另有一篇文章通过引文跟踪被发现，最终总计3篇英文文献入选。此过程如图12.1所示。

① 郭峰：《中国式行业协会与P2P网络借贷的自律管理》，《中国金融四十人论坛工作论文系列》2016年第3期。

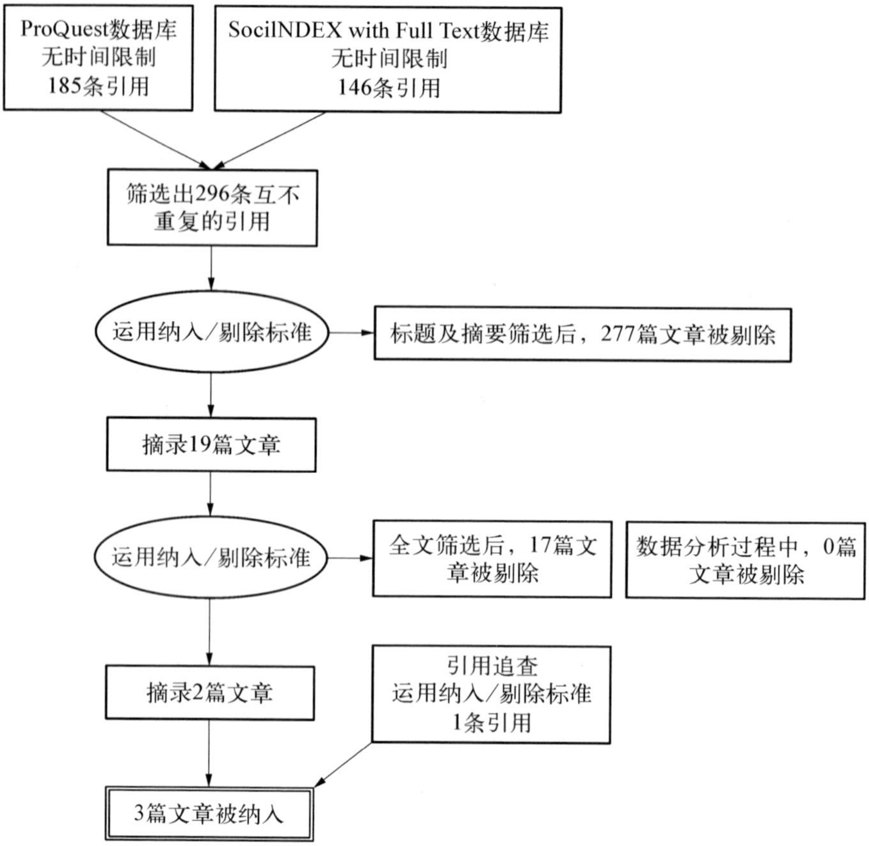

图 12.1　英文文献检索过程图

中文文献的筛选过程和英文文献仅有两处不同。第一是初选关键词更加复杂。文章标题、主题、关键词或摘要中至少包含一个等同于 financial knowledge、financial literacy 或者 financial capability 的关键词。financial 有六种可能的翻译——财经、金融、财务、经济、理财和财商；而 knowledge、literacy、capability 有五种可能的翻译——素养、素质、质素、能力、知识。由此，两组近义词可以组合为 30 对搜索关键词，如财经素养、财经素质、财经质素、财经能力、财经知识；再加上 financial literacy 的一种直译——财商，这样一共有 31 个搜索关键词。第二是文章发表的期刊必须收录于中国社会科学引文索引(2017—2018)或中国社会科学引文索引扩展(2017—2018)。因为这两个数据库收录的中文期刊一般质量较高,所以这一标准也常被用于文献检索和综述。以此为标准的初选找到了 1 044 篇文献。作者同样对这些文献做了进一步筛选,留下的文献必须将 31 个关键词中的任何一个作为分析的变量或者包含其定义或者测量,再加上通过引文跟踪发现的一篇文章,最终有 47 篇中文文章入选。此过程如图 12.2 所示。

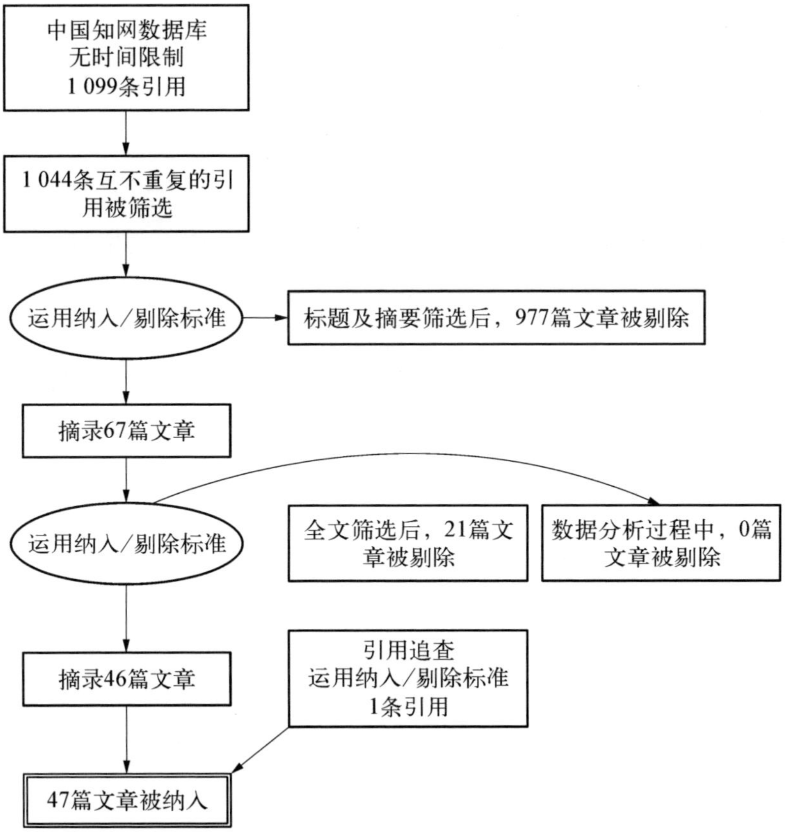

图 12.2　中文文献检索过程图

二、金融知识水平

在这50篇论文(47篇中文文献和3篇英文文献)中，有38篇是实证研究，其中有很多研究从不同角度描述了中国居民的金融素养。例如，中国家庭金融调查(CHFS)——一个基于全国代表性样本的长期综合数据库——2013年的数据收集问卷采用了鲁萨第和米切尔的针对利息、通货膨胀、投资风险分散的三个问题测量人们的金融素养。调查发现，受访者平均答对了0.6个问题，仅有1.65%的人正确回答了所有问题，14.90%的人计算对了利率，15.64%的人答对了有关通货膨胀的问题，29.57%的受访者知道多样化投资可以降低风险。①

2014年的中国消费金融调查则以中国城市居民为样本，同样以利息、通货膨胀、分散投资风险三个方面的问题来测量金融素养。研究发现，在受访者中，超过一半能计算复利，近60%能理解通货膨胀，约35%知道“投资单只股票比投资多只股票风险更大”。② 有研究者则在中国经济最发达的城市之一——上海，以同样的方式调查了358名居民的金融素养水平。研究者发现，在受访者中，45%的人正确计算了复利，73%的受访者理解通货膨胀，59%明白分散投资可以降低风险。③ 另一项基于1 130名城市居民的研究则

① 尹志超、宋全云、吴雨：《金融知识、投资经验与家庭资产选择》，《经济研究》2014年第4期。

② Z. Chu, Z. Wang and J. J. Xiao, et al., “Financial Literacy, Portfolio Choice and Financial Well-being,” *Social Indicators Research* 132, no. 2(2017): 799 - 820.

③ H. Chen, Y. Wang and S. Yang, et al., “Empirical Research on Shanghai Residents' Financial Literacy,” *International Journal of Financial Research* 5, no. 1(2014): 101 - 106.

发现，这三个问题的正确率分别为69.6%、76.1%和45.3%，只有27%的被调查者答对了全部问题。① 在中国四个省会城市，杜征征、李云峰和闫彬随机抽样了1 126名股民，发现50.18%的股民理解复利，65.08%的股民理解通货膨胀。②

总体来看，中国城市居民的金融素养准确率虽然落后于德国和瑞士，但接近于美国、日本和意大利的水平，相对理想；与之形成对比的是，基于全国样本的2013年中国家庭金融调查的统计结果，则要差得多，与罗马尼亚和俄罗斯的水平相近。③以上比较既显示了我国居民金融素养的相对水平，也反映了金融素养水平的城乡差别。

还有一些研究关注了人口学特征和金融素养的关系。首先，金融素养存在地区差异，孙光林、李庆海、李成友的研究和张欢欢、熊学萍的研究都认为欠发达地区居民的金融素养水平较低④；而刘国强认为金融素养的地区差异应该不显著⑤。其次，财富、年龄、教育、职业和性别被发现与金融素养显著相关，与国外研究的发现基本一致。例如，张欢欢和熊学萍的研究表明，在农村地区，女性、低学历者、农民，以及没有接受过

①③ T. Zhu, L. Lin and L. Zhang, "Research on the Financial Literacy of Chinese Residents: An International Comparison," *International Business Research* 1, no. 1 (2017): 85－96.

② 杜征征、李云峰、闫彬：《金融教育有助于投资者权益保护吗》，《证券市场导报》2017年第6期。

④ 孙光林、李庆海、李成友：《欠发达地区农户金融知识对信贷违约的影响——以新疆为例》，《中国农村观察》2017年第4期；张欢欢、熊学萍：《农村居民金融素养测评与影响因素研究——基于湖北、河南两省的调查数据》，《中国农村观察》2017年第3期。

⑤ 刘国强：《中国消费者金融素养现状研究——基于2017年消费者金融素养问卷调查》，《金融研究》2018年第3期。

金融教育的人，金融素养相对较低。① 对中国城市地区的研究也发现，性别、受教育程度和金融素养有关。② 张腾文、王威和于翠婷的研究（2016），张腾文、鲁万波和张涵宇（2017）的研究（两项研究使用了相同的数据源），还有杜征征、李云峰和闫彬的研究（2017）则都发现了股民的金融素养要高于平均水平。③ 刘国强的研究证明了年龄与金融素养之间的关系呈 U 形；女性的金融素养水平高于男性④，但是这和与张欢欢、熊学萍的发现并不一致。

三、金融知识的影响

很多实证研究还使用了金融素养来预测金融行为和金融福祉。尹志超、宋全云、吴雨等的研究和马双、赵朋飞的研究都发现金融素养与创业动机、创业决定有正相关关系。⑤ 具有较高金融素养的人也更有可能购买商业保险⑥、

① 张欢欢、熊学萍：《农村居民金融素养测评与影响因素研究——基于湖北、河南两省的调查数据》，《中国农村观察》2017 年第 3 期。

② H. Chen, Y. Wang and S. Yang, et al., "Empirical Research on Shanghai Residents' Financial Literacy," *International Journal of Financial Research* 5, no. 1(2014): 101 - 106.

③ 张腾文、王威、于翠婷：《金融知识、风险认知与投资收益——基于中小投资者权益保护调查问卷》，《会计研究》2016 年第 7 期；张腾文、鲁万波、张涵宇：《金融知识、投资经验与权利能力》，《当代经济科学》2017 年第 6 期；杜征征、李云峰、闫彬：《金融教育有助于投资者权益保护吗》，《证券市场导报》2017 年第 6 期。

④ 刘国强：《中国消费者金融素养现状研究——基于 2017 年消费者金融素养问卷调查》，《金融研究》2018 年第 3 期。

⑤ 尹志超、宋全云、吴雨：《金融知识、投资经验与家庭资产选择》，《经济研究》2014 年第 4 期；马双、赵朋飞：《金融知识、家庭创业与信贷约束》，《投资研究》2015 年第 1 期。

⑥ 秦芳、王文春、何金财：《金融知识对商业保险参与的影响——来自中国家庭金融调查(CHFS)数据的实证分析》，《金融研究》2016 年第 10 期。

规划长期的财务计划①和稳妥的退休计划②。此外，金融素养较高的人更容易从银行贷到款③，也更会按时偿还银行贷款④，并且不太可能过度贷款⑤。

研究还发现，金融素养与家庭收入、家庭财富正相关⑥，但相关性的强度随着金融素养的提升而减弱⑦。罗娟和王露露进一步发现，金融自信会改变金融素养与家庭财富的相关性的方向：当自评金融素养低于客观金融素养，即金融自信不足时，金融素养和财富呈现正相关；当自评金融素养高于客观

① 胡振、臧日宏：《金融素养对家庭理财规划影响研究——中国城镇家庭的微观证据》，《中央财经大学学报》2017 年第 2 期。

② 吴雨、杨超、尹志超：《金融知识、养老计划与家庭保险决策》，《经济学动态》2016 年第 12 期。

③ 尹志超、宋全云、吴雨：《金融知识、投资经验与家庭资产选择》，《经济研究》2014 年第 4 期；张腾文、王威、于翠婷：《金融知识、风险认知与投资收益——基于中小投资者权益保护调查问卷》，《会计研究》2016 年第 7 期；苏岚岚、何学松、孔荣：《金融知识对农民农地抵押贷款需求的影响——基于农民分化、农地确权颁证的调节效应分析》，《中国农村经济》2017 年第 11 期；隋艳颖、马晓河：《西部农牧户受金融排斥的影响因素分析——基于内蒙古自治区 7 个旗(县)338 户农牧户的调查数据》，《中国农村观察》2011 年第 3 期；吴卫星、吴锟、王琎：《金融素养与家庭负债——基于中国居民家庭微观调查数据的分析》，《经济研究》2018 年第 1 期；张号栋、尹志超：《金融知识和中国家庭的金融排斥——基于 CHFS 数据的实证研究》，《金融研究》2016 年第 7 期。

④ 孙光林、李庆海、李成友：《欠发达地区农户金融知识对信贷违约的影响——以新疆为例》，《中国农村观察》2017 年第 4 期。

⑤ 苏岚岚、何学松、孔荣：《金融知识对农民农地抵押贷款需求的影响——基于农民分化、农地确权颁证的调节效应分析》，《中国农村经济》2017 年第 11 期。

⑥ 刘国强：《中国消费者金融素养现状研究——基于 2017 年消费者金融素养问卷调查》，《金融研究》2018 年第 3 期；吴卫星、吴锟、张旭阳：《金融素养与家庭资产组合有效性》，《国际金融研究》2018 年第 5 期；张腾文、王威、于翠婷：《金融知识、风险认知与投资收益——基于中小投资者权益保护调查问卷》，《会计研究》2016 年第 7 期。

⑦ 苏岚岚、何学松、孔荣：《金融知识对农民农地抵押贷款需求的影响——基于农民分化、农地确权颁证的调节效应分析》，《中国农村经济》2017 年第 11 期。

金融素养时，即金融自信过度时，金融素养和财富呈现负相关。①

四、已有研究的不足

在笔者找到的50篇论文中，有11篇发表于2014年和2015年，有34篇发表于2016年及以后，两者相加占了总数的90%。2014年以前发表的5篇中，有4篇只是在金融教育的背景下介绍了金融素养或金融知识的概念。尽管近年来研究金融素养的文章数量和深度都在增加，但是我们认为以下几个方面需要在未来的研究中予以特别关注。

首先，已有研究的数据来源相对单一，对于弱势群体的关注比较少。六成研究的数据都来自两个数据库：一是基于全国代表性数据的中国家庭金融调查（CHFS），其中有12项研究分析了2013年的CHFS数据，1项使用了2015年的CHFS数据，1项使用了2011、2013、2015年的CHFS数据；二是基于全国城市代表性数据的中国消费者金融调查（CSCF），其中有8项研究使用了该数据库。在38项实证研究中，只有5项关注了在金融市场中处于弱势地位的农村居民，但并没有使用概率抽样，样本代表性存在不足。其他弱势群体如低收入者、残疾人、老年人和妇女，则还没有受到研究关注。

其次，目前金融素养的概念和测量的构建主要是基于发达国家的金融市场背景，而发达国家的金融市场与中国的金融市场有很大不同，所以在应用这些研究成果之前，我们需要先探讨本土适用性。例如，CHFS数据库和

① 罗娟、王露露：《金融素养、自信偏差与家庭财富》，《商业研究》2018年第5期；王正位、邓颖惠、廖理：《知识改变命运：金融素养和微观收入流动性》，《金融研究》2016年第12期。

国内的很多研究都采用了鲁萨第和米切尔设计的三个问题来测量金融素养。这三个问题产生的背景是美国人的退休收入有很大一部分依赖于个人退休前在金融市场上的投资，如购买股票和基金等。因而，个人对于利率、通货膨胀和投资风险的理解会直接影响其投资收益，最终影响到退休后的经济状况。然而，在中国，个人的退休收入主要来自政府提供和主导投资的养老保险，所以正确回答这三个问题和退休后的经济状态不一定存在显著相关性。再比如，在美国，不投资高风险的金融产品（如股票）常常会被视为错误的金融决策，意味着金融素养较低①；但是鉴于中国股市的相对高风险，不投资股票不见得是金融素养低的表现，而且相关研究也支持了这一观点。在中国，个人对自我金融素养水平的过度自信（主观评价的金融素养水平高于客观测试得到的金融素养水平），和持有股票的行为呈现正相关，而客观测试得到的金融水平则和持有股票的行为无关。②

再次，发达国家金融素养的测量和计分方式并不一定适用于中国人。与许多西方国家的国民相比，中国人更有可能在做金融素养的测试时回答“不知道”。例如，尹志超、宋全云和吴雨发现，在 2013 年 CHFS 的金融素养调查部分的数据中，至少有 42.37%的受访者选择了“不知道”，比美国居民和荷兰居民回答“不知道”的比例约高 30%。③ 回答“不知道”有可能是由于

① J. Y. Campbell, “Household Finance,” *Journal of Finance* 61, no. 4(2006): 1553 - 1604.

② 胡振、臧日宏：《金融素养对家庭理财规划影响研究——中国城镇家庭的微观证据》，《中央财经大学学报》2017 年第 2 期；T. Xia, Z. Wang, K. Li, “Financial Literacy Overconfidence and Stock Market Participation,” *Social Indicator Research* , no. 119 (2014): 1233 - 1245.

③ 尹志超、宋全云、吴雨：《金融知识、投资经验与家庭资产选择》，《经济研究》2014 年第 4 期。

害怕回答错误，并不一定是真的“不知道”，我国居民的金融素养水平可能被低估。此外，因为不同人群所处的金融环境也可能不同，所以通用的测量方法可能也不一定真的“通用”。我国的一些学者已经根据研究人群的情境研发了新的测量方式①。尤其是张欢欢和熊学萍，根据国际学生评估项目(Programme for International Student Assessment)对金融素养的定义，专门为中国农村居民设计了一份金融素养的测试问卷②；除了计算利息、理解通货膨胀和分散投资降低风险这三个“通用”问题外，他们的测量还包括了理解信贷、了解银行金融产品、比较并选择不同类型的贷款、规划财务、预期利率可能上升时贷款选择固定利率还是浮动利率，以及银行金融产品损失时的各方责任；他们还在论文中进一步讨论了这一测量的效度。这样的讨论在目前的研究中还是非常少的，需要后续研究进一步重视。最近，郭学军等学者和刘勇、田杰、李敏团队分别梳理了国际金融素养理论和测量的发展状况，希望可以为金融素养概念构建和测量的“本土化”奠定基础。③

最后，关于检验金融素养、金融行为和金融结果之间因果关系的研究目

① 梁向东、乔洪武：《关于中国大学生财商水平的调查与思考——基于对一所理工大学学生的抽样调查》，《教育研究与实验》2014 年第 4 期；刘国强：《中国消费者金融素养现状研究——基于 2017 年消费者金融素养问卷调查》，《金融研究》2018 年第 3 期；孟亦佳：《认知能力与家庭资产选择》，《经济研究》2014 年第 S1 期；苏岚岚、何学松、孔荣：《金融知识对农民农地抵押贷款需求的影响——基于农民分化、农地确权颁证的调节效应分析》，《中国农村经济》2017 年第 11 期；余文建、武岳、华国斌：《消费者金融素养指数模型构建与分析》，《上海金融》2017 年第 4 期。

② 张欢欢、熊学萍：《农村居民金融素养测评与影响因素研究——基于湖北、河南两省的调查数据》，《中国农村观察》2017 年第 3 期。

③ 郭学军、张世新、冯昱、郭立宏：《金融素质测量研究综述》，《预测》2017 年第 3 期；刘勇、田杰、李敏：《金融能力：概念界定与经验分析的简要评述》，《理论月刊》2017 年第 2 期。

前还相对比较少。虽然有一些研究使用了倾向得分分析[①]或工具变量[②]，但是尚未有研究采用理论上更严谨的随机对照试验来验证因果关系。当然，金融素养的干预研究也非常缺乏。

第五节　社会工作在金融素养领域的角色

在发展早期，美国的社会工作者就已经开始致力于通过提高金融素养来改善弱势群体的金融福利。[③] 在近年美国经济和社会福利衰退的背景下，金融素养重新成了美国社会工作的重要干预内容。[④] 2008 年，美国马里兰大学巴尔的摩分校社会工作学院启动了“金融社会工作行动”（Financial Social Work Initiative），以促进金融社会工作的教育、研究和实践。[⑤] 2008—2012 年，美国圣路易斯华盛顿大学布朗学院研发并测试了一系列金融能力培养的课程。同期，美国的社会工作学者也开展了很多金融素养的

---

① 杜征征、李云峰、闫彬：《金融教育有助于投资者权益保护吗》，《证券市场导报》2017 年第 6 期。

② 伍再华、谢北辰、郭新华：《借贷约束、金融素养与中国家庭股票市场“有限参与”之谜》，《现代财经（天津财经大学学报）》2017 年第 12 期；尹志超、宋全云、吴雨：《金融知识、投资经验与家庭资产选择》，《经济研究》2014 年第 4 期。

③ P. H. Stuart, “Social Workers and Financial Capability in the Profession's First Half Century,” in J. M. Birkenmaier, M. S. Sherraden and J. Curley (eds.), *Financial Capability and Asset Building: Research, Education, Policy, and Practice* (New York & Oxford: Oxford University Press, 2013), pp. 44 - 61.

④ M. S. Sherraden and J. J. Frey, J. Birkenmaier, “Financial Social Work,” in Xiao J. (ed.), *Handbook of Consumer Finance Research* (2nd ed.) (Switzerland: Springer International Publishing, 2016), pp. 115 - 130.

⑤ J. J. Frey, M. Sherraden and J. Birkenmaier, et al., “Financial Capability and Asset Building in Social Work Education,” *Journal of Social Work Education* 53, no. 1 (2017): 79 - 83.

相关研究。金融社会工作实践可以包括个人、家庭甚至社区/组织层面的金融教育、金融辅导、金融咨询和金融治疗。“培养所有人的金融能力”已经被美国社会工作与社会福利学会列为21世纪社会工作的12大挑战之一，成为美国社会工作发展的新方向。①

在中国，金融素养研究的发现和国际已有的研究结论大致符合。例如，金融素养与良好的金融决策以及金融福祉呈正相关；国民的平均金融素养水平大致与美国相当，而弱势群体——农村居民、低学历人群等——金融素养水平较低。迅速扩张的中国金融市场也提高了对金融素养的要求。这些与金融素养教学、研究和实践在美国兴起的背景非常相似，中国的社会工作同仁可以积极行动起来，助推金融素养研究和金融社会工作实践在中国的发展。

在实践领域，中国的社会工作行业经历了迅速发展，社会工作者已经具备为弱势群体服务的基本技能和职业道德。截至2017年，中国约有32万名注册社会工作者和31万个社会工作岗位。现阶段要开展对弱势群体的金融素养干预，中国的社会工作者既要引进国外的金融教育、辅导、咨询和治疗方面的教材、课程或培训，也要研发适合中国国情的金融社会工作的课程和培训。

在研究领域，中国社会工作者参与的金融素养相关学术研究还比较少，但是用社会工作学科视角和方法研究金融素养有其独特优势。首先，社会工作关注的是弱势群体，而针对这些群体的研究正是当下研究的空白。学

① Y. C. Padilla and R. Fong, “Identifying Grand Challenges Facing Social Work in the Next Decade: Maximizing Social Policy Engagement,” *Journal of Policy Practice* 15, no. 3(2016): 133 - 144.

者们可以依托大量关于此类群体的社会工作文献，提出有意义的研究问题，以回应这一空白。其次，目前的研究尚未很好地回答“什么是中国国情下的金融素养以及如何测量”这个关键问题。“人在情境中”的社会工作思想或许可以提供新的思路。在这一方面，美国社会工作学者提出的金融能力框架是一个很好的范例。该理论认为，金融素养对于金融福祉的影响不是直接的，而是与金融可得性（金融环境）交互的，这就是“人在情境中”思想的体现。①

通过纳入金融可得性、金融功能和金融福祉，该框架对金融素养研究的发展有很大的推动作用。第一，它对金融可得性和金融功能的定义都非常明确，可以为讨论金融素养的定义提供支点。例如，金融行为被归类为金融功能，那就应该从金融素养中“剔除”，即金融素养的定义不应该包括金融行为。第二，该框架指出，提升金融知识、金融可得性和金融功能最终是为了增加金融福祉，这为发展和检验各个相关概念的测量提供了效度验证的理论依据。中国的社会工作学者可以参考这个框架，或者在学科思想的基础上发展出新的金融素养理论，来探索什么是中国国情下的金融素养以及如何测量。第三，社会工作研究以实践为导向，强调干预和预防，社会工作视角下的研究可以弥补中国金融素养研究中干预研究的不足。干预研究的增加也会为金融社会工作的实践和教育积累更多的证据和素材，同时将推动

---

① J. Huang, Y. Nam and M. S. Sherraden, et al., “Financial Capability and Asset Accumulation for Children's Education: Evidence from an Experiment of Child Development Accounts,” *Journal of Consumer Affairs* 49, no. 1(2015): 127 - 155; J. Huang, Y. Nam and M. S. Sherraden, “Financial Knowledge and Child Development Account Policy: A Test of Financial Capability,” *Journal of Consumer Affairs* 47, no. 1(2013): 1 - 26.

更严谨的研究方法——随机控制实验、准实验设计和混合研究等——在金融素养研究领域中的应用。

综上所述，中国社会工作学者参与金融素养研究，不仅可以推进金融素养的本土化理解和应用，也可以丰富目前较为单一的研究方法，这些都将让中国金融素养研究更好地加入国际对话，促进金融素养实践和研究能力的进一步提升。2018年，中央财经大学和广东财经大学两所高校已经利用自身在金融教育方面的优势，正式将金融社会工作引入各自的社会工作专业教育中。期待金融社会工作在中国有更好的发展。

第六节　结论与启示

相较很多发达国家，中国的金融素养研究起步要晚得多。虽然中国学者早在十几年前就已经发表了该领域的第一篇文献[①]，但是金融素养研究兴起于近几年。现有文献揭示了中国国民金融素养水平以及不同人群的差异，已经在一定程度上回应了实践者和政策制定者的需要。

文献综述也反映出当下的金融素养研究有几个亟须解决的挑战。其中最重要的是回答“基于其他国家国情的金融素养的定义和测量是否能够适用于中国”。金融素养是一个情境性概念，不管它是知识、态度、行为，还是以上某几项的组合，只有适应金融环境的金融素养才能真正提升人的金融福祉。因此，探索和发展适用于中国国情的金融素养定义及其测量方法至关重要。为应对这个挑战，研究者需要更多地关注弱势群体，以增进我们对

① 王卫东、信力：《中小学理财教育的认识与探索》，《教育研究》2003年第7期。

于不同人群所处的金融环境和相应的金融素养的理解。社会工作的主要视角之一“人在情境中”强调人和环境的互动，可以为应对这一挑战提供新的思路。此外，社会工作研究是实践导向的，能为金融素养领域带来更多的实证研究，尤其是干预研究，并能进一步推动教学、实践和研究的发展。

综上所述，社会工作取向的金融素养研究在当前中国经济发展历史阶段有不可替代的价值，相信金融社会工作在中国将大有可为，也理应大有作为。

第十三章　结语：面向未来的生产性研究议程①

作为本书的结语，有必要重新审视有助于启发对普惠金融、安全及发展进行研究和知识生产的相关议题，我们可用资产建设、儿童账户和金融能力等领域的发展作为例证。这一领域是我们最为熟悉的，它们能够提供更为丰富的、有价值的启示。其中，每一议题也能够拓展到与金融福祉乃至与应用社会研究相关的其他主题。

抱持激发更深入的研究兴趣与参与的期待，我们期望看到应用社会科学的研究——本章特指普惠金融、安全和发展领域，能够超越简单的、以数据为基础的“评估”，明晰有助于获得系统性认识的理论，引发有意义的研究问题，以及通过回答这些问题而带来真实世界的积极改变②。

① 本章曾出版于 Laura Choi, David Erickson, Kate Griffin, et al. (eds), *What It's Worth: Strengthening the Financial Future of Families, Communities and the Nation* (Federal Reserve Bank of San Francisco & CFED, 2015).

② 在此我们聚焦于应用社会科学研究，尤其是干预研究。当然，许多数据收集和分析工作有助于更好地理解家庭金融管理的状况，比如美国财务记账项目，摩根大通研究所关于消费者数据的报告、金融服务创新中心的金融健康研究、资产与机会记分卡等。不过，本章主要关注应用社会研究。

当然，达成这些期望并不容易，但根据我们多年的经验，严谨的应用社会研究绝非遥不可及，其产生的知识成果在政策和实践方面具有真实效力，可以实实在在地产生积极作用。本着这种精神，我们希望本章可以助推学者和实务工作者在确定研究议程时更为深思熟虑、更富生产性。

第一节　对应用社会研究的思考

我们可以从几个一般性议题出发来思考应用社会研究。它们总体上彰显出相近而明确的取向，能够对研究议程的设计产生直接启示。尽管看起来有些理想化（必要的折中妥协当然是需要的），这些议题结合起来能够成为制定具有生产性的研究议程的有用指南。

一、在实际情境中生产知识

为了阐述这一核心观点，我们需要转向实用主义哲学，强调实际经验的价值。这么说或许过于简化了一点，不过实用主义所定义的“真理是指世界上发生的事情”。这种颇具应用性特色的哲学萌芽于 19 世纪后期，并在 20 世纪早期的进步时代开花结果。威廉姆·詹姆斯、约翰·杜威、简·亚当斯都被视为实用主义的代表人物。社会科学，特别是应用社会科学，很多时候被视为与实用主义哲学志趣相投。

从实用主义的观点来看，与社会行动效力相关的知识从不能脱离经验，实际上它们只有在应用中才有用。这一视角为生产与应用社会知识提供了有价值的基点和方向。这就意味着，评价创新不能仅仅依赖于逻辑推理，也不能依赖于虽有些许关联却缺乏内在一致性的数据，而必须依据实际验证后的结果。这是对证据的高标准要求，也是最终正确的要求。毕竟，没有人愿意购买没有经过驾驶测试的新车型。

二、考量社会情境中的个体

20世纪中期，社会学和社会工作领域同时涌现出新的理论观点，即将社会情境中的个体作为解释人类行为的核心。这一时期的最重要的贡献之一来自罗伯特·默顿(Robert Merton)。他注意到“中层理论”的价值，尤其对于理解社会互动行为极为重要①。此后不久，社会工作界的威廉·施瓦茨(William Schwartz)、威廉·高顿(William Gordon)和哈丽特·巴特利特(Harriett Bartlett)也将“人在环境中”作为定义社会工作专业实践的核心②。这两类概念性论述都将存在于社会情境中的个体作为考察人类行动的关键。

“中层理论”介于两种理论取向之间：一种理论仅关注生物学和心理学意义上的个体(如用性格解释行为)，另一种理论则只讨论社会结构(如用优势地位和权力解释社会阶层)。然而，社会情境和个体特征同时作用于个体行动，也就是说，制度和个体都在“作为”。事实上，有时候制度表现出更多的“作为”。举例来说，我们常说401(k)计划是高度制度化的，一旦个人加入此计划中，储蓄模式就会自动发生，其结果几乎不受个人行为的影响。

---

① Robert Merton, *Social Theory and Social Structure* (New York: Free Press, 1968).

② 可参考 William E. Gordon, “A Critique of the Working Definition,” *Social Work* 7, no. 4(1962): 3-13.

社会制度能够也应该被视为一种特定构成来进行检验（在上面的例子中，自动加入的特征就是一种重要的制度构成），这样做的目的是将行动模式视为大样本或全部人口群体的特征，而非个体性的行为。这样的检验对于项目和政策发展特别有启发性——它务必作为应用社会研究的一个主要目标。致力于开拓中层理论领域的学者包括社会心理学家、制度经济学家、制度社会学家、一些行为经济学家以及大部分的社会工作和公共卫生领域学者。

三、提出好问题

几十年来，我们一直致力于教导博士生和青年学者如何提出好问题。其基本步骤有：(1) 系统地明确理论；(2) 发展出清晰表述的研究假设；(3) 指向实践性的干预（假设需要在真实世界中获得检验）；(4) 通过检验产生应用性知识；(5) 这些知识应记录被检验干预所具有（或不具有）的效果和效率。这样一来，理论就不是被当成某个聪明人的观点、被遗忘的结论或是数据报告前的装饰，而是作为应用研究学者的严谨有效并富有生产性探索的方法来使用的。

当然，这只是应用社会科学里面演绎法的描述。尽管很多应用社会学者不会用演绎法来设计和实施他们的研究，但演绎法却是一个有力的工具——或许可以说是启蒙运动最重要的一项贡献。科学演绎法确实并非通往知识的唯一途径，但它已经被证明是建构知识的一种有效方法。因此，应用研究学者可能需要足够充分的理由才决定不使用它。

总而言之，干预研究不应该成为一种“钓鱼行动”，也即寻求在渔网中出现预期的事物。严谨的演绎法训练——关注理论的辨析和有待检验的假设——可以避免这种情况。

四、关注解决方案

大量应用社会研究都是针对识别问题或其形成原因（或两者皆有）而展开的。这类研究的隐含假定是，如果我们理解了问题是怎样产生的，就知道怎样应对它。但事实并非如此，有些时候问题的成因是固有的或难以改变的（如父母的教育程度或种族主义等），有些时候问题的成因跟解决方案无关。

更多的应用社会研究应该指向识别解决方案。即使有些情况下我们甚至不了解问题的成因，也可以讨论问题的解决方式。问题解决导向的研究直接启发为促成改变的实践干预。我们可以区分出两种聚焦问题解决的研究类型：（1）对解决方案（而不是问题）的解释；（2）解决方案实施后可能产生效果的研究。第一类研究生产可启发项目和政策的知识，第二类研究为干预措施提供合理性支持。目前绝大部分应用社会研究不属于这两类中任何一类。如果应用社会研究要开发其更大的潜力，对其进行重新平衡调整十分必要。而对有目的行动的经验测试也与前文所讨论的实用主义哲学思想一致。

第二节　金融福祉相关的指引概念

下面我们转向有关金融福祉特性和定义的关键议题，这里尤其需要关注三个主要领域：金融能力、普惠金融和生命历程。从根本意义上看，这三个概念乃是推展有效金融产品、项目和政策的基石。这三个方面也是我们希望努力的方向，因此选择研究问题时特别留意这些核心概念很有助益。基于核心议题的研究选择能更加有效地积累知识。

一、金融能力

金融能力包括实现人们最佳金融利益的行动能力（Ability to Act）和行动机会（Opportunity to Act）[①]。从“人在环境中”的视角来审视，金融能力是指个体知识、技能、行为和制度结构的相互作用，以创造积极的金融功能活动（Financial Functioning）。换言之，金融能力的创造并不仅仅与个人行为的改变有关，还与形塑金融机会的制度改变有关。受到阿马蒂亚·森在《以自由看待发展》（*Development as Freedom*）[②]、玛莎·努斯鲍姆在《女性与人类发展》（*Women and Human Development*）等书中所提出的可行能力理论的启发[③]，金融能力的观点反驳金融脆弱性乃是个人行为单方面造成的结果，而认为个人和社会制度的相互作用塑造了金融福祉，即其区别于被普遍采纳的个体属性解释，如个体的知识、技术、态度、习惯、动机、信心、自我

---

① 对金融能力的界定最初由伊丽莎白·约翰逊（Elizabeth Johnson）和玛格丽特·谢若登（Margaret S. Sherraden）提出，并由玛格丽特·谢若登进一步拓展。可参考：M. S. Sherraden, “Introduction,” in Julie Birkenmaier, Margaret S. Sherraden and Jami Curley (eds.), *Financial Capability and Asset Building: Research, Education, Policy, and Practice* (New York & Oxford: Oxford University Press, 2013).

② Amartya Sen, *Development as Freedom* (New York: Anchor Books, 1999).

③ Martha Nussbaum, *Women and Human Development: The Capabilities Approach* (Cambridge: Cambridge University Press, 2000).

效能和行为等①。尽管有些个人属性也隐含了情境性变量，但当前大多数概念和测量并没有专门讨论及测量不同于个体行为的制度性变量。这里对金融能力的情境性界定与前文所述的“中层理论”和“人在环境中”视角是一脉相承的。

二、面向所有人群的包容

“包容”这个词使用起来相对容易，但在真实世界中却很难实现。正如讨论金融能力时所提及的，高质量的金融服务可及性很重要，它取决于获取渠道的结构是否能够让（或无法让）更广泛的人群获得有效的金融服务。美国迄今为止最成功的案例、最具普惠性的社会政策是社会保障退休计划。由于就业的强制性和制度化，“社会保障退休计划”获得了广泛的覆盖率（尽管还没有做到全覆盖）。

圣路易斯华盛顿大学社会发展中心（CSD）通过在社会政策不同领域中的研究工作，显示充分包容性的儿童发展账户项目——如俄克拉何马州的SEED OK 项目——是能够设计并持续性得到实施的②。包容性在这一案例中指纳入本地人口中的全部儿童。充分包容的示范性项目很重要，因为它能够为全覆盖的社会政策奠定基础。研究证据同样十分重要。SEED OK

① 如 M. Dixon, *Rethinking Financial Capability: Lessons from Economic Psychology and Behavioural Finance* (London: IPPR, 2006); Annamaria Lusardi, *Americans' Financial Capability* (Financial Crisis Inquiry Commission, 2010).

② Yunju Nam, et al., "Do Child Development Accounts Promote Account Holding, Saving, and Asset Accumulation for Children's Future? Evidence from a Statewide Randomized Experiment," *Journal of Policy Analysis and Management* 32, no. 1 (2013): 6-33.

项目的成效为缅因州的儿童发展账户政策提供了直接的参考信息。目前该州儿童发展账户政策已经覆盖了本地区所有儿童，每个当地孩子出生时，政府为其自动开设账户①。以州立大学储蓄计划（529 高等教育储蓄计划）作为平台，SEED OK 项目使得充分包容性成为可能。可以说，SEED OK 项目是对全覆盖政策的一项明确的、有目标的检验。这不同于针对多个儿童账户项目的研究，寄希望于某些项目能够在未来对包容性的增进有所助益。相反，包容性政策是 SEED OK 项目的首要问题。

在社会发展中心，我们致力于建立覆盖所有儿童（每一个新生儿）的儿童发展账户政策。美国的 529 高等教育储蓄计划或类似项目可以支持这样的普惠性政策，因为政府要求 529 高等教育储蓄计划为所有儿童自动开设账户。换言之，即使资产是由私人部门管理，儿童发展账户项目也可以具有积极的公共性角色。最终，公共性角色是普惠儿童发展账户项目的基本要素。

这项包容性政策的应用研究也适用于其他类型的金融服务，包括对包容性的交易账户、紧急储蓄账户，以及移动普惠金融可及性的测试研究等。我们丝毫不怀疑在不久的将来，普惠金融服务会大大扩展，当前的 IT 技术已经让其不无可能，甚至不可避免。事实上，我们可以想象这样一个世界：普惠金融已经成为有效、简易和安全的工具，像洁净的自来水一样流进千家万户。但要实现这样的图景，有目标的普惠金融研究必须紧跟前沿。

---

① Margaret Clancy and Michael Sherraden, *Automatic Deposits for All at Birth: Maine's Harold Alfond College Challenge* (St. Louis: Washington University, Center for Social Development, 2014).

三、终身过程

提升金融能力和资产建设是一个终身的过程①。生命历程为研究“处于社会路径、发展阶段以及社会变迁交汇点”的金融福祉提供了一个有用的框架。生命历程的视角强调这样的现实，即尽管个人选择和决策很重要，但这些选择和决策是在与其他因素(诸如人们生命历程中重要事件发生的时点、周围的环境和人的行为，以及人们生活居住的历史时期和地点等)的相互作用中被塑造的②。

时间点(Timing)，尤其是人们经历顺境和逆境的时候，可能通过各种方式塑造人生的下一阶段，并通常对整个生命历程产生持续性影响。例如，一个人在哪一年龄获得具有养老储蓄福利的工作，会对他退休时所能获得的养老金总额产生显著影响。关联性的生命(Linked Lives)概念使人们关注到个人福祉如何受到其他人的影响。例如，一位女性可能为了照顾生病的伴侣或年老的亲人而辞去有偿工作。历史时期和地点意味着机会的获取，以及社会经济、文化、历史和地理等条件所带来的限制。正如埃尔德及其同仁写道：“时代改变，命运也会改变。”战争时期、经济衰退时期、技术转型时期、文化转型时期都会以不同的方式影响着不同世代③。例如，金融服务领

---

① 这一部分内容的观点主要来自 Nancy Morrow-Howell and Margaret Sherraden (eds.), *Financial Capability and Asset Holding in Later Life* (New York & Oxford: Oxford University Press, 2015).

② Glen Elder, Jr. and Janet Giele, *The Craft of Life Course Research* (New York: Guilford, 2009).

③ Karl Mayer, "The Sociology of the Life Course and Lifespan Psychology: Diverging or Converging Pathways?" in Ursula Staudinger and Ulman Lindenberger (eds.), *Understanding Human Development: Dialogues with Lifespan Psychology* (Dordrecht, The Netherlands: Kluwer Academic, 2003).

域中具有同期群效应，我们看到“千玺一代”与“大萧条”一代相比，呈现出更低的住房所有权比例。更重要的是，这些效应会叠加进对少数族裔群体的影响，如何理解金融环境中的历史与社会学差异是非常重要的研究课题。

第三节　在实践场域中检验金融创新

我们现在转向应用社会研究领域中的一些基础性问题，这些问题仅产生于实践场域中的研究（与实用主义相联系）。不过，遗憾的是，尽管这些实践场域中的研究主题具有基础性，但在学术研究论文中很少作为研究方法被讨论到。

一、评估实践场域中的服务递送

良好设计的干预研究能够严谨地记录有关账户、储蓄、资产建设的效应，及其与家庭和儿童福祉的关联。不过，有效的干预研究往往依赖于在研究方法教科书上很少被提及的实践场域知识类型。事实上，在实践场域中实施干预——有时候被称为干预措施的“保真”——从来不是想当然的。我们在这里的讨论会偶尔用到儿童账户研究的例子，尽管类似经验也可以推广至其他金融服务和政策上的创新。

（一）金融产品

如上所述，金融工具的目标和特性都很重要，值得说明。

1. 首要目标

金融产品首要的目标是什么？以儿童账户来说，首要目标是获得金融活动经验、教育、储蓄行为，还是发展目标的长期资产建设？不同设计的金融工具，服务于不同目标。实际上，财务规划者推荐的一个标准是：需要同时开设流动储蓄账户和长期资产建设账户。为了避免混淆，我们需要一开始就明确界定其首要目标。

2. 首要目标是否体现“包容性”

如果有，如何定义“包容性”？以儿童账户为例，其是否意味着包括“所有儿童”？或者如一些所谓的“普惠”儿童账户，仅仅面向公立学校人群？如果是这种情况，我们需要了解那些教会学校、私立学校、居家和机构托管的孩子该如何受益？

3. 产品特征

即对金融产品及其特性的描述。这些特性以怎样的方式影响（或不影响）首要目标？产品特征可能包括：服务是普惠还是瞄准性的？是自动启动还是需要注册的（抑或是“选择退出”与“选择加入”）？是否有初始存款？是否有不同类型的补贴以及补贴是如何发放的？

（二）服务递送与管理

正如谚语所说：“到嘴的鸭子也会飞走。”我们知道这是事实——以人类情况来说其实是不可避免的。但为方便起见，我们常常不去评估失败。我们通常会假设“干预措施”都会按照计划那样被“递送”出去。但需要注意以下事项。

1. 递送的机制

金融产品的递送体系是什么（消费者怎样获得产品，谁会负责这种消费体验）？需要描述递送体系的目标、指示、应用、递送计划以及交通和使用等方面的细节。

2. 业务适应

金融服务是机构的首要业务吗？或者说，机构虽然提供金融服务，但儿童账户并非其重点？尤其是账户的持续性在多大程度上依赖于其可能的收入？例如，开展一项零售业务的机构是因为满足《社区再投资法案》的要求，还是主要因为它是一个具有可持续性的项目？

3. 任务和责任

哪些账户管理的任务应由资助组织负责？哪些应该外包？例如，记录存档应该由第三方负责吗？所有这些在实际中该如何运行？

4. 递送的有效性

产品怎样递送才算符合最初的设计目标？

5. 数据系统

是否有可靠的、集中的数据系统来跟踪运作效果？

6. 拓展的潜能

服务提供者可以将儿童账户推广到其他区域或群体吗？如果可以，就要描述可能的拓展是怎样的；如果不可以，就要解释其状况。

(三) 政策平台

如上所述，多项不同的地方性金融创新并不会必然叠加成为一项综合性政策。要实现全面覆盖，政策结构很重要。

1. 政策

金融产品和递送在多大程度上建立在基础性政策结构之上（由地区、州还是联邦立法机构来定义和支持）？

2. 复制性

一个政策平台会推动儿童账户项目在其他地方实施吗？有什么证据能说明能推动或不能推动？

（四）费用、投资选择及资产的预期增长

净收益（总收入减去费用）对于长期资产建设尤其重要。我们需要考虑的相关事项如下。

1. 费用

有哪些与账户相关的分项费用和总费用？公共财政或其他机构提供任何运营成本吗？这些都需要进行详细解释。

2. 投资选项

账户项目提供有哪些投资选项？

3. 资产随时间的预期增长

账户里的资产随时间的预期增长在什么范围？

二、评估实际的金融成果

显然，实际经验不同于意愿和设计。为了做出符合实际的评估，我们需要有关账户运行的可信和准确的数据。

（一）数据的质量

数据质量是根基，但在社会科学的研究报告中却常常被低估。

1. 有关持有账户和账目的数据

持有账户和储蓄的数据来源是哪里？有系统化的数据库吗？有项目支持者所记录的数据吗？数据的完整性和准确性如何？

2. 报告

项目结果报告是基于什么进行的？中立研究者是否清理、分析并汇报了这些数据？有没有公开发表的报告？如果没有，就要说明理由。

(二) 有关账户、储蓄和资产积累的数据

如果长期金融能力和资产建设是目标，重要的金融成果包括账户持有、储蓄模式和资产积累等数据，那么了解不同子群体在这些金融成果方面的差异也很重要①。

1. 账户持有的数据

账户数量有多少？这些数量与项目的目标群体相比差距多大？与全国同龄总人口相比如何？

2. 储蓄模式及其表现的相关数据

账户持有人的储蓄和取款模式是怎样的？

3. 资产累积的历时数据

历时资产积累（存款减去提款，再加上收入减去费用）的情况如何？这些结果随时间如何发生变化？

三、评估金融安全与发展

对金融创新的最终检验是其对个体、家庭和社区的影响。例如，根据目标和项目设计，儿童账户可能在储蓄和资产积累之外还会产生其他影响。实际上，有些计划项目就是特别针对其他重要目标而设计的。数据来源和

① 例如，Sondra Beverly, et al.，"Can Child Development Accounts be Inclusive? Early Evidence from a Statewide Experiment," *Children and Youth Services Review* 53 (2015)：92－104.

研究的分类与质量都是重要的考量因素。

可以对更大范围的潜在影响进行评估。下面我们基于理论和前人的研究，提出儿童发展账户潜在效应的几个重要类型。这些类型显然不能包括所有可能产生的影响，但它们肯定属于最重要的影响。

1. 家长的态度与视野

儿童账户会引发家长对于孩子未来发展，尤其是他们对孩子教育成就的期望的不同思考吗？从哪些方面能看出账户对家长的态度或心理健康的影响呢？

2. 亲子互动

儿童账户会影响到家长与孩子的互动吗？

3. 儿童发展

儿童账户对孩子的社会情感和认知发展有影响吗？

4. 儿童初等教育的学习情况

儿童账户对孩子的到课率、校内行为和学业表现有影响吗？

5. 孩子的态度与取向

儿童账户会影响孩子对未来的期望，特别是他们对于教育成就的期望吗？

6. 孩子的中等教育学习

儿童账户对孩子高中入学率、校内行为和表现有影响吗？尤其是账户会影响到高中毕业率吗？

7. 高等教育的学习

儿童账户对大学入学、成就以及学位获得有影响吗？

8. 儿童和家庭的金融能力

儿童账户对儿童和家庭的金融知识与技能有影响吗？与其他金融关系的类型和质量有关吗？

9. 长期的金融福祉

儿童账户对长期资产建设、避免债务问题和其他形式的金融福祉有影响吗？

这份长长的潜在效应清单，是建立在我们有关儿童发展账户工作的基础之上的，它或许能被广泛地应用在金融创新相关的研究中。对此我们要说点什么呢？最重要的是，在政策和实践方面，只要有可能，一项干预措施通常都具有多重正面效应。认为一项干预措施只能解决一个问题的理念是没有必要的自我设限，是"问题取向"研究的另外一个缺点。一项干预措施能够产生多种正面效应是个更好更远大的想法，我们此前称之为"强势干预"或"强势政策"。但同时也要注意，一项措施不可能是万能的，必须避免具有欺骗性的漂亮话。效果检验的标准应该是基于理论和实证数据的合理假设。对于任何金融创新，一系列合理的效应都应该予以谨慎考量，研究方法应该致力于记录这些效果是否真正发生。

第四节　使用实地示范性和应用性研究启发金融产品、计划项目和政策

与干预性研究相结合的有效展示很重要，与儿童发展账户相关的工作证明了这一点。自从第一个有关从出生开始启动的终身资产建设提案被提

出之后[①]，企业发展集团(Corporation for Enterprise Development，CFED)、社会发展中心、新美国基金及其他合作伙伴联合开展了 SEED OK 的示范项目[②]。这项工作目前还在继续着，同时社会发展中心正基于 SEED OK 项目，通过严谨的试验方法检验充分包容的儿童发展账户项目效应。这一项目连同其他示范性项目和研究性活动产生了积极的影响，大大提高了如今美国社会对儿童账户的认识和兴趣。

任何事都不是偶然发生的。正如鲍勃·弗里德曼(Bob Friedman)在文章中指出的，有针对性演示的策略本身使得儿童账户具有真实性，它为政策和实践提供了参考信息。这些涉及真实的参与者的具体案例，引起媒体的注意并教育了大众、意见领袖、政策制定者及其他人。同时，通过研究获得的知识已经促进了几个州的政策发展，它们近期都引入和实施了儿童账户计划[③]。有了这些令人鼓舞的基础，美国将会逐步建立具有普惠性和进步性的儿童发展账户政策。

更多的示范和研究——政策模式及学习——都是需要的。研究者必须持续探究：什么是最有效？何种策略可以更具普惠性、进步性、长期性和持续性？只要应用研究者持续地探究这些重要问题，知识就会得以积累并促发政策和实践。

---

① Michael Sherraden, *Assets and the Poor: A New American Welfare Policy* (New York: M. E. Sharpe, 1991).

② 可参考 SEED 项目的相关经验：Michael Sherraden and Julia Stevens (eds.), *A National Demonstration of Child Development Accounts* (St. Louis: Washington University, Center for Social Development, 2010).

③ 可参考 Sondra Beverly, Margaret Clancy and Michael Sherraden, *The Early Positive Impacts of Child Development Accounts* (St. Louis: Washington University, Center for Social Development, 2015).

最后一点思考是，如果我们提出了具有生产性的研究问题，研究结果就自然会找到一批对此有兴趣的观众——一个“社会市场”。相较于提出研究问题然后询问谁会对其结果感兴趣，这是完全不同的策略。为了避免可能的不相干，一个简单方法就是应用研究者在完成研究课题之前要问问自己接下来的问题是什么：如果研究计划支持了假设，实际应用中会发生什么？作为应用研究者，我们对这个问题应该有清晰的、一定程度自信的回应，以此说明投入在开展高质量应用社会科学研究上的时间和花费都是值得的。同样，这是一个很高的要求，然而一旦满足了它，研究就会推动积极的改变！